紙あそびのデザイン

――・紙と印刷の楽しいコラボで見せるデザインアイデア・――
DMからパッケージ、プロモーションツールまで

g
グラフィック社

Hands On
INTERACTIVE DESIGN IN PRINT

First published and distributed by
viction:workshop limited

viction:ary™

viction:workshop limited
Unit C, 7/F, Seabright Plaza, 9-23 Shell Street,
North Point, Hong Kong
Url: www.victionary.com   Email: we@victionary.com
www.facebook.com/victionworkshop
www.weibo.com/victionary

Edited and produced by viction:workshop ltd.

Concepts & art direction by Victor Cheung
Book design by viction:workshop ltd.
Consultant editor: Gavin Lucas

©2012 viction:workshop ltd.
Copyright on text and design work is held by respective designers
and contributors.

This Japanese edition was produced and published in 2012
by Graphic-sha Publishing Co., Ltd.
1-14-17 Kudankita, Chiyoda-ku, Tokyo 102-0073, Japan

ISBN 978-4-7661-2365-4 C3070

Japanese translation: Akiko Nakamura (The Word Works)
Japanese text layout: Shinichi Ishioka
Editor: Kumiko Sakamoto

All rights reserved. No part of this publication may be
reproduced, stored in retrieval systems or transmitted in any
form or by any means, electronic, mechanical, photocopying,
recording or any information storage, without written
permissions from respective copyright owner(s).

All artwork and textual information in this book are based on
the materials offered by designers whose work has been included.
While every effort has been made to ensure their accuracy,
viction:workshop does not accept any responsibility, under any
circumstances, for any errors or omissions.

Printed and bound in China

The Hidden Treasure of Utrecht by Autobahn

紙あそびのデザイン

――・紙と印刷の楽しいコラボで見せるデザインアイデア・――
DMからパッケージ、プロモーションツールまで

g
グラフィック社

"良いデザインとは、コンセプトに沿ったユーザーの体験を導きだし、デザインとユーザー間に相互作用を生み出せるかどうかにかかっていると言えるでしょう。"

— Nello Russo, So-And-So —
ネロ・ルッソ

インタラクション（相互作用）というコンセプトは、何もデジタルデザインに限ったことではありません。それはデザインに対する姿勢であって、デザインの定義そのものに含まれています。

インテリア、工業製品、ファッション、グラフィック、UI（ユーザーインターフェース）といったさまざまな分野におけるデザインは21世紀以降さらに進化し、そのプロセスには互いに共通する部分が数多くあります。この進化はデジタル技術の進歩によって大いに可能になりました。そして今ではそのほとんどがデジタル化されているため、デジタルデザインやUIデザインに関するインタラクションという概念がより身近なものになってきたのです。

グラフィックデザインでは最も古い部類に入る本のデザインについても、インタラクションという概念が深く根づいています。もちろん、この場合は物理的な相互作用のこと。デジタルの話ではありません。しかけ絵本といった特殊なものだけでなく、一般的な本にも読者をコンテンツに導くためのデザインの工夫があります。目次やページ番号、脚註などがそれですが、これらはデジタルデザインにおけるメニューやリンク、ナビゲーションツールととてもよく似ています。

また、デザインとは単に作品のビジュアルを作り上げるだけのことではありません。2次元／3次元の空間構成を考えるだけでなく、4次元、つまり時間さえも巻き込んでいくものです。それは正確に言えば、ユーザーがそのデザインを楽しみ、使いこなし、さらにはユーザー自身もデザインに影響を与え、そこに対話が生まれるという時間です。

こうした意味で、私たちはデザイナーであるだけでなく、視覚的／物理的な体験を生み出すディレクターでもあるのです。

良いデザインとは、コンセプトに沿ったユーザーの体験を導きだし、デザインとユーザー間に相互作用を生み出せるかどうかにかかっていると言えるでしょう。

イントロダクション

インタラクションはデザインにかかせないものです。実際私たちは、それがデザインの根本であると信じています。ブランディングやポスター、出版物、イベントの招待状の制作など、どんなプロジェクトにおいても受け手の反応を考えてデザインしないものはありません。そうでなければデザインの意味がないからです。

何かをデザインする時、タイポグラフィや色、グラフィック素材、レイアウト、さまざまな素材を駆使してそのコンセプトを伝えようとします。ですが時にはその一歩先を目指し、人々により直接的に、積極的に関わりを持ってもらいたいと考えます。そこで、折り畳まれたパンフレットを展開することでイラストや文章を探し出せるようにしたり、結婚式の招待状に自分なりのアレンジができるようなカッティングを施したりといった遊びを加えるわけです。私たちが作った作品を手にした人が、単なるメッセージの受信者ではなく、自分もそのデザインの一部であると感じてもらうこと。それが私たちのねらいです。

ここ数年の作品の中では、インタラクションを意識したデザインがより高く評価されています。自分もそのデザインの担い手であるという意識が人の心をくすぐり、実際に手を動かし、切ったり、動かしたり、操作したりすることを楽しんでもらえるようです。作る側としても、私たちの作品が手にした人によってそれぞれ違った個性を発揮していくということに大きな意味を感じます。だから私たちは人々に興味を持ってもらえる参加型のデザインを、これからももっと広めていきたいと思うのです。

"自分もそのデザインの担い手であるという意識が人の心をくすぐり、実際に手を動かし、切ったり、動かしたり、操作したりすることを楽しんでもらえるようです。作る側としても、私たちの作品が手にした人によってそれぞれ違った個性を発揮していくということに大きな意味を感じます。だから私たちは人々に興味を持ってもらえる参加型のデザインを、これからももっと広めていきたいと思うのです。"

― *La caja de tipos* ―

ラ・カハ・デ・ティポ

Join Us in the Woods by Ian Collins & Christine Srivongse

ちょっと待って、
この本はまだ未完成です!

最後のひと仕事、あなたがお手伝いしてくれませんか?

世界中から集めたワクワクする紙あそびのデザイン。ページをめくるのが楽しくなります。ページのあちらこちらに印字されているのはその作品番号。でもなぜか文章はどこにも見当たりません。実は作品の解説は、巻末付録のステッカーに書かれているのです。

それぞれの作品の写真と解説がマッチするように、丸で囲まれた番号の上から同じ番号のステッカーを貼っていけばOK。手順はいたって簡単です。

さぁ一緒に楽しい本作りを始めましょう!

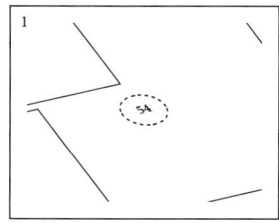 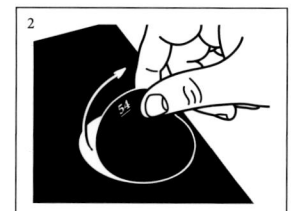
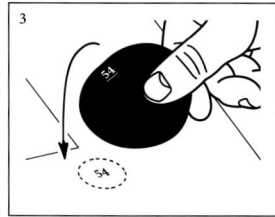 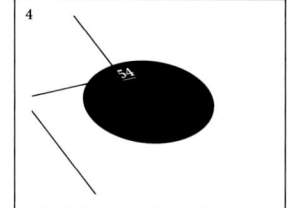

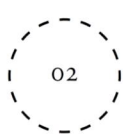

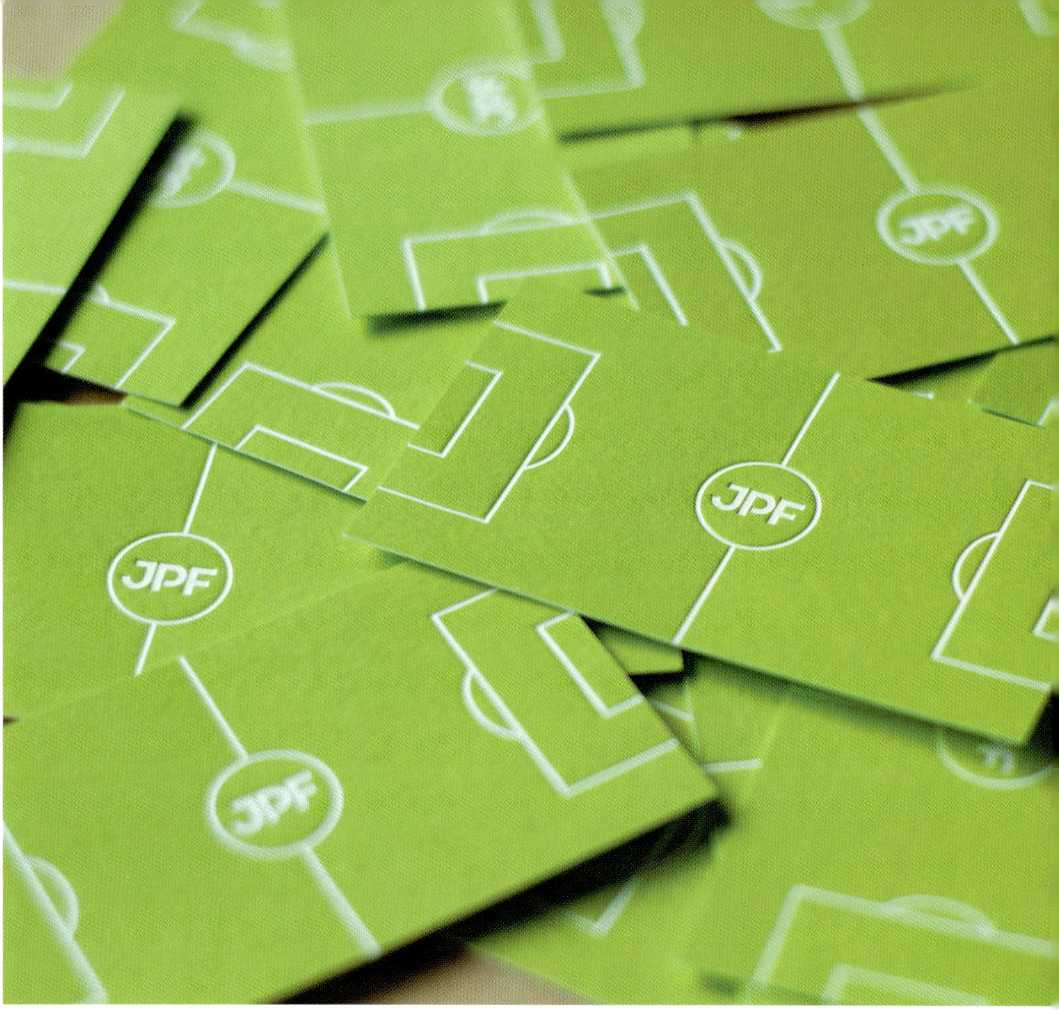
JPF

JPF
JUNPITER
FUTBOL
Jun Tan
+65 9768 3261
jun@junpiterfutbol.com
www.junpiterfutbol.com

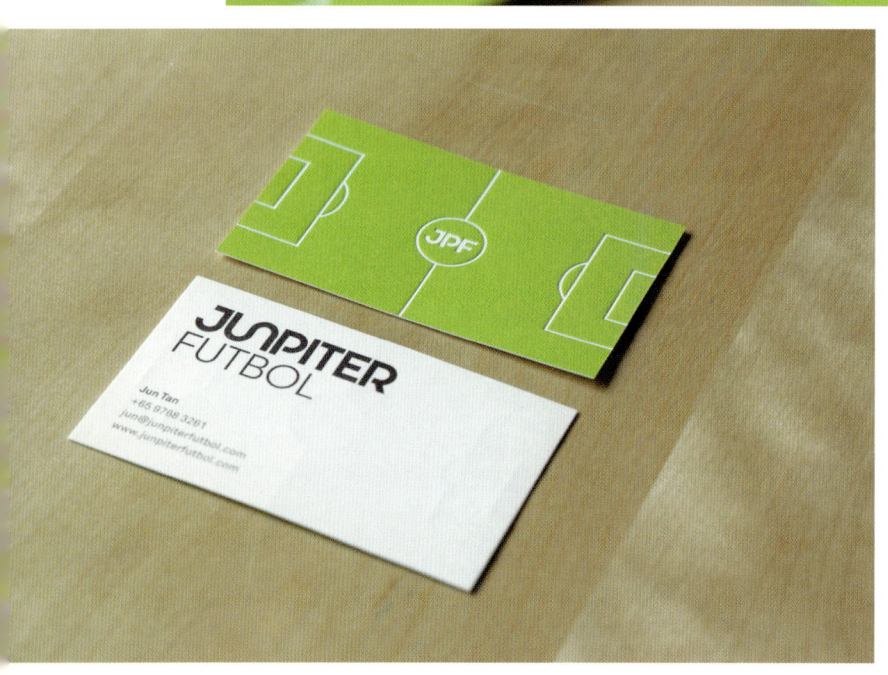

03

PLAY
"INVESTIGATE"
"APPROPRIATE"
"HISTORICISM"
"TEMPORAL"
STATE
OF ITS OWN UN-MAKING
IF DOROTHY + HERBERT CRAMMED A WORLD-CLASS COLLECTION INTO THEIR
TINY
APART-MENT
YOU CAN MAKE ROOM FOR THIS

(Detach Here)
HOW TO
FOLD IT
for MAXIMUM CLAIRVOYANCE
DETACH IT! THEN FOLD ALL OF THE CORNERS TO THE CENTER SO THEY TOUCH THE CORRESPONDING LETTER.
FLIP IT OVER & DO THE SAME THING: FOLD ALL CORNERS TO CENTER POINT.

NO.
YOU NEED TO IMPRESS YOUR FRIENDS. NOTHING
YES.
IT MIGHT COME TO LIGHT THAT IT WAS ACTUALLY

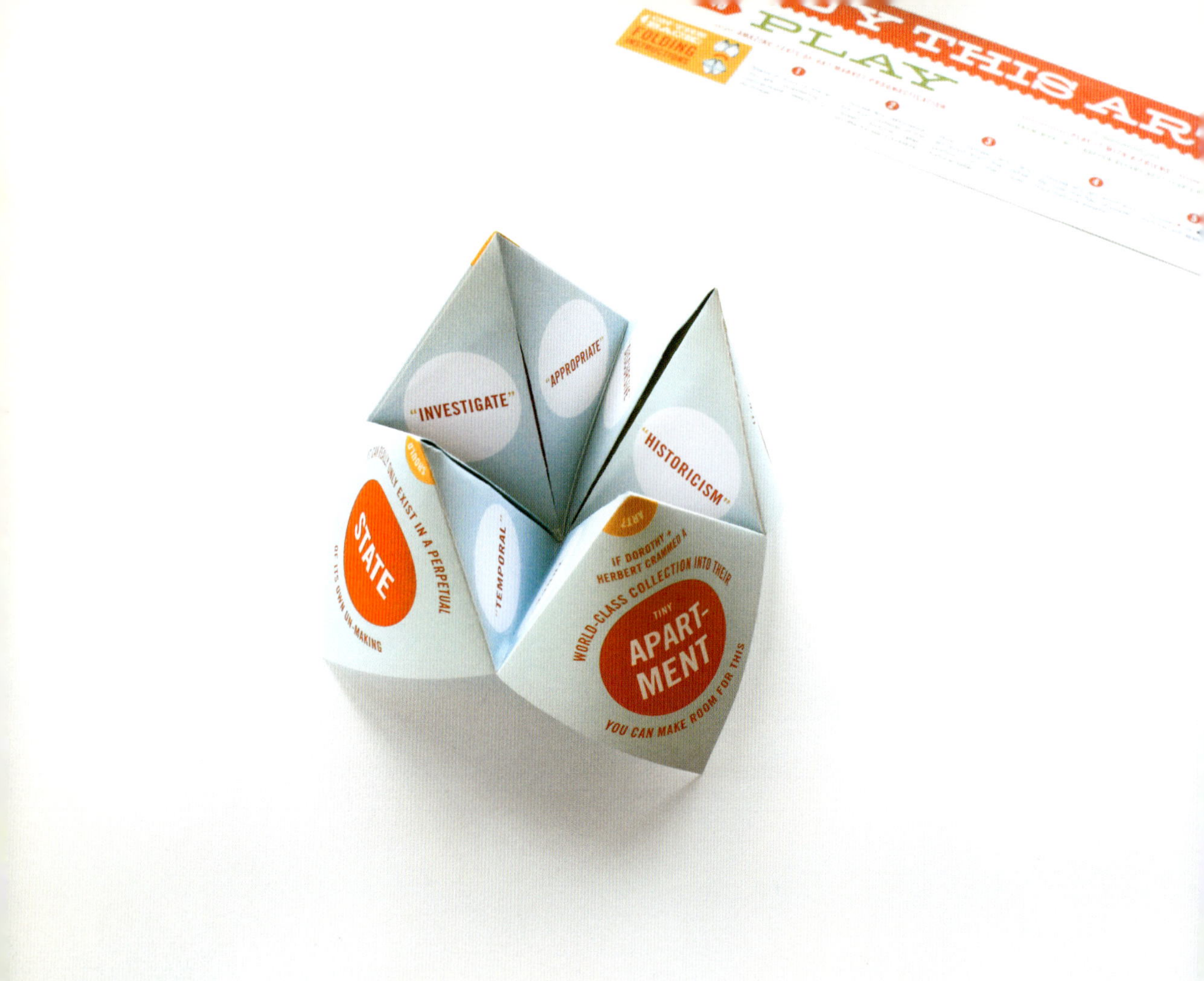

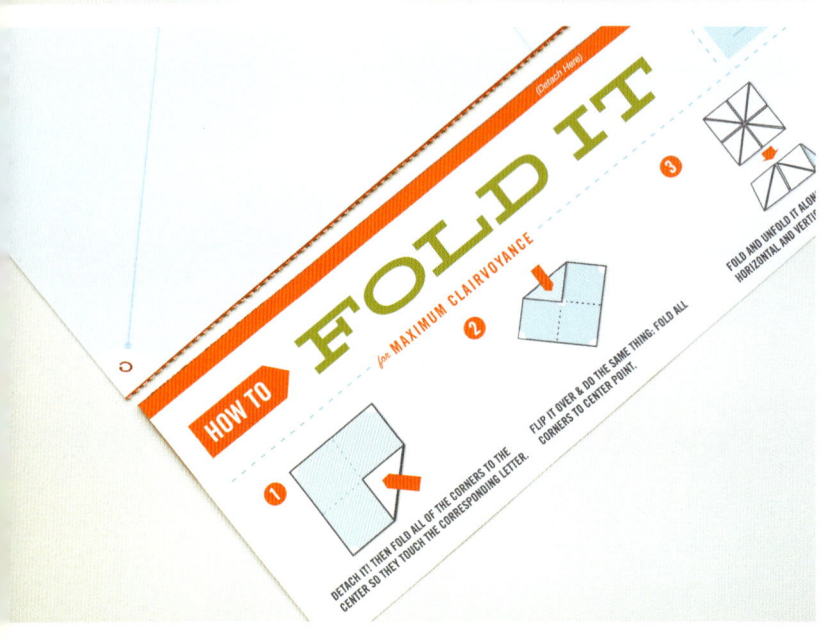

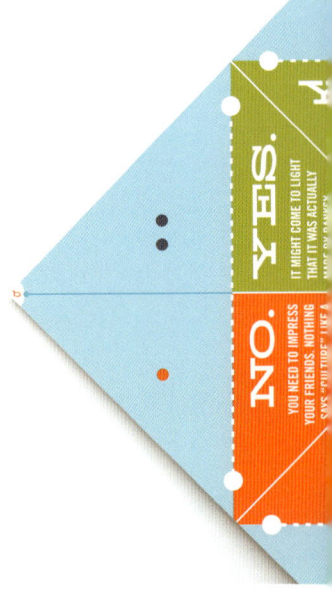

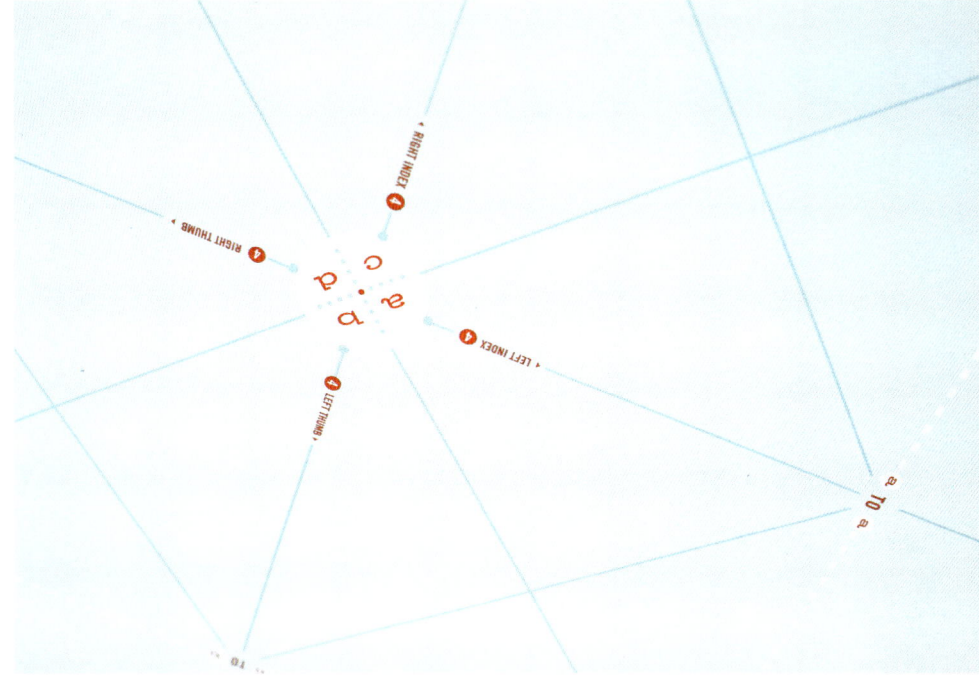

06

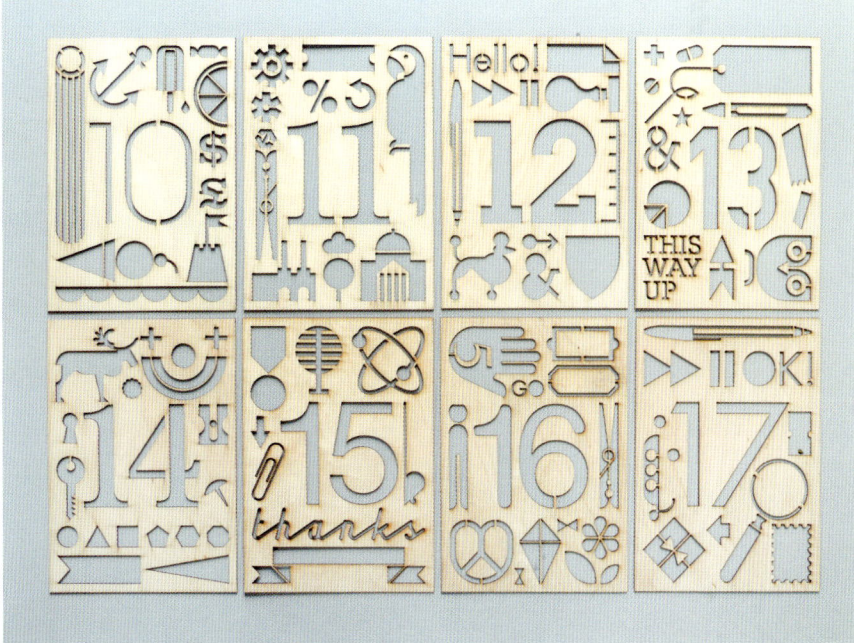

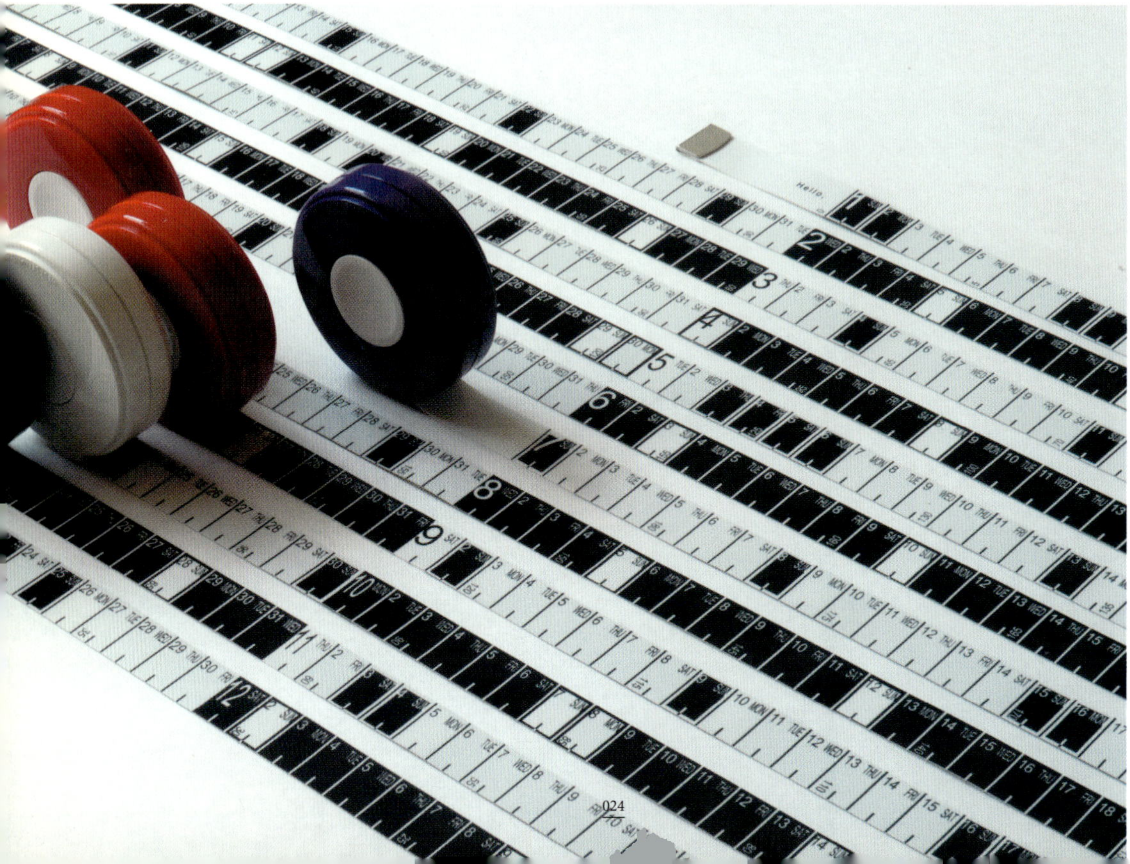

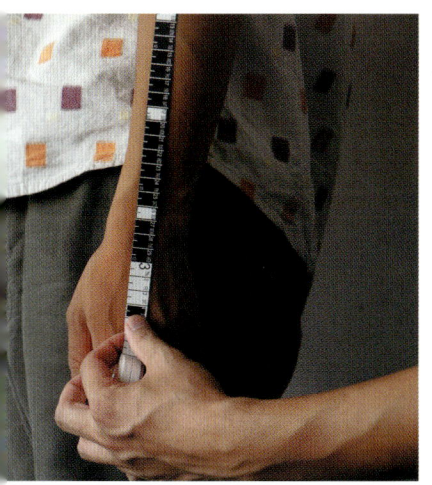

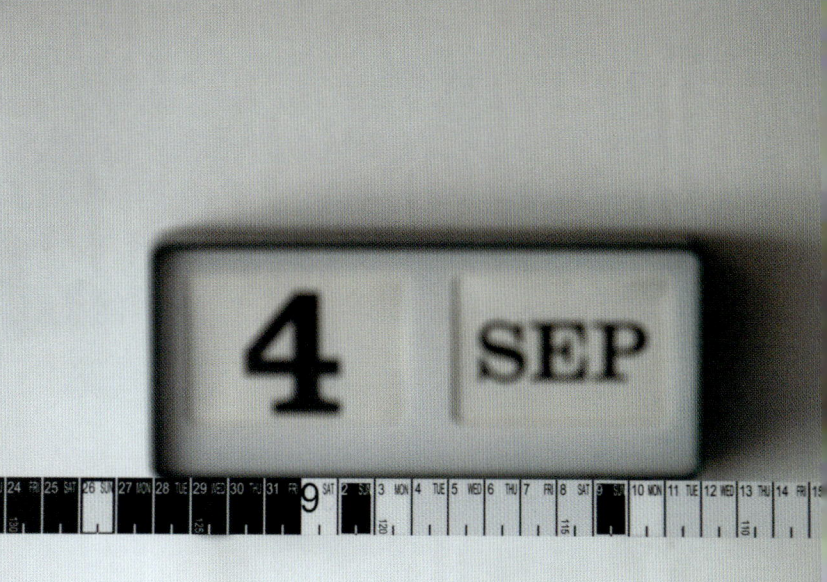

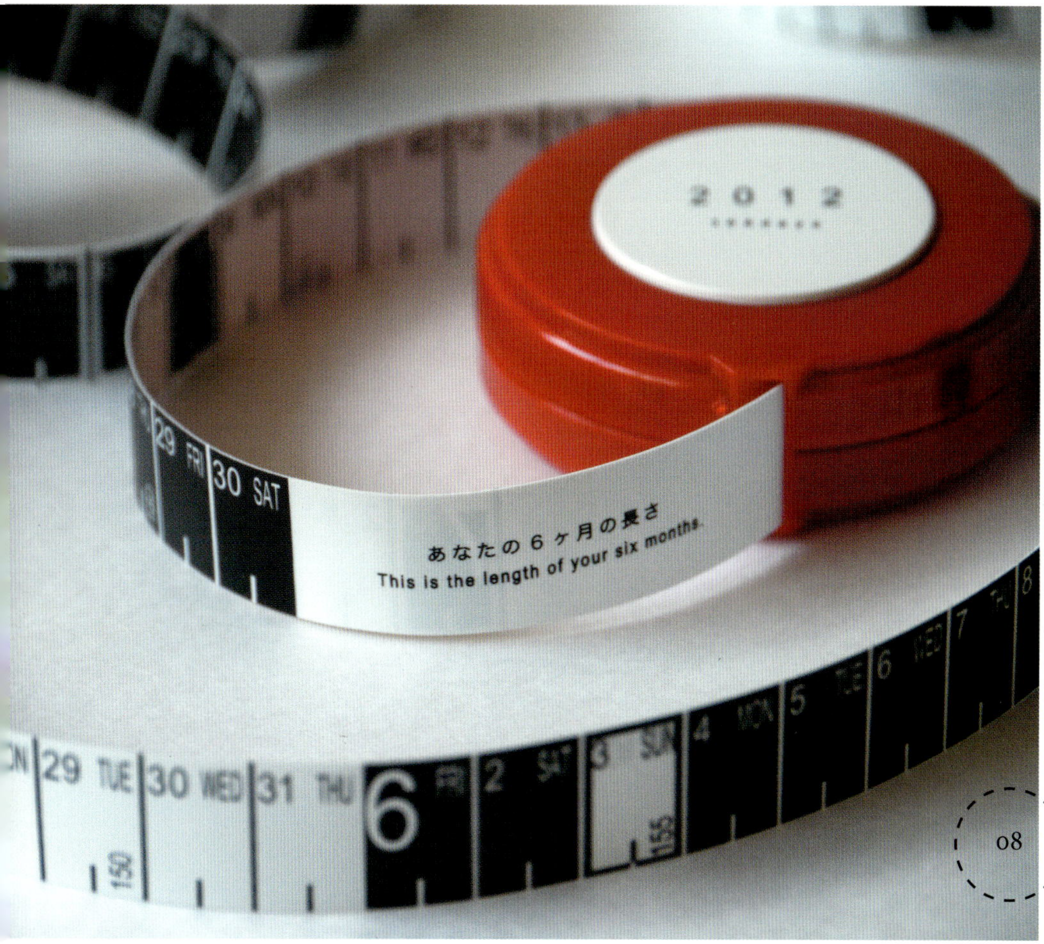

4
SEP

2012
あなたの６ヶ月の長さ
This is the length of your six months.

08

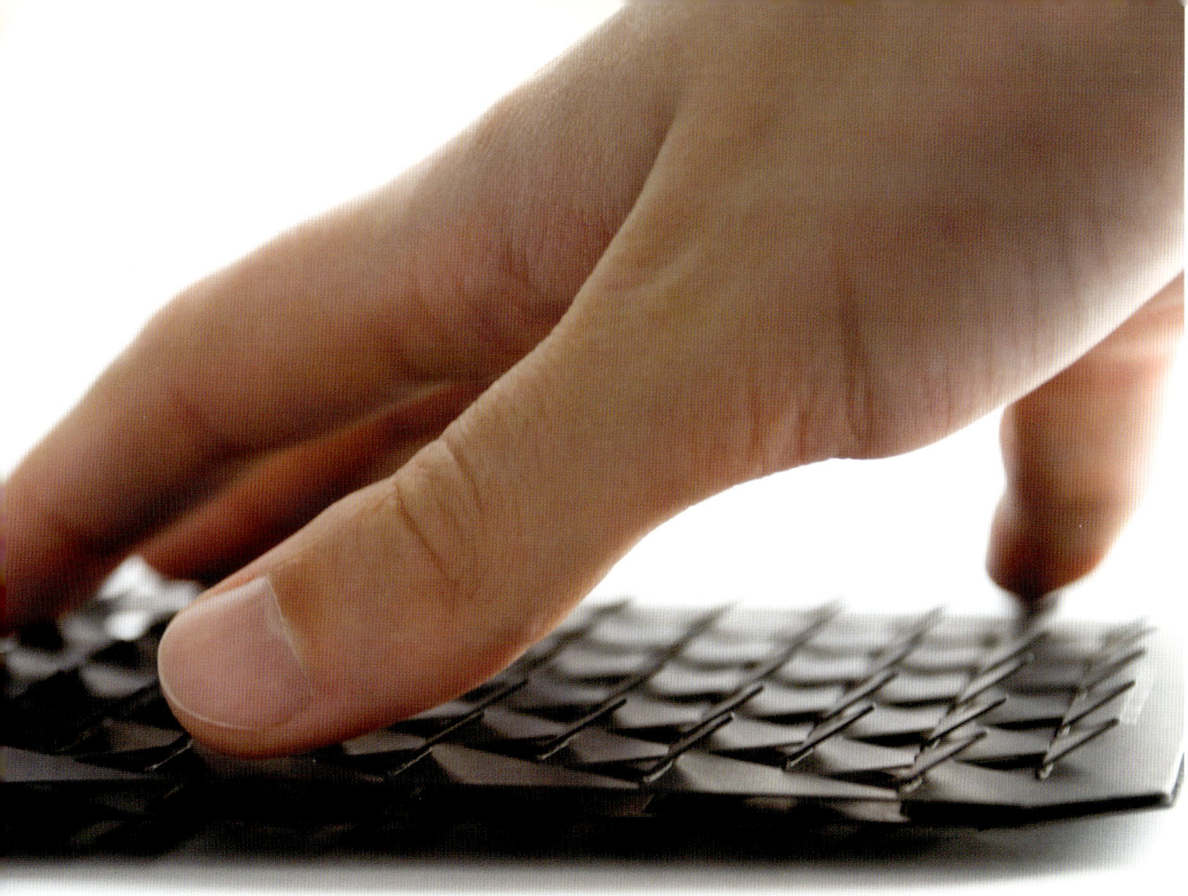

Merry
Christmas
and Daring
New Year
Graphic
design
studio by
Yurko Gutsulyak

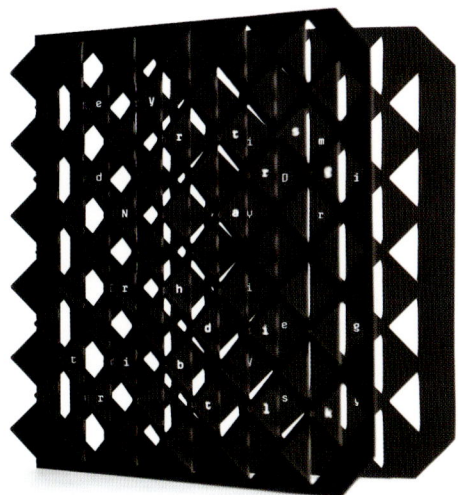

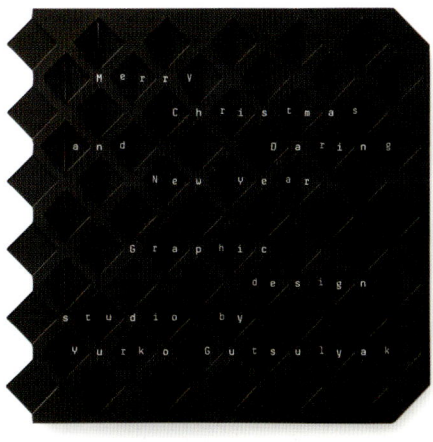

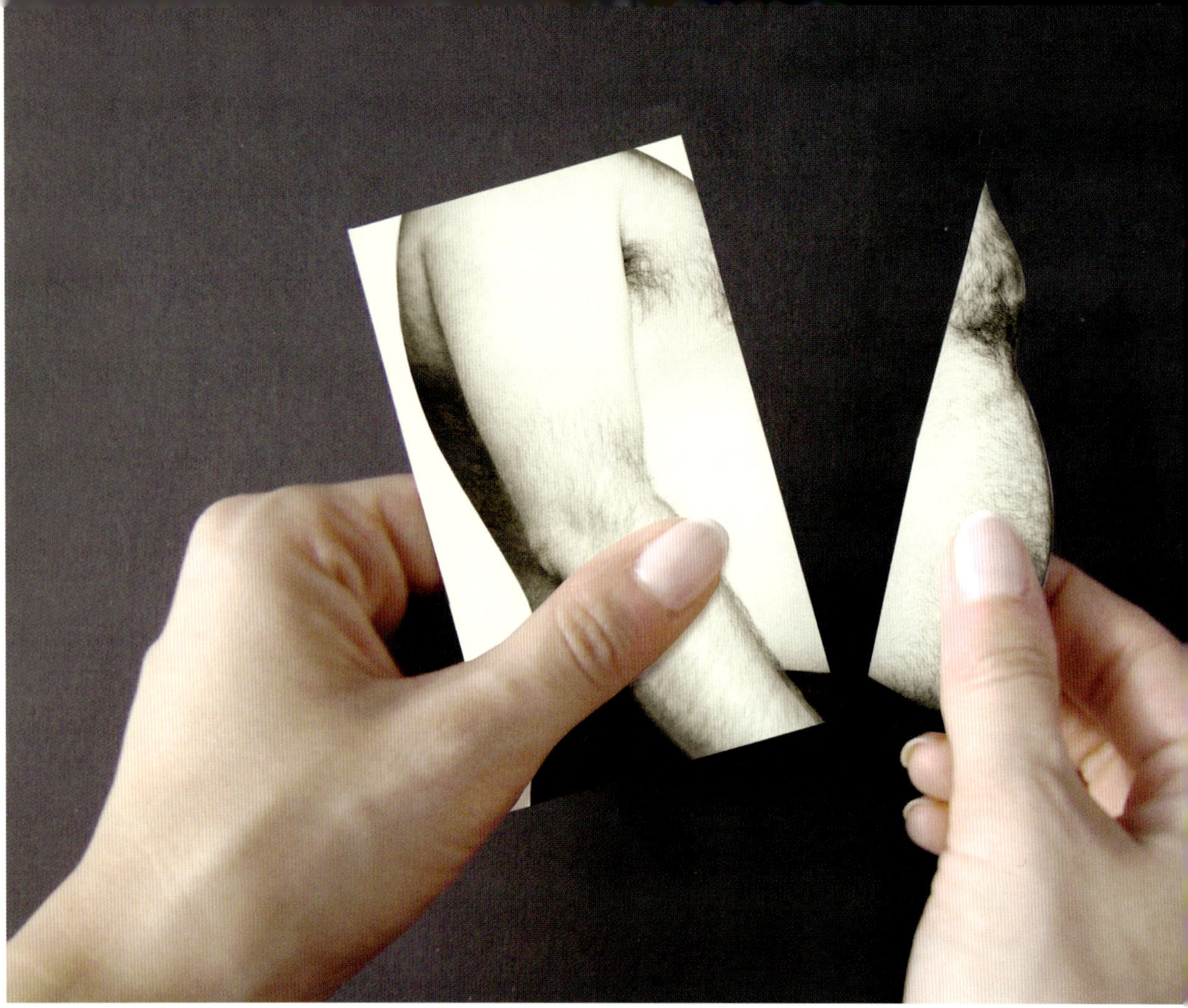

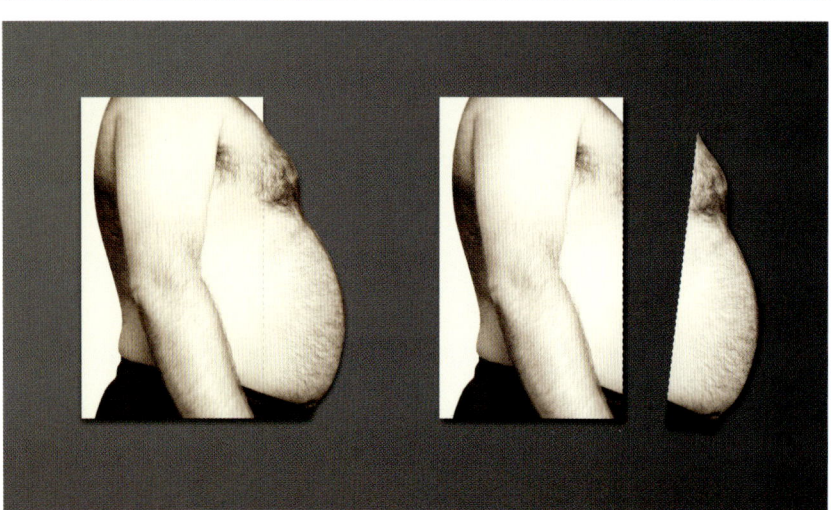

Danielle
Yoga
Tel: +961 3150760,
Danielle
Yoga
Tel: +961 3150760,
Abisaab
Instructor
E-mail: danielle_abisaab@hotmail.com

Danielle
Yoga
Tel: +961 3150760,
Abisaab
Instructor
E-mail: danielle_abisaab@hotmail.com

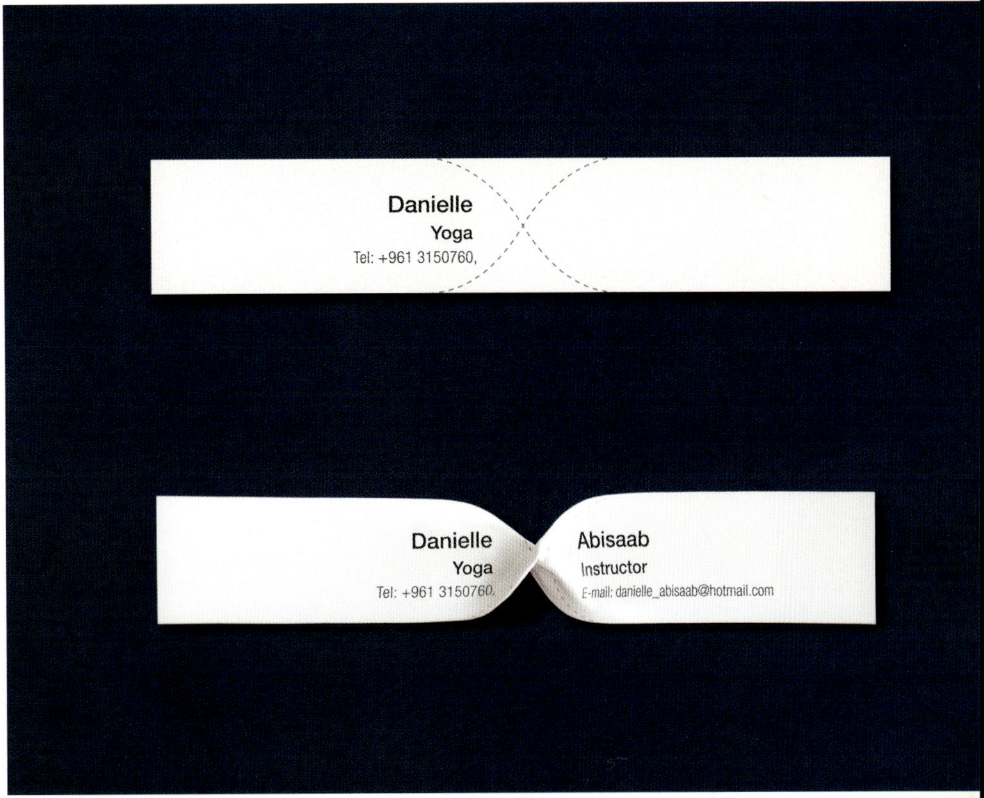

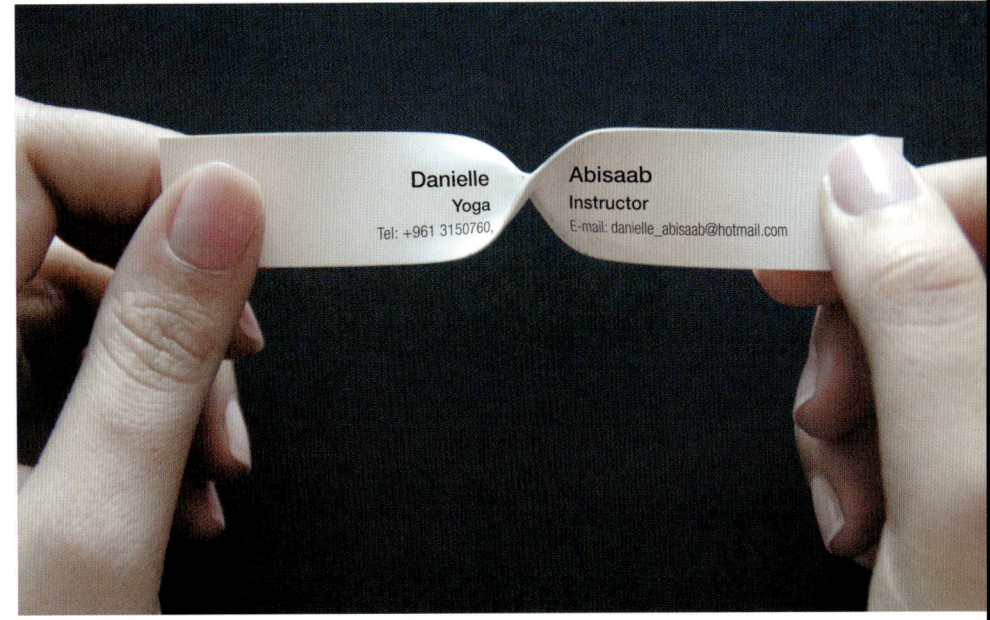

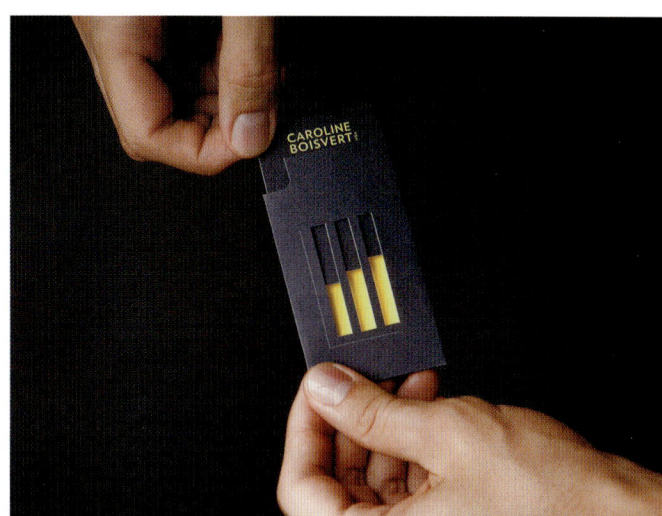

14

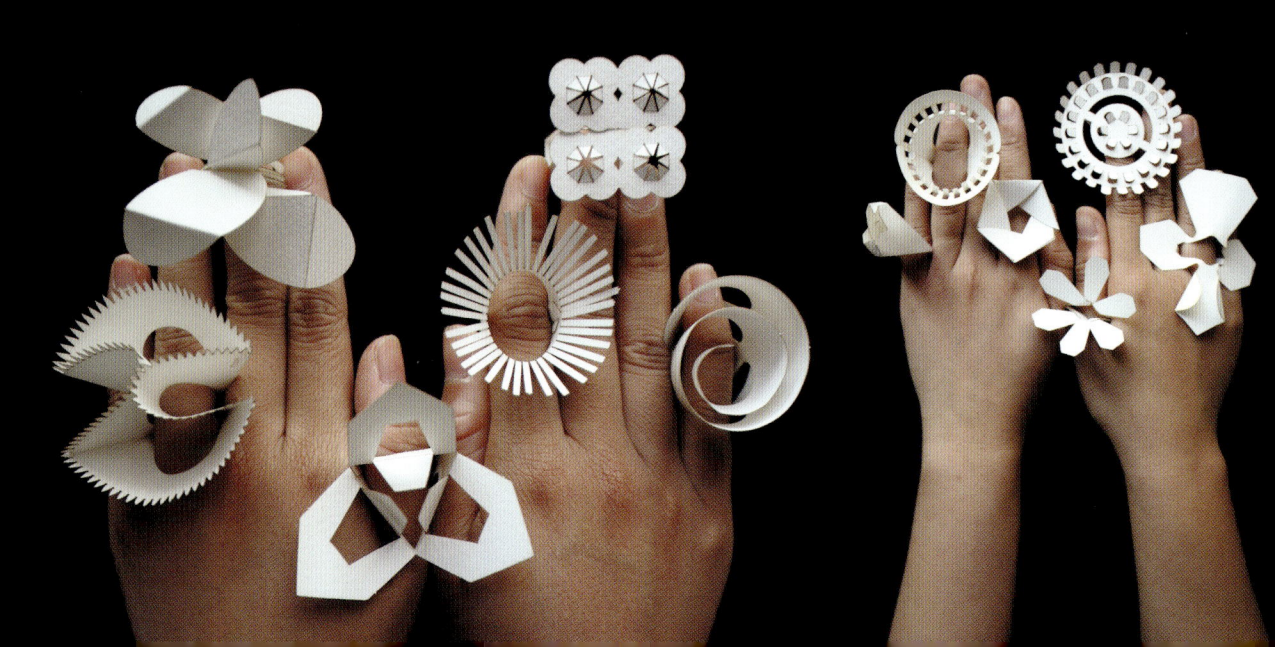

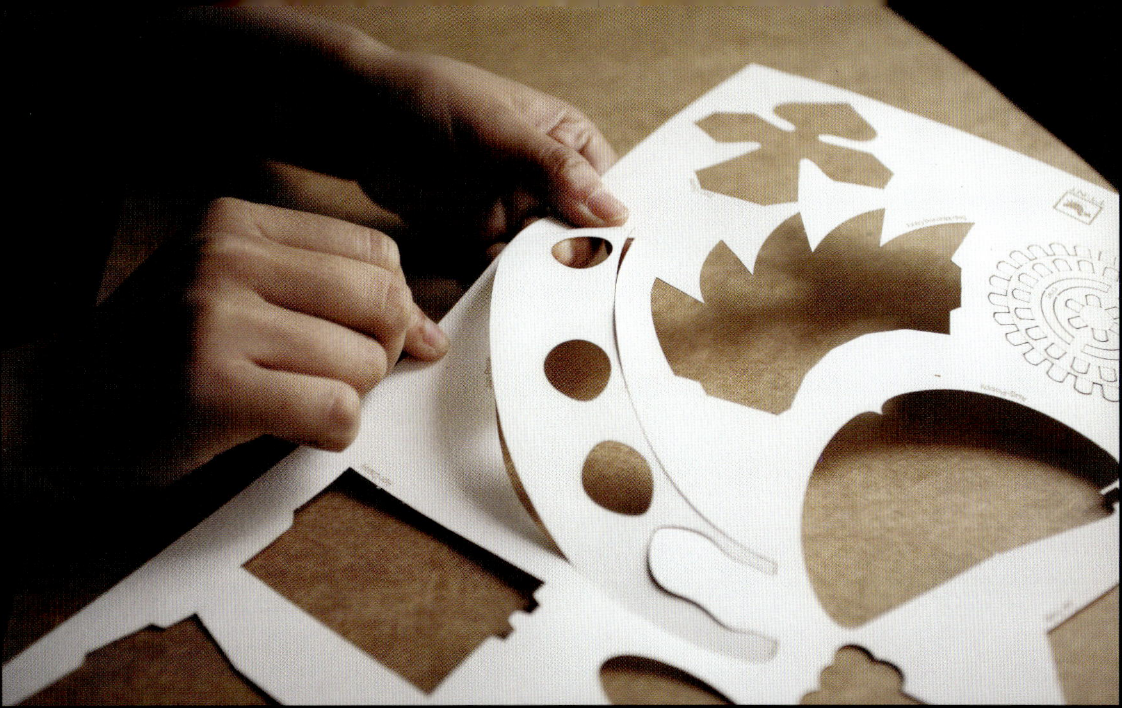
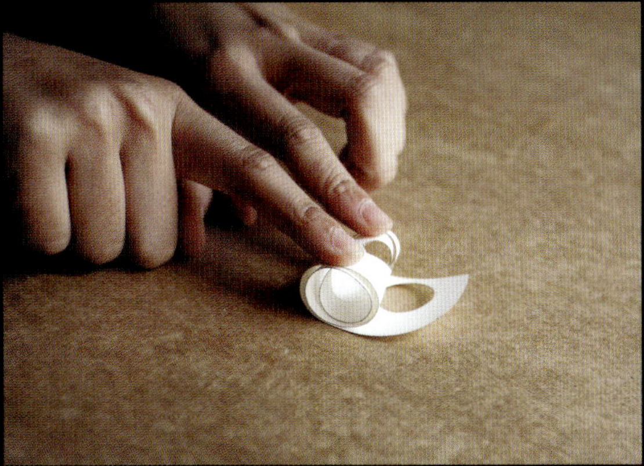
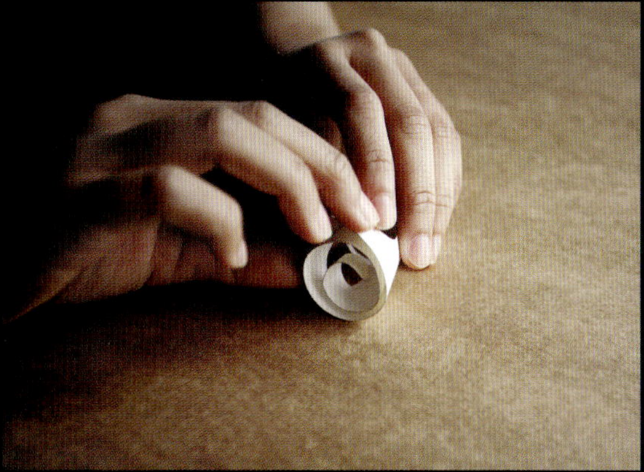
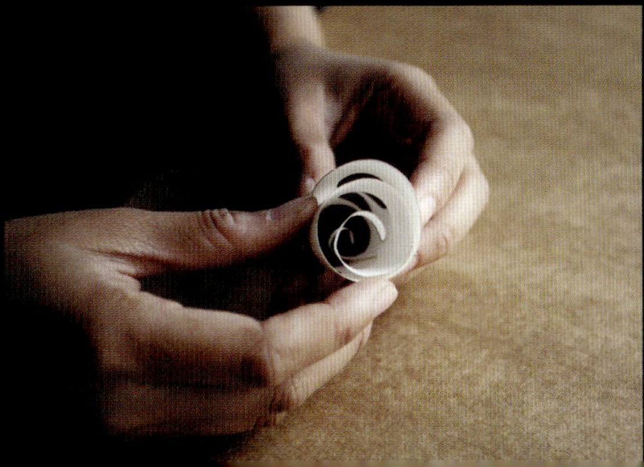
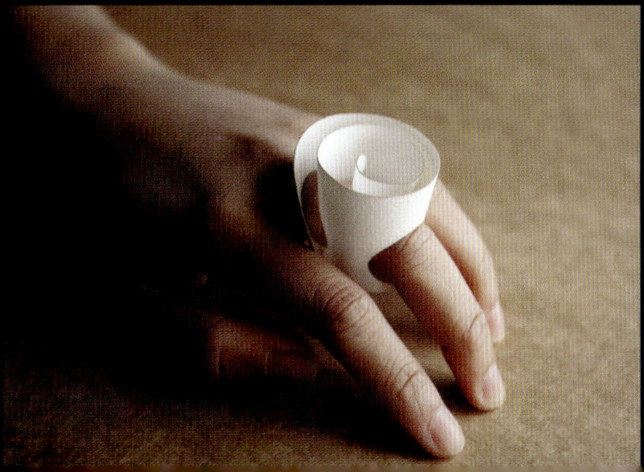

15

037

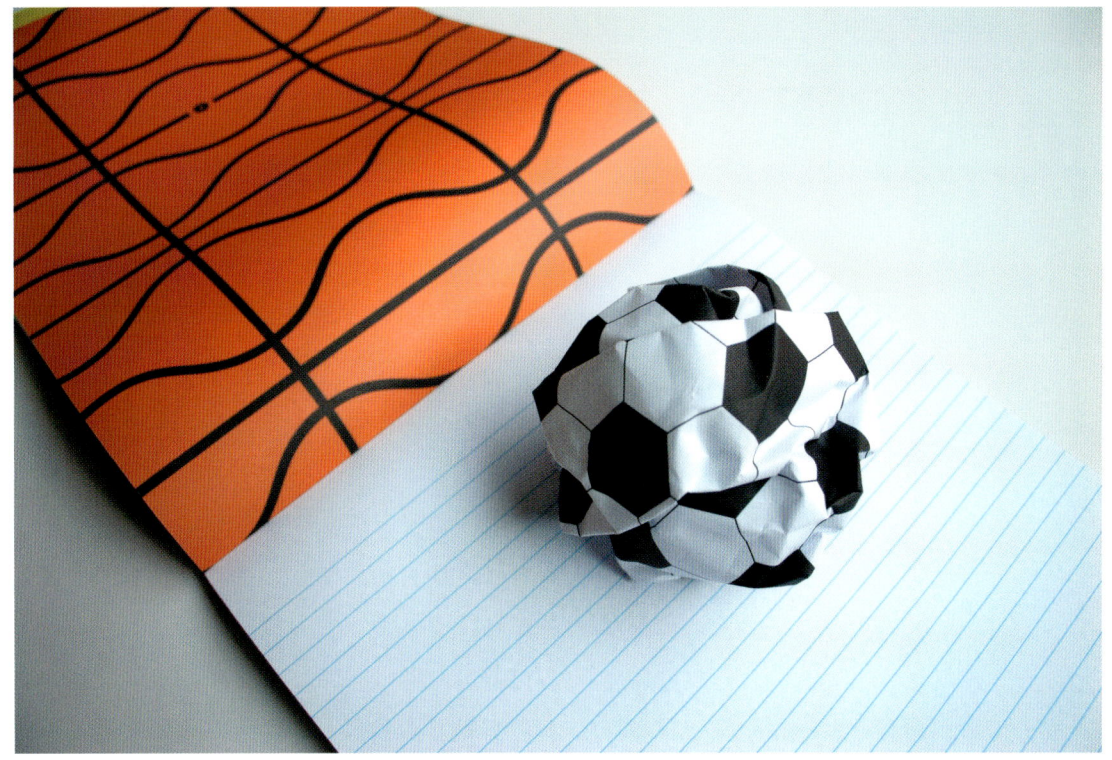

Merry Christmas and Happy New Year

DO-IT-YOURSELF ISTANT CHRISTMAS TREE PAPER BALL

ZEBRA
via Verdi 12, 10124 Torino ITALY
tel. +39 011 8136068
www.zebra.to.it / info@zebra.to.it

16

MINUTE PAPILLON

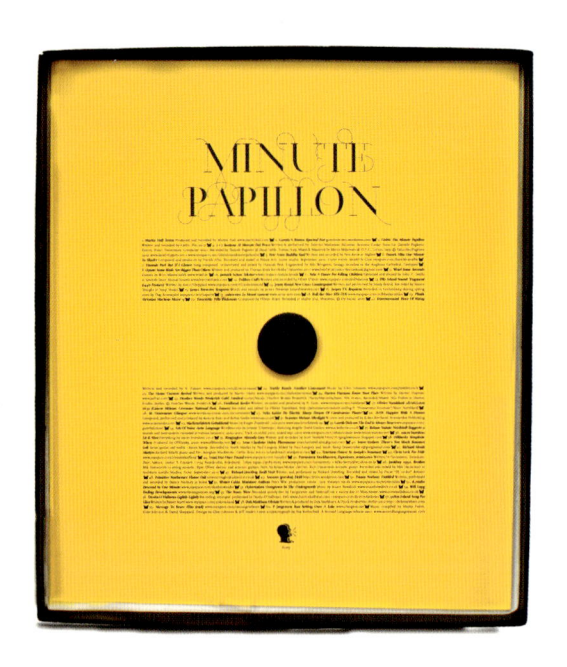

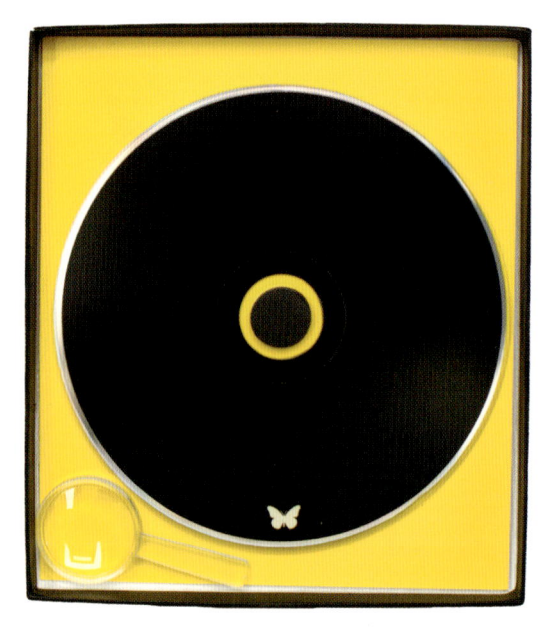

041

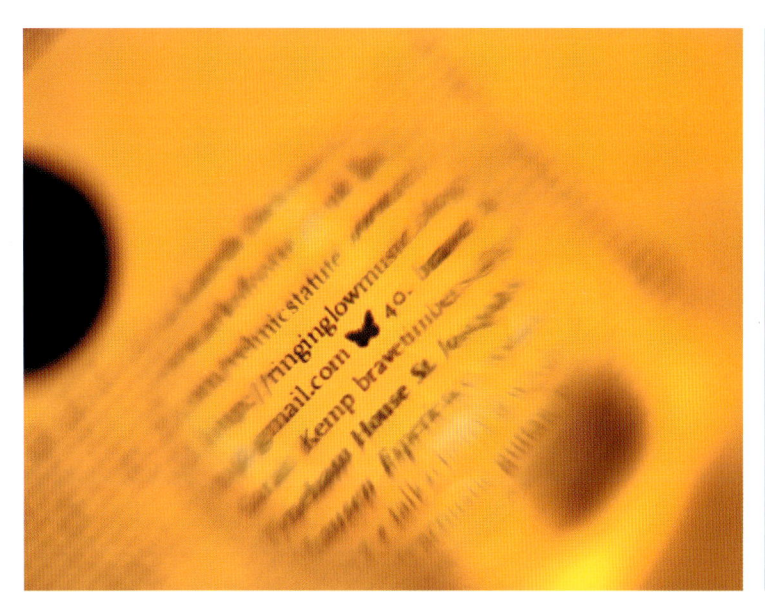

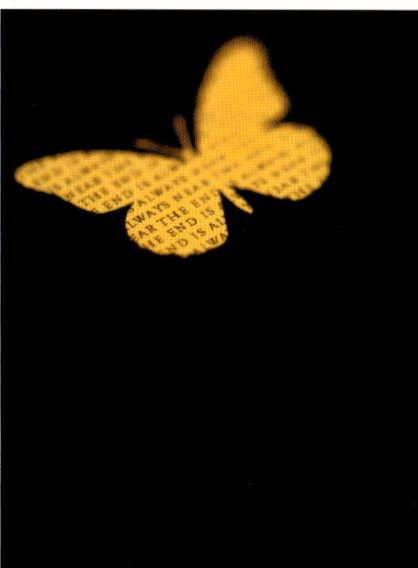

042

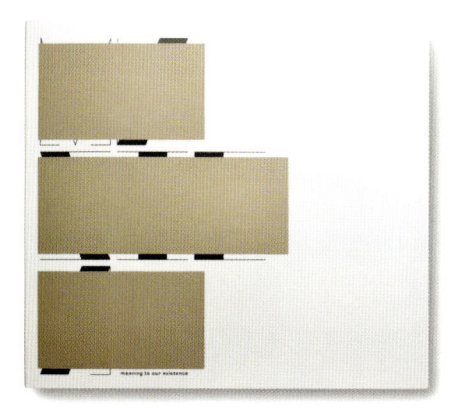

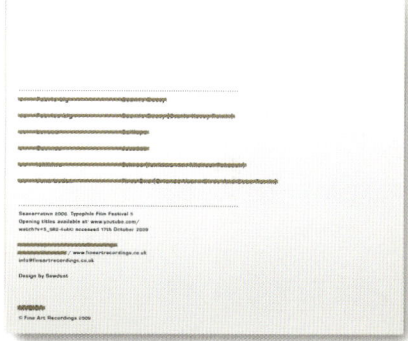

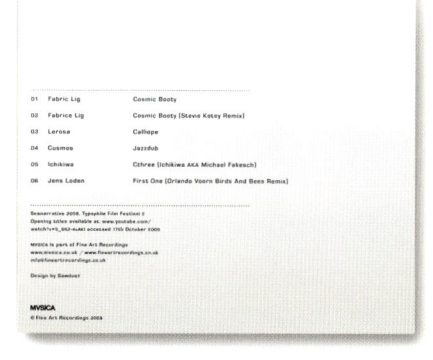

18

19

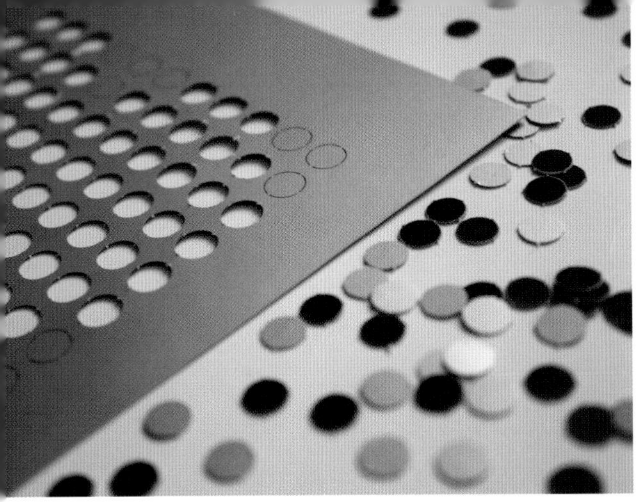

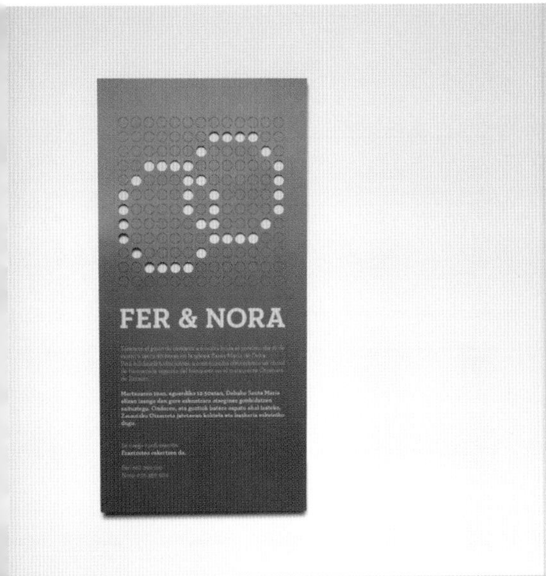
FER & NORA

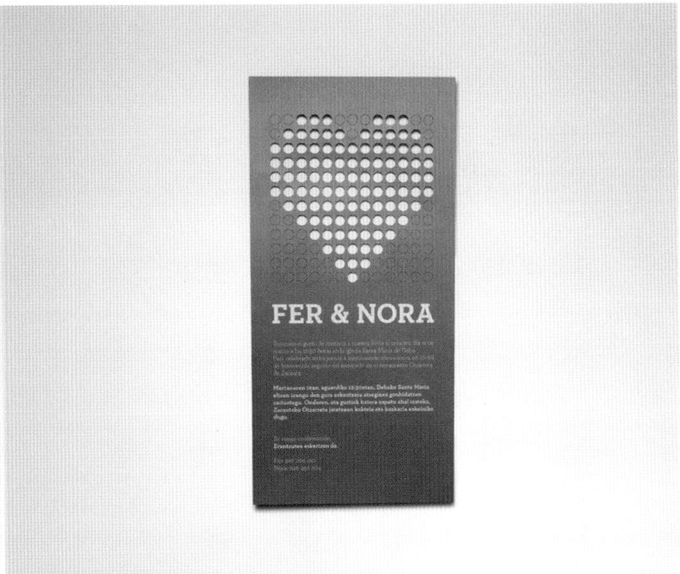
FER & NORA

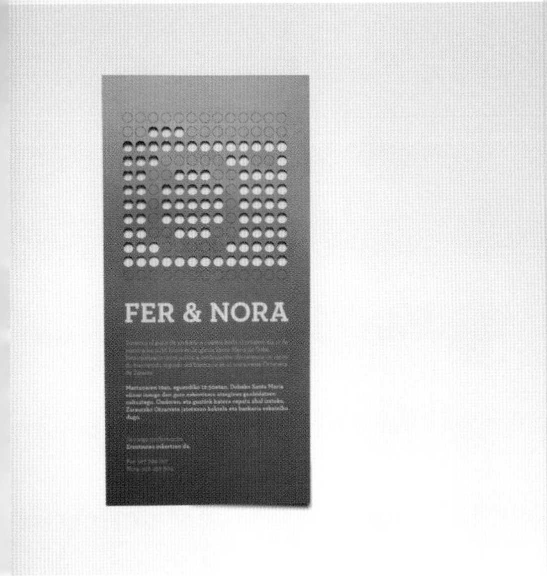
FER & NORA

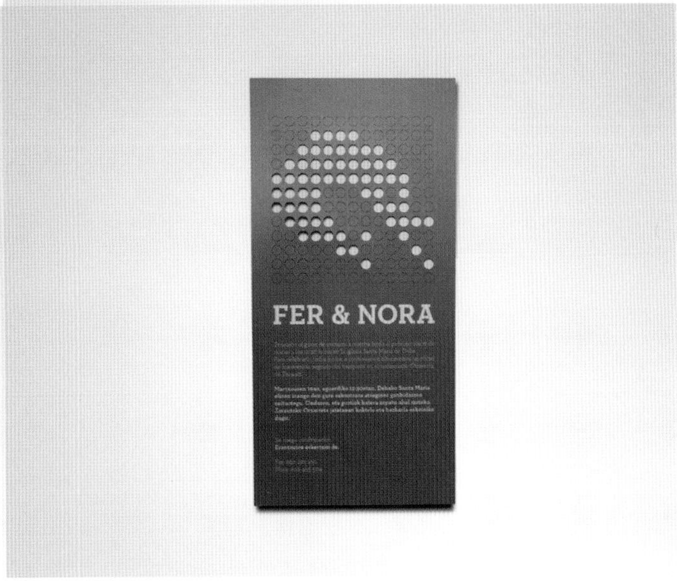
FER & NORA

046

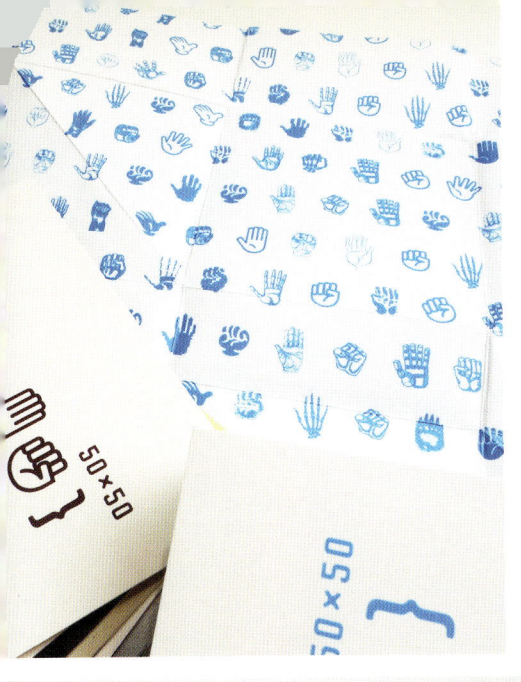

20

048

WORDLESS®

21

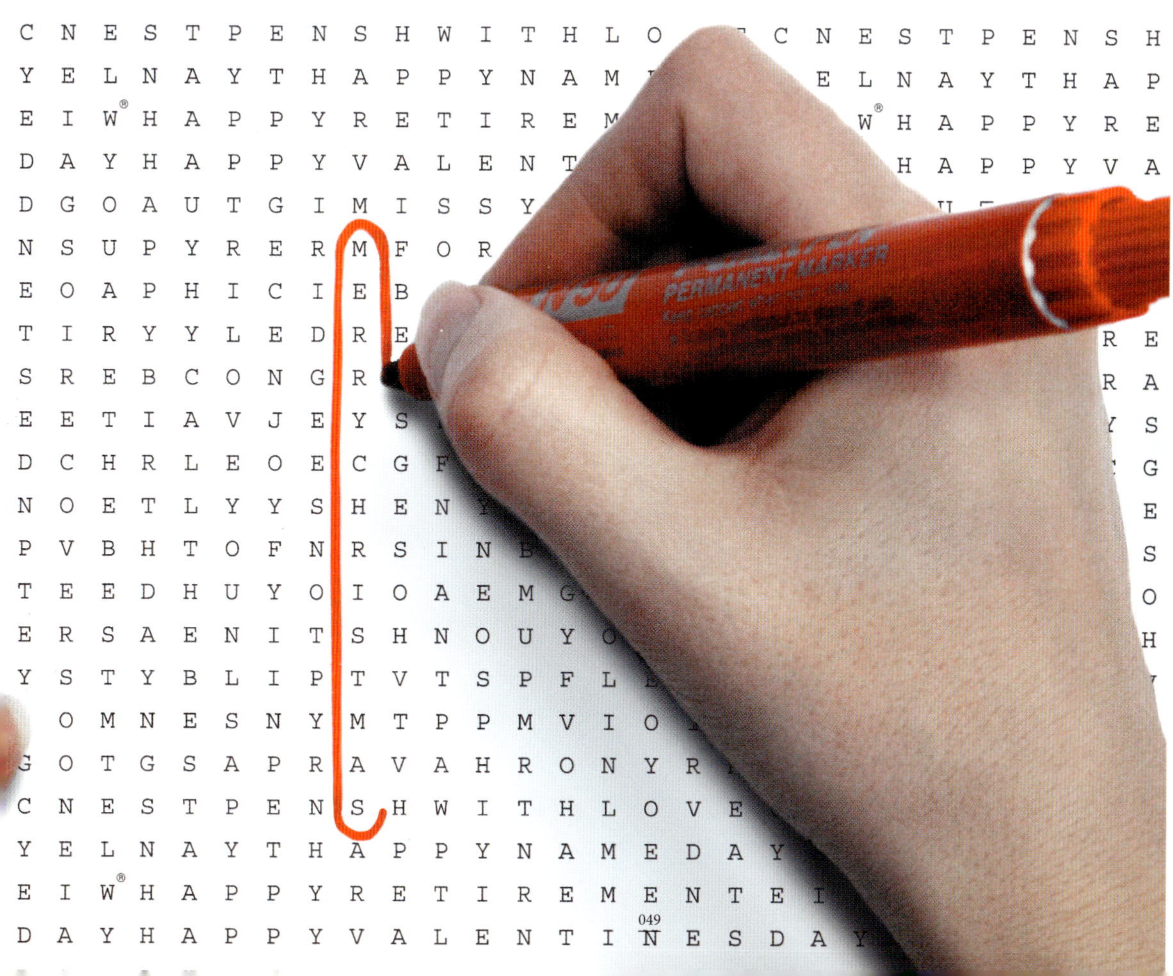
CNESTPENSHWITHLOVE
YELNAYTHAPPYNAMEDAY
EIWHAPPYRETIREMENTEI
DAYHAPPYVALENTINESDAY
PERMANENT MARKER

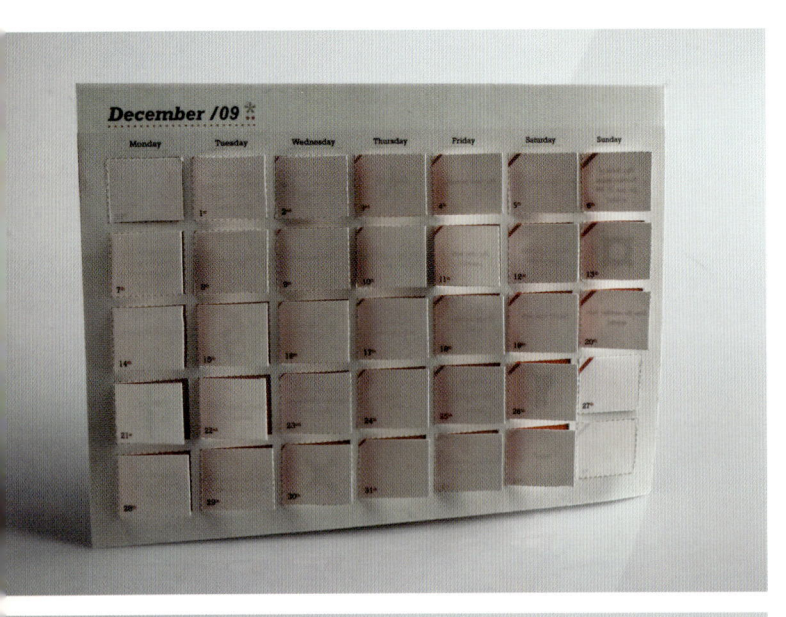

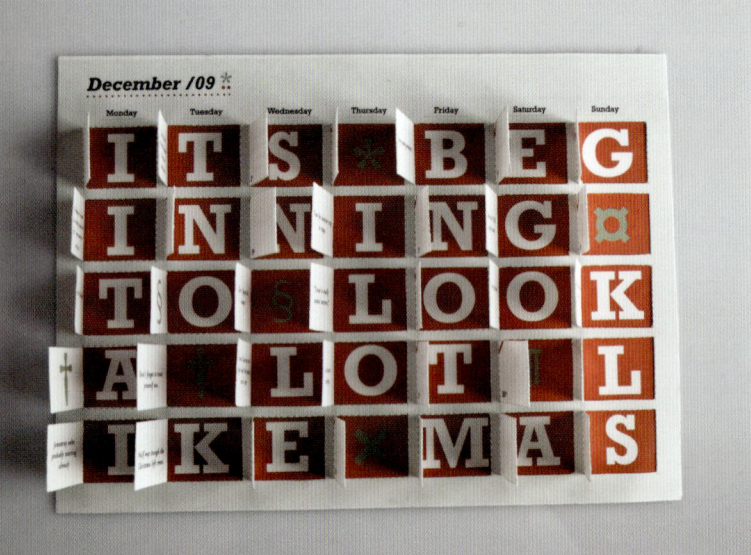

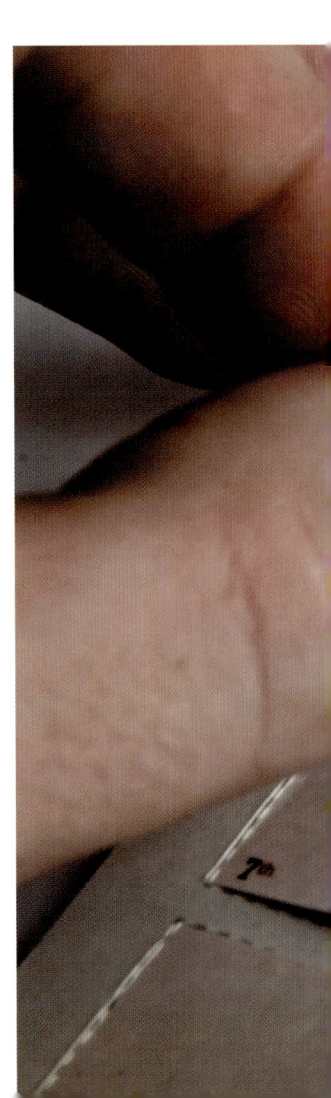

22

december /09 *

Tuesday

Wednesday

There has been only one Christmas - the rest are anniversaries.

23

謹賀新年

謹賀新年

24

25

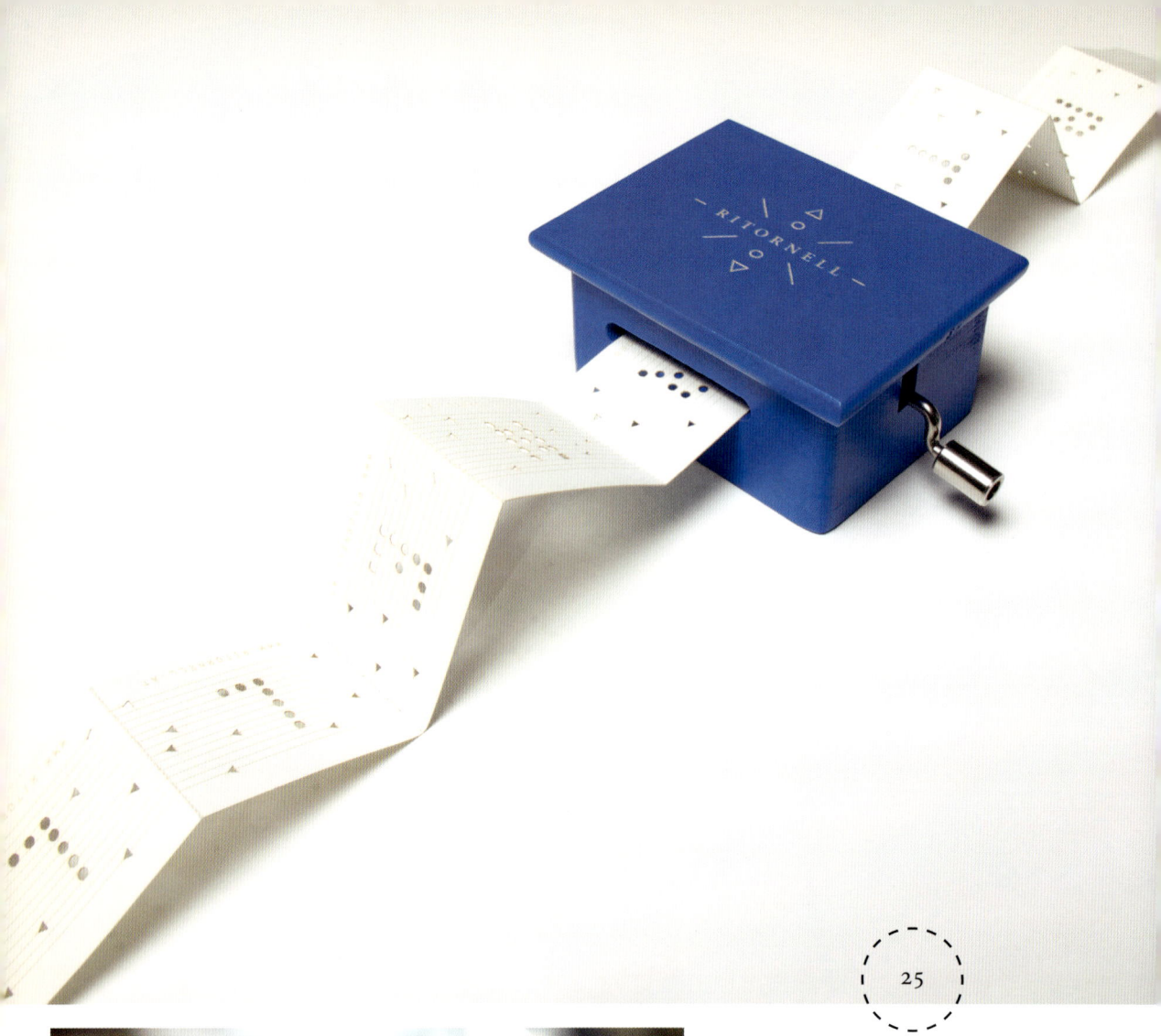

054

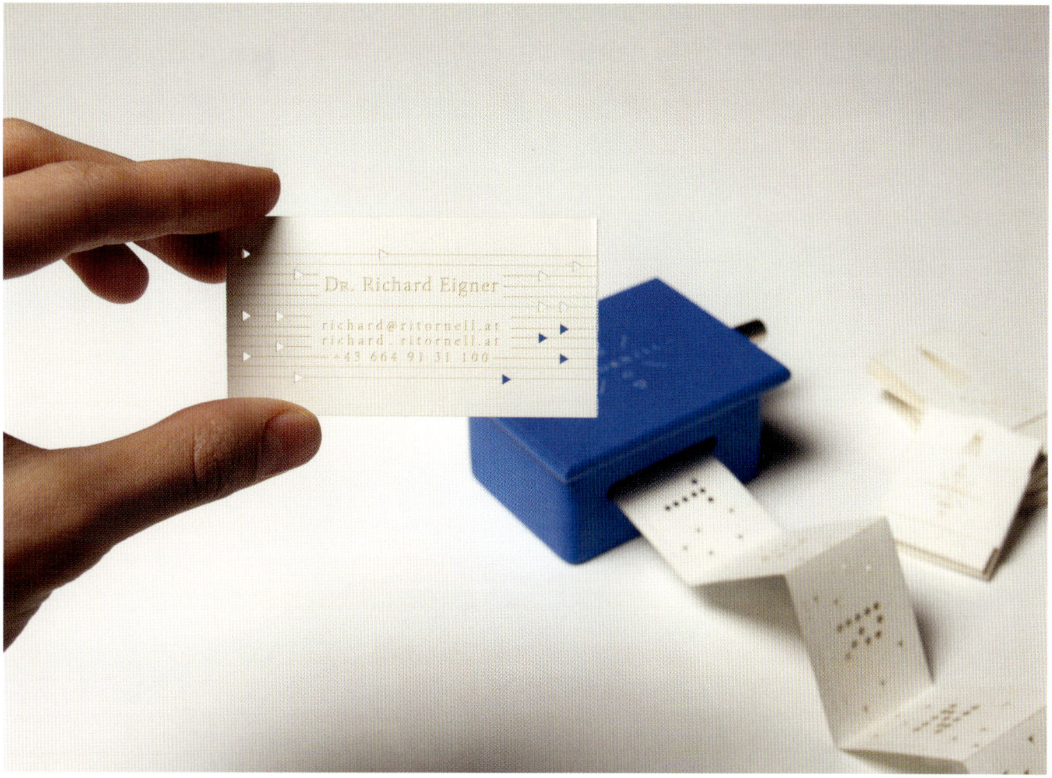
Dr. Richard Eigner
richard@ritornell.at
+43 664 91 31 100

RITORNELL

056

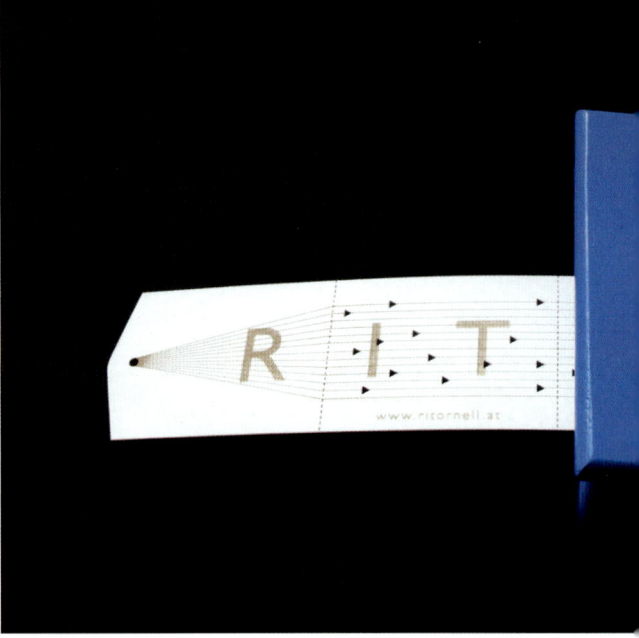

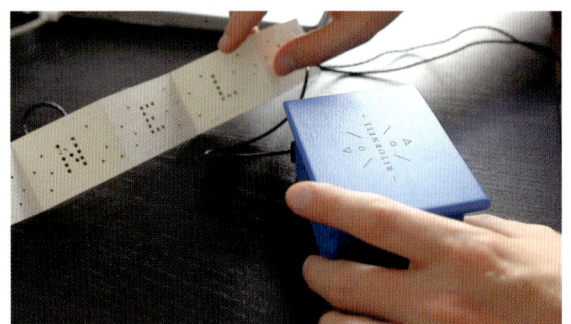

— RITORNELL —

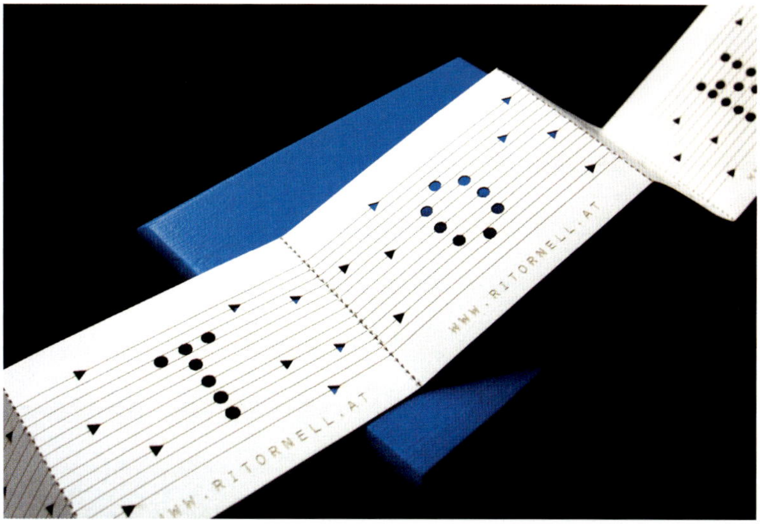
WWW.RITORNELL.AT
WWW.RITORNELL.AT

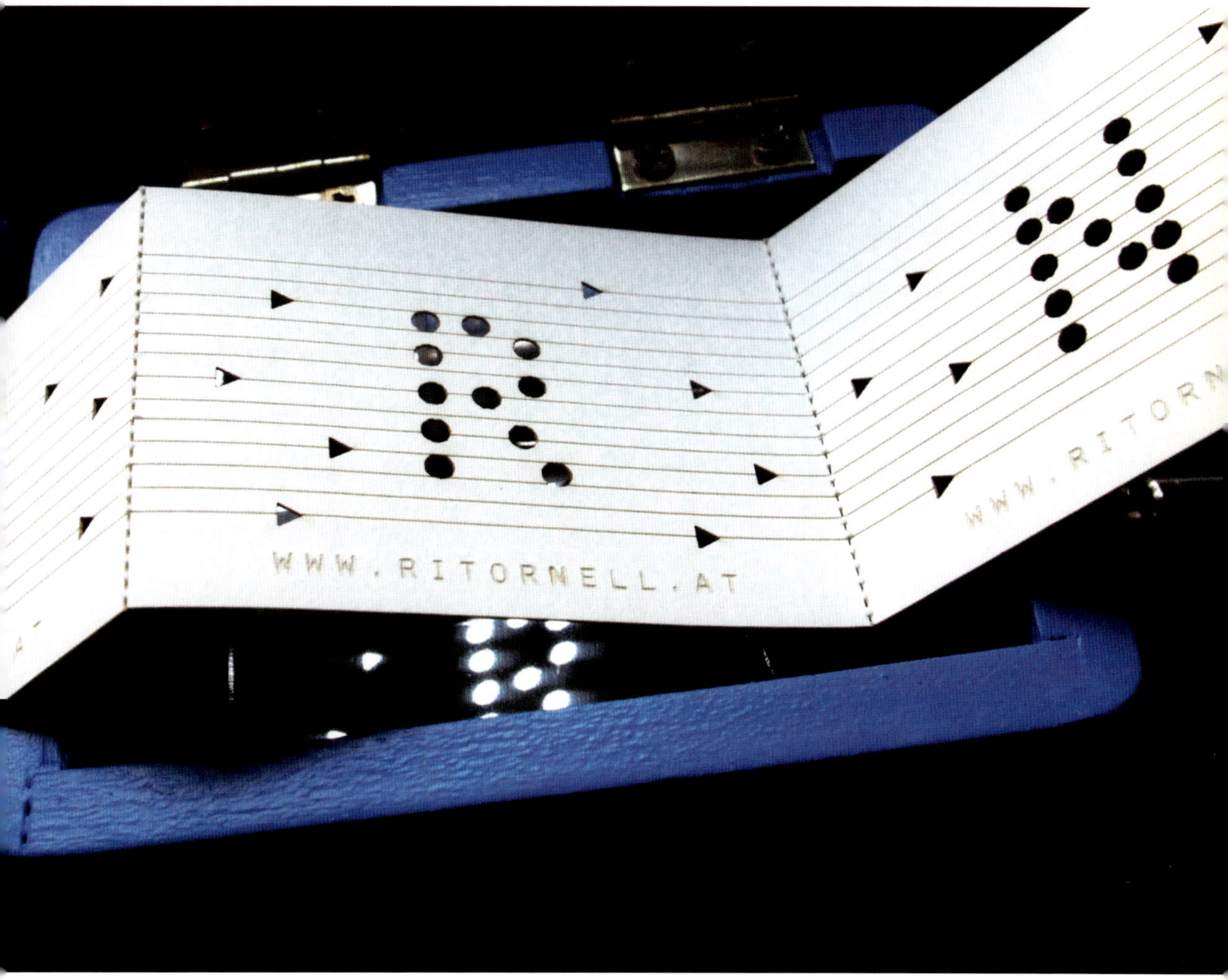
WWW.RITORNELL.AT

058

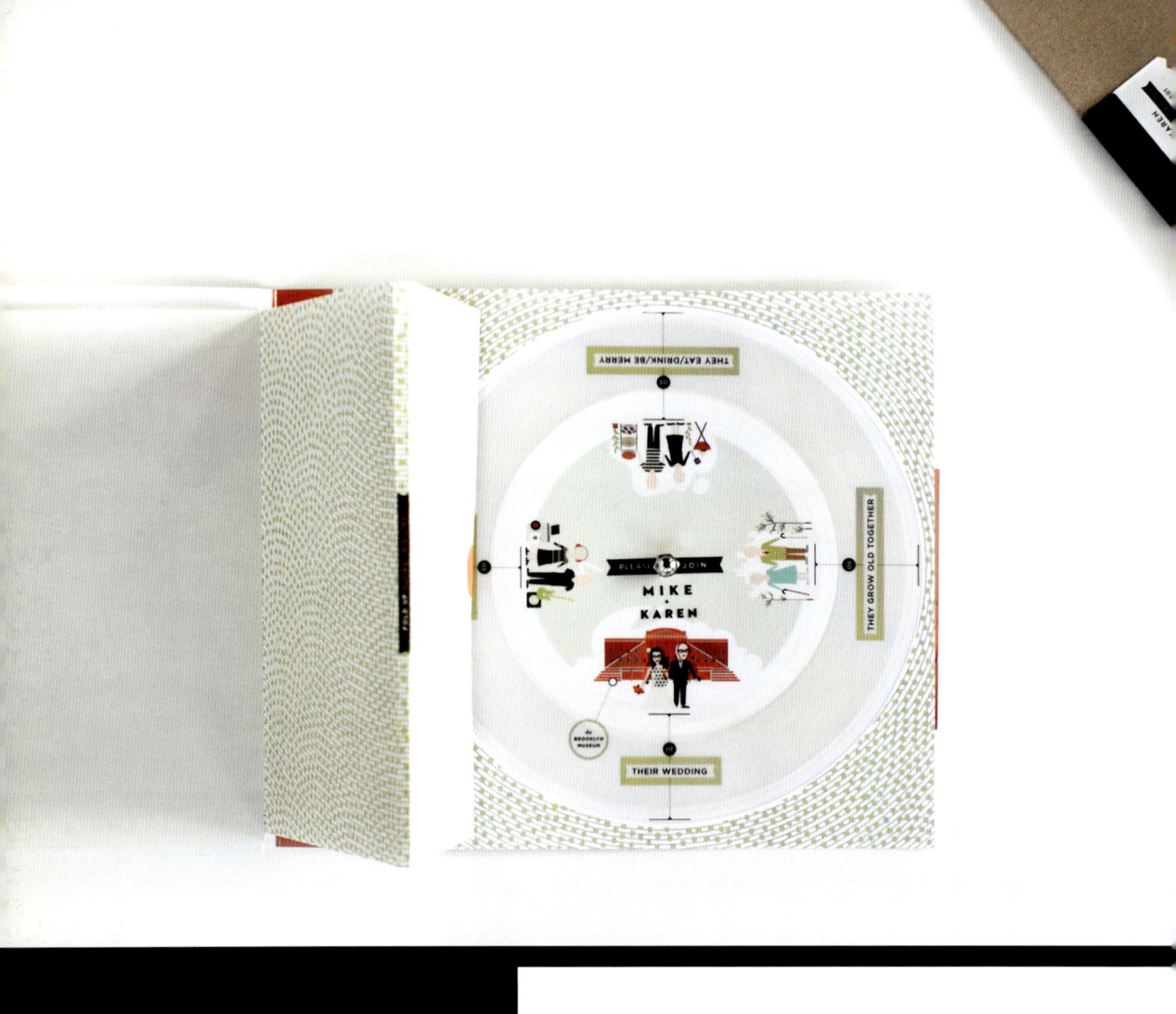

26

27

ILFORD
DELTA 100 PROFESSIONAL
BLACK AND WHITE FILM
FILM NOIR ET BLANC
SCHWARZWEISS-FILM
ZWART EN WIT FILM
HARMAN TECHNOLOGY
ILFORD
DE LA ASAMBLEA DE LA
CÁMARA ESTENOPEICA
Y ELABORAR INSTRUCCIONES DE CINE
PINHOLE CAMERA
EN FILM ONTWIKKELEN INSTRUCTIES
ESPAÑOL
NEDERLANDSE
HARMAN TECHNOLOGY
ILFORD
PINHOLE CAMERA &
DEVELOPMENT INSTRUCTIONS
L'APPAREIL À STÉNOPÉ &
LES INSTRUCTIONS DE
DÉVELOPPEMENT DES FILMS
ENGLISH
FRANÇAIS
ILFORD

ILFORD
100 ISO

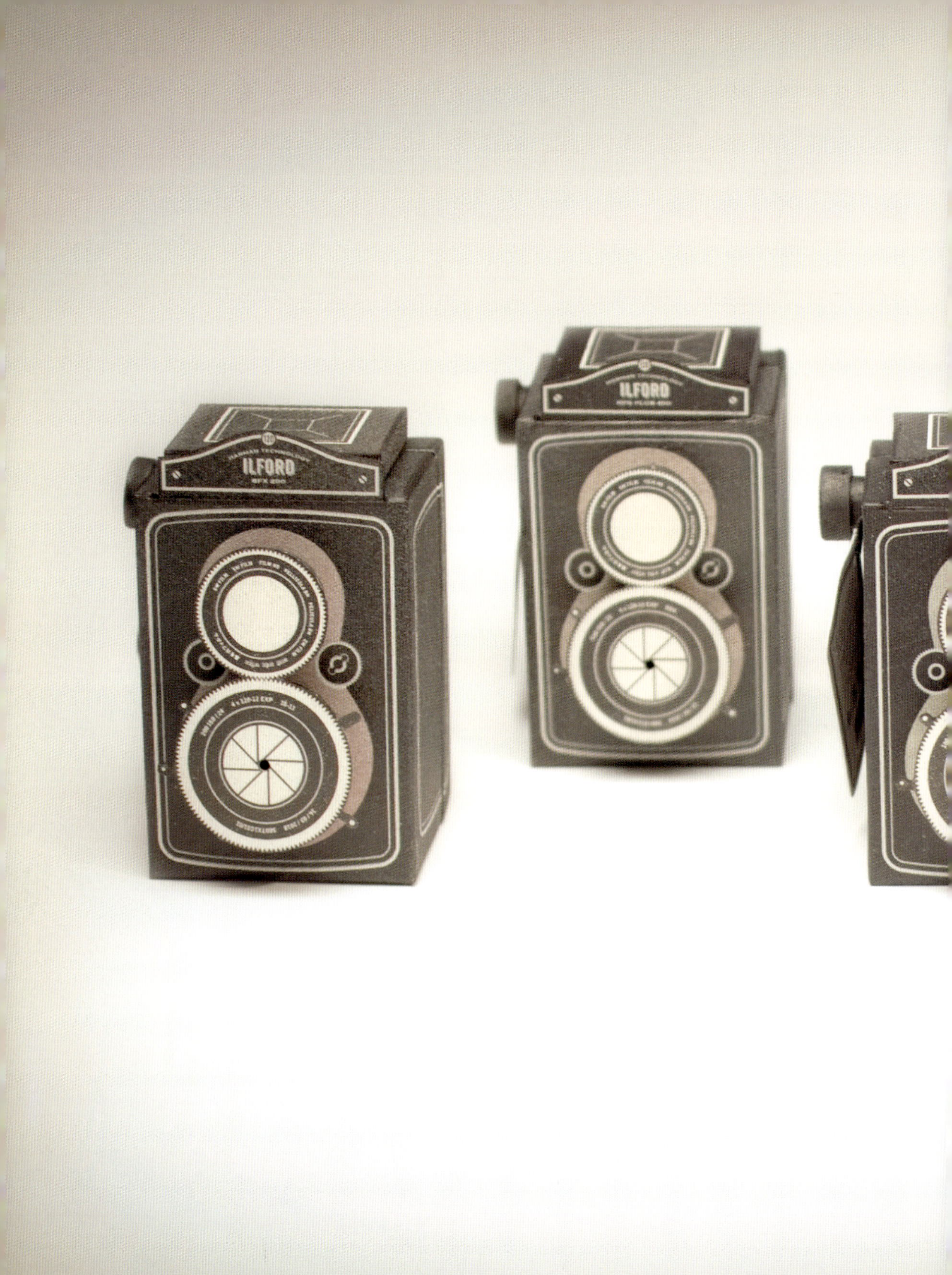
HARMAN TECHNOLOGY
ILFORD
SFX 200
ILFORD

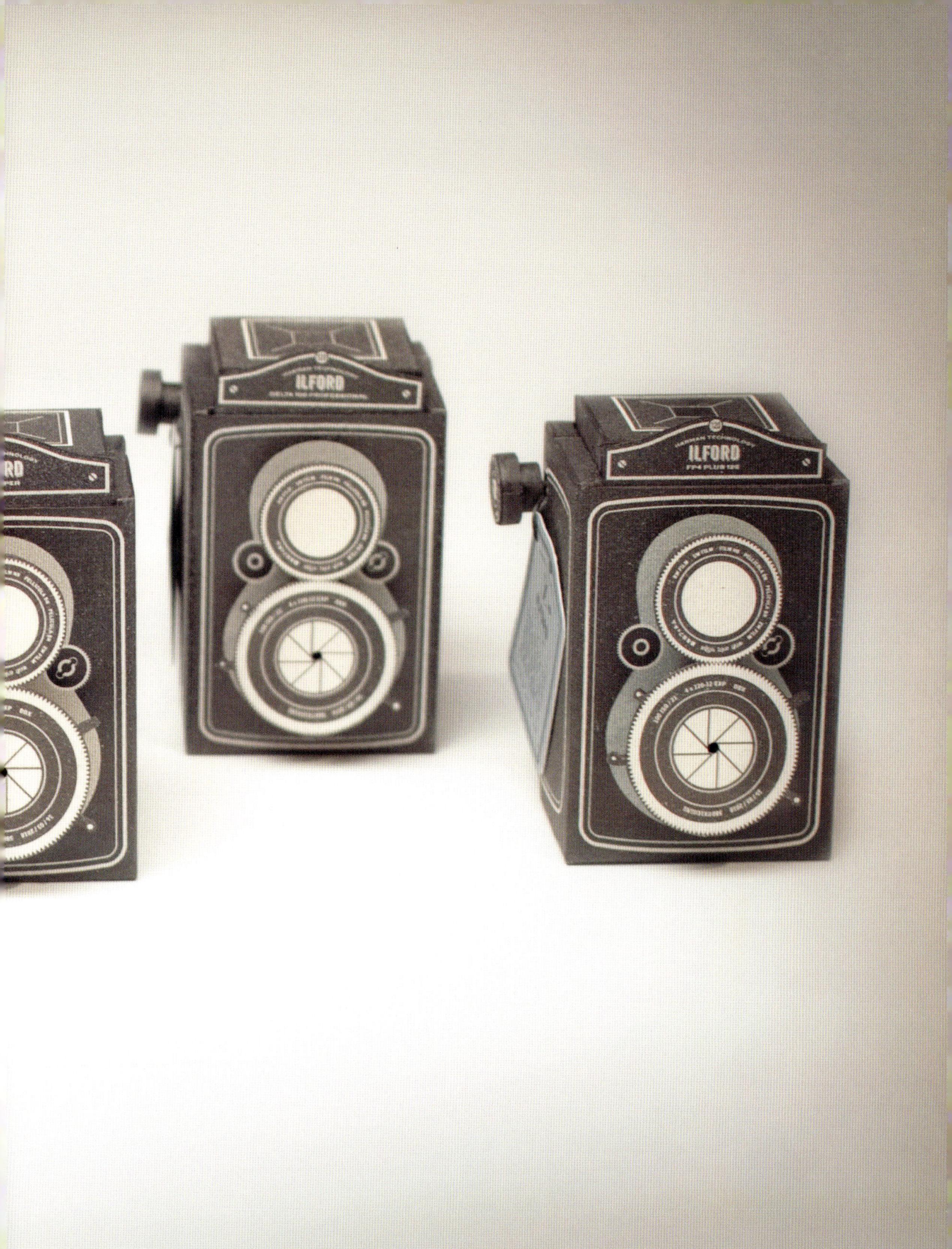
ILFORD
HARMAN TECHNOLOGY
ILFORD
FP4 PLUS 125

28

LOVE STORY
HUSBAND
WIFE
Three O' Clock

IN
THE
WOODS

OTHER
RSVP
WE HAVE RESERVED
SEATS IN YOUR HONOR
AUGUST 5TH
NO YES
DAN
MARTHA
KYLE
BRIAN

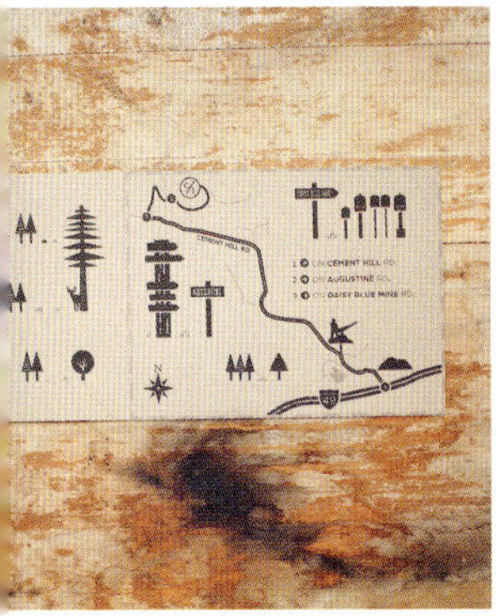

FIELD
GUIDE

29

067

albert einstein
website

SKETCHES

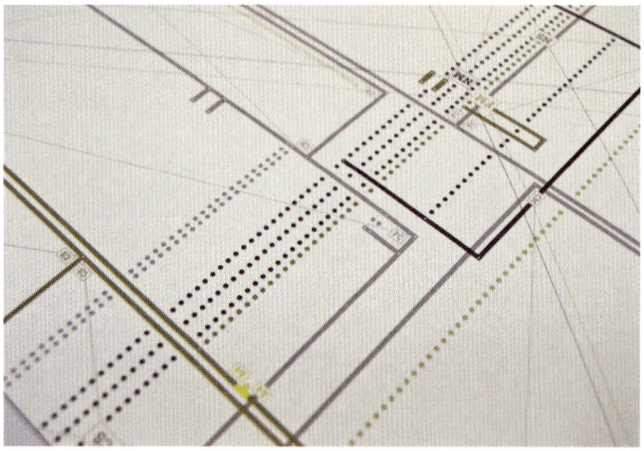

nikola tesla's wayfinding system
PRELIMINARY ANALYSIS / JUNE 2010
JUNE 2010

nikola tesla's wayfinding system
PRELIMINARY ANALYSIS / JUNE 2010

matjaž čuk
DESIGN FOR UNDERSTANDING
OBLIKOVANJE ZA RAZUMEVANJE

069

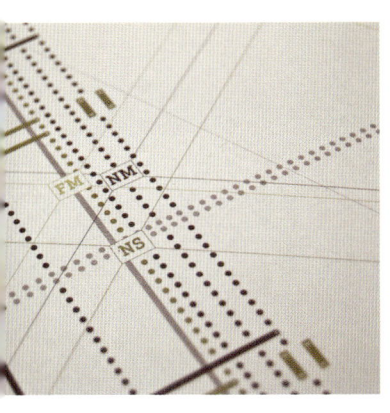

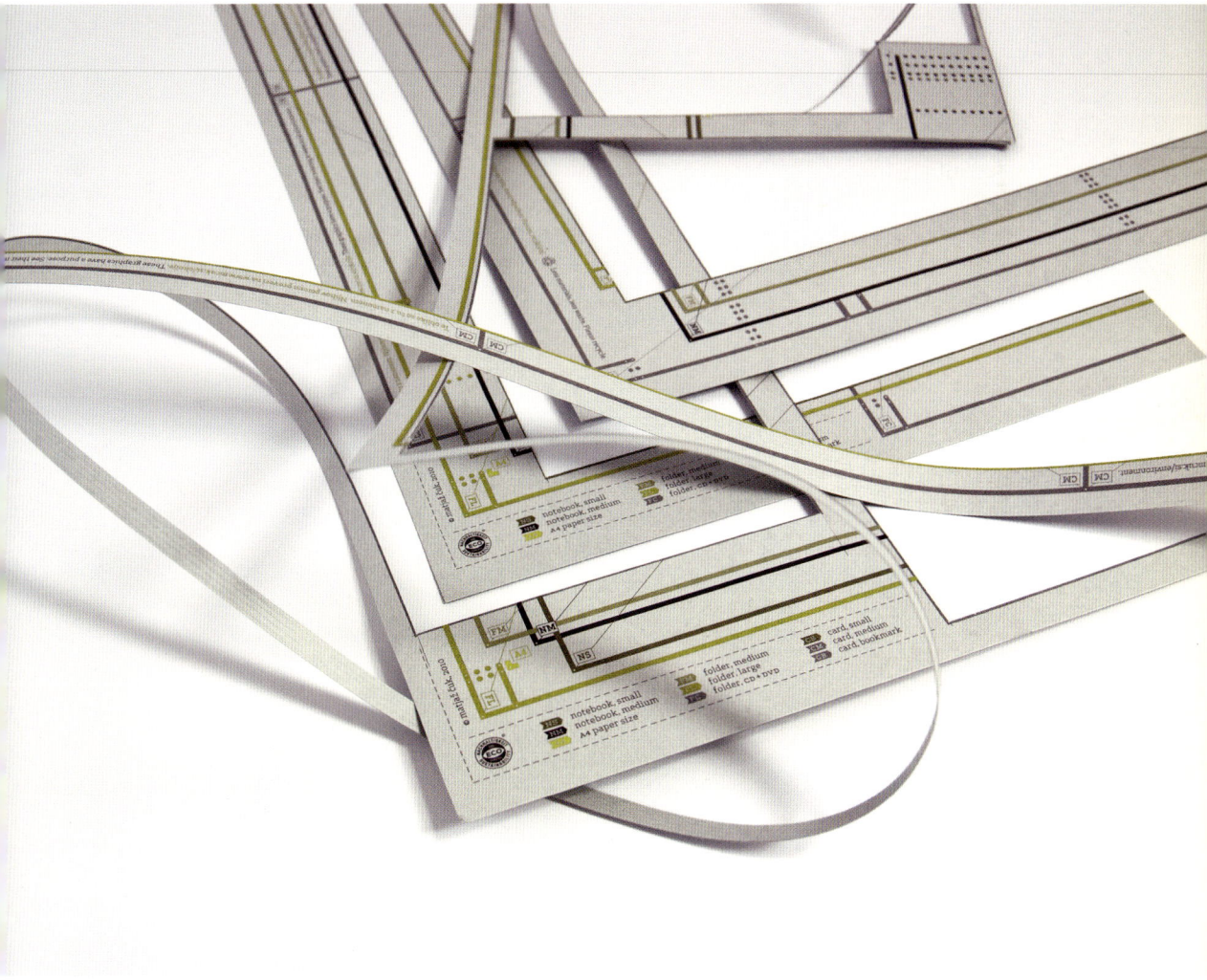

30

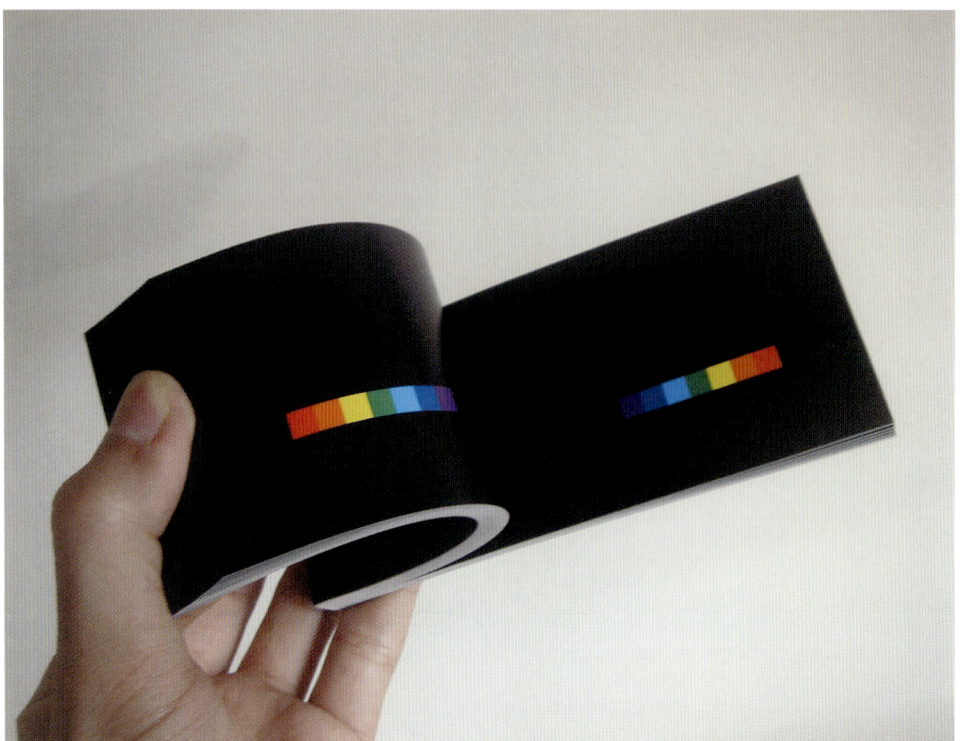

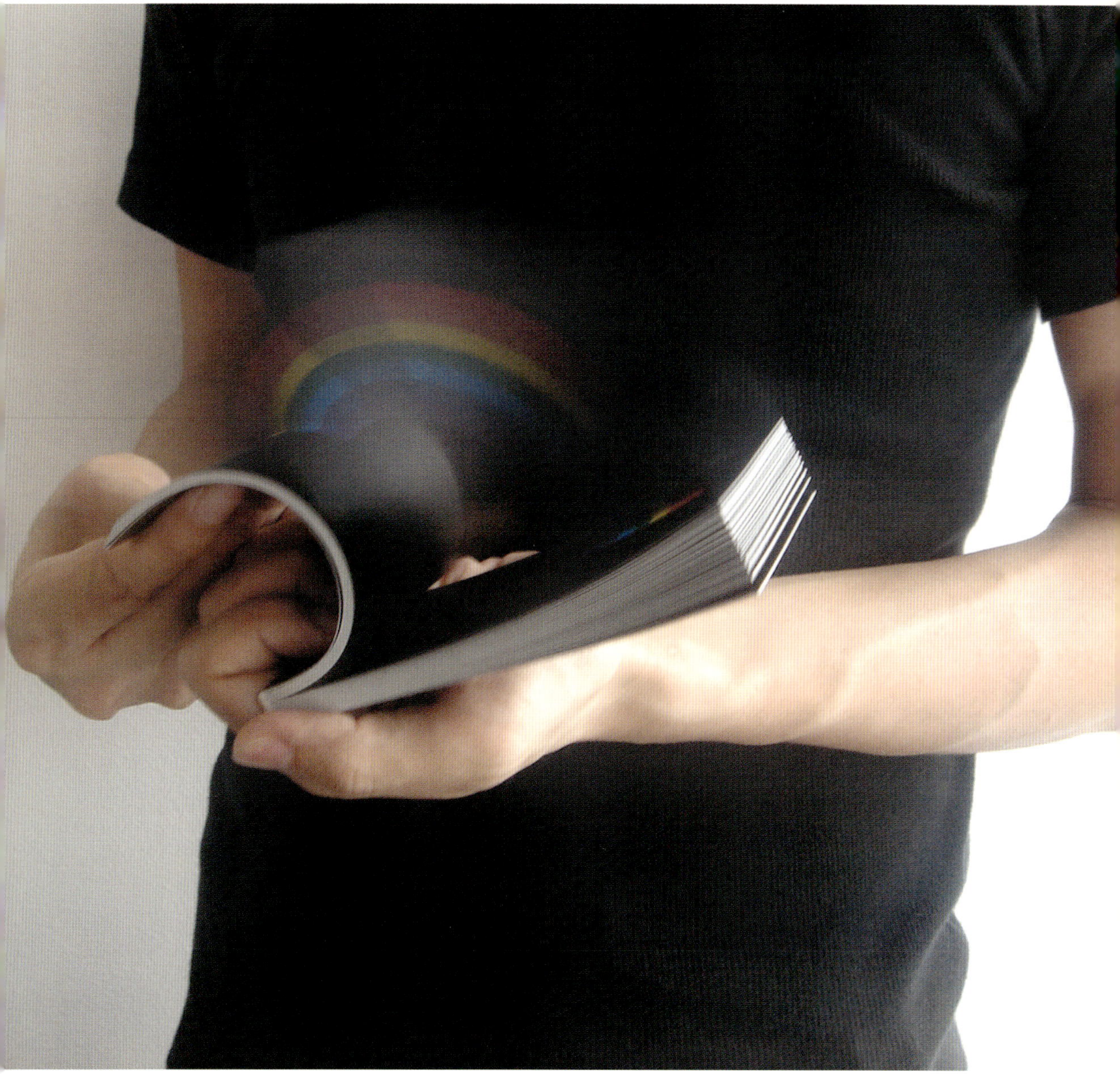

31

073

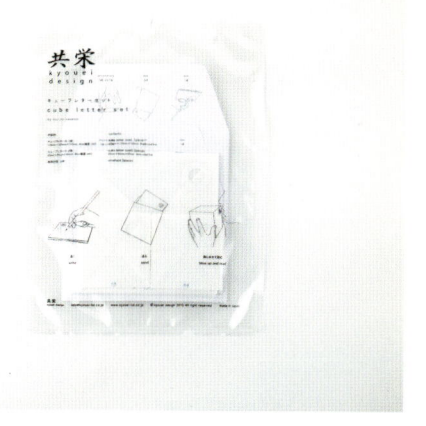

32

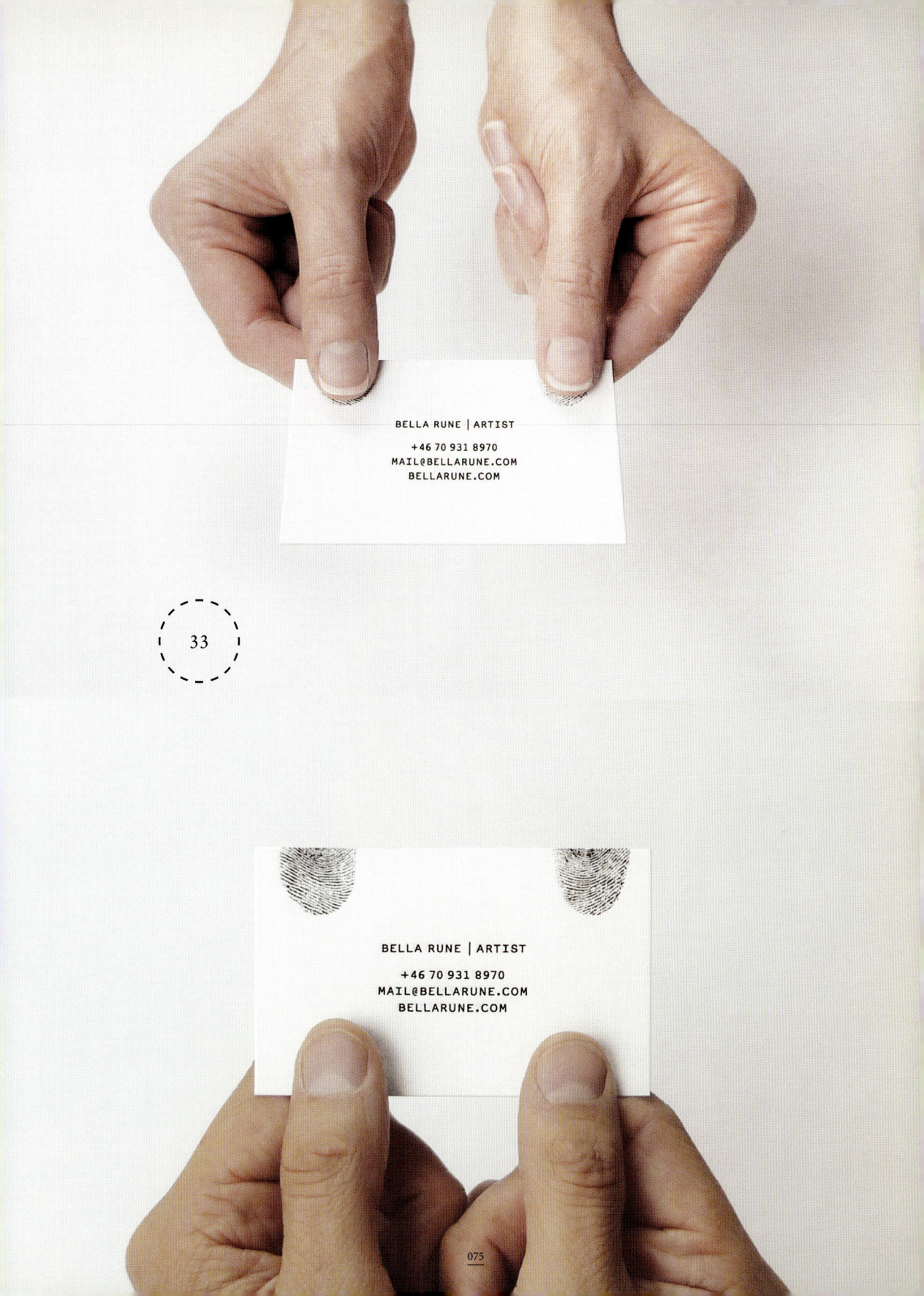

BELLA RUNE | ARTIST
+46 70 931 8970
MAIL@BELLARUNE.COM
BELLARUNE.COM

33

BELLA RUNE | ARTIST
+46 70 931 8970
MAIL@BELLARUNE.COM
BELLARUNE.COM

S	M	T	W	T	F	S
				1	2	3
4	5	6	7	8	9	10
11	12	13	14	15	16	17
18	19	20	21	22	23	24
25	26	27	28	29	30	31

MARCH

JUNE

34

THE BIG
08.–10. OKTOBER 2010

THE BIG DRAW BERLIN – DAS GROßE ZEICHNEN
08.–10. OKTOBER 2010 in MUSEEN & GALERIEN
ABER AUCH AN VIELEN ANDEREN ORTEN
PROGRAMM & WEITERE INFOS UNTER
WWW.THEBIGDRAWBERLIN.DE

MIT FREUNDLICHER
UNTERSTÜTZUNG
DURCH

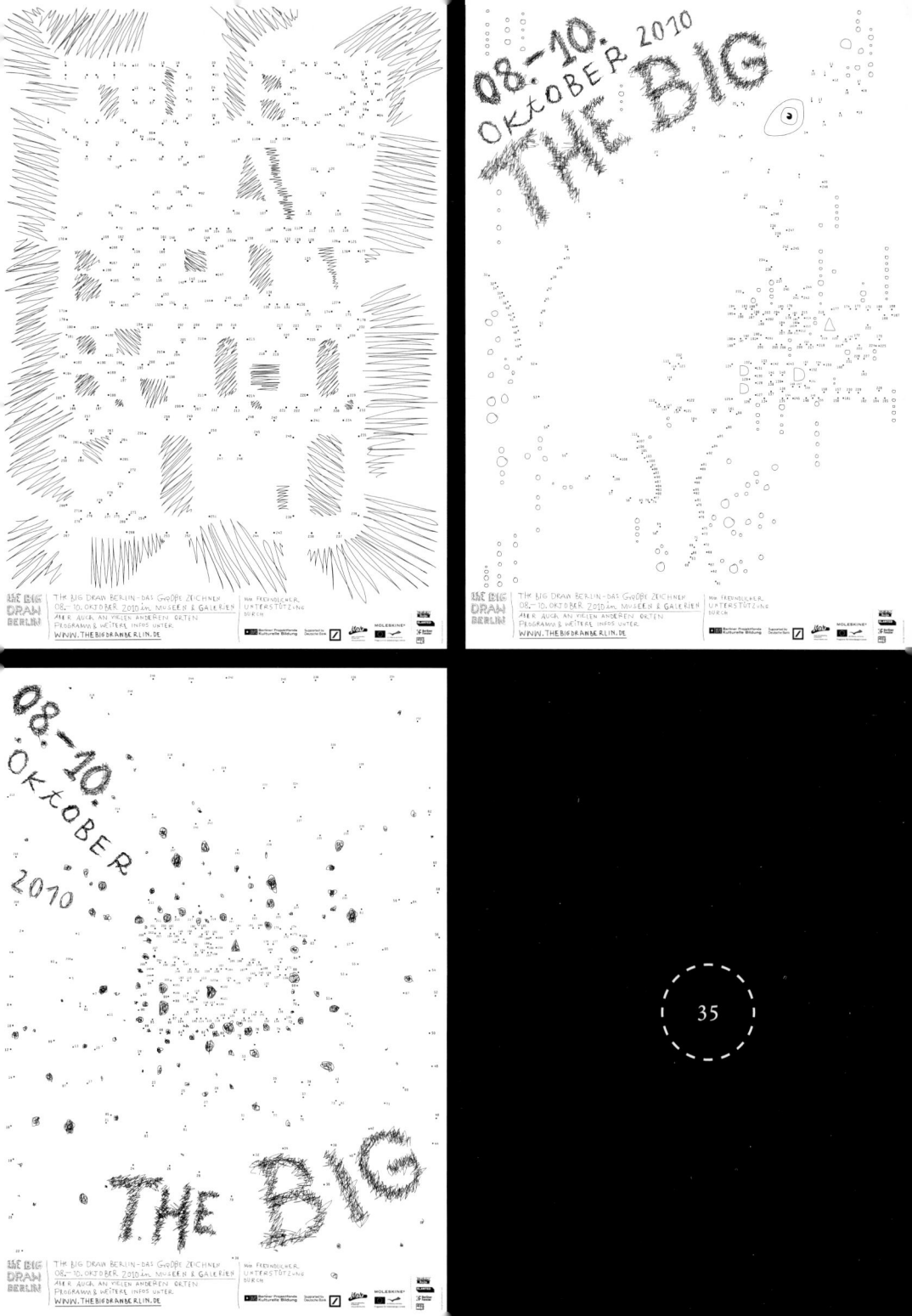

35

Paul Pethick
Unit 214
The Old Gramophone Works
326 Kensal Road
London W10 5BZ
T: +44 (0)7768 362 575
E: info@playlab.tv
W: www.playlab.tv
Paul Pethick
Unit 214
The Old Gramophone Works
326 Kensal Road
London W10 5BZ
T: +44 (0)7768 362 575
E: info@playlab.tv
W: www.playlab.tv

36

Paul Pethick
Unit 214
The Old Gramophone Works
326 Kensal Road
London W10 5BZ

T: +44 (0)7768 362 575
E: info@playlab.tv
W: www.playlab.tv

Paul Pethick
Unit 214
326 Kensal Road

082

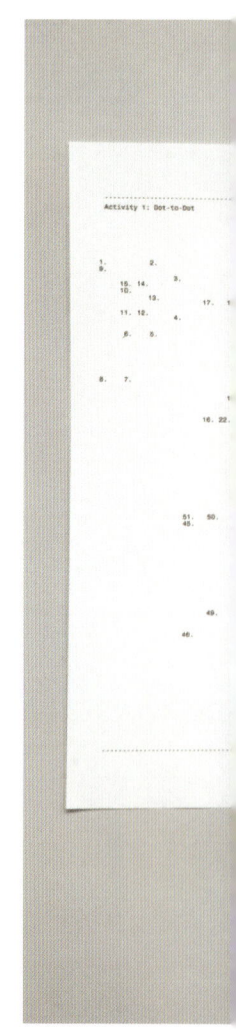

083

ENERO
FEBRERO
MARZO
ABRIL
MAYO
JUNIO
JULIO
AGOSTO
SEPTIEMBRE
OCTUBRE
NOVIEMBRE
DICIEMBRE
LA IMPRENTA

37

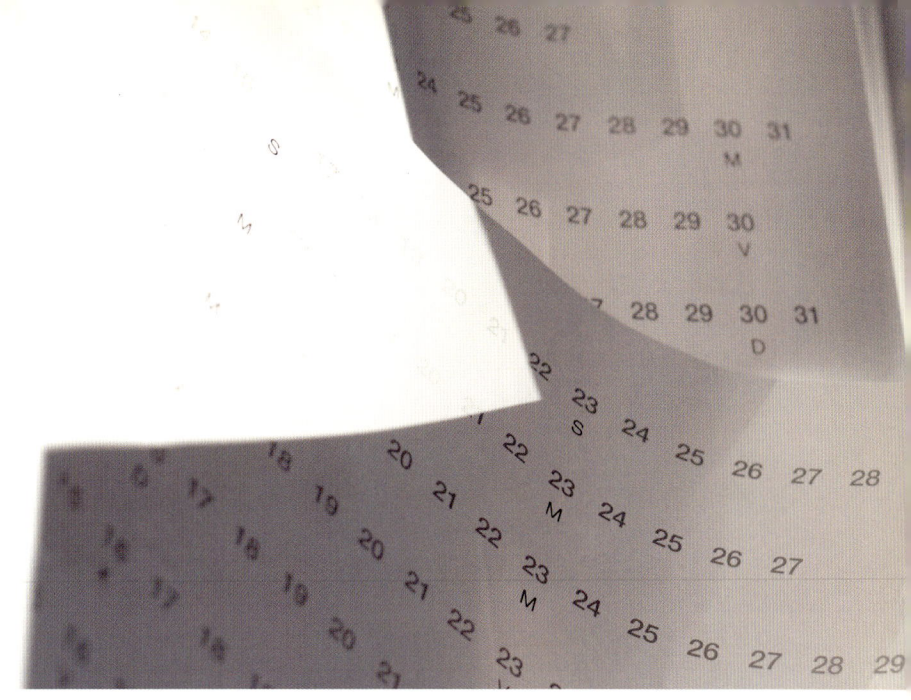

38

087

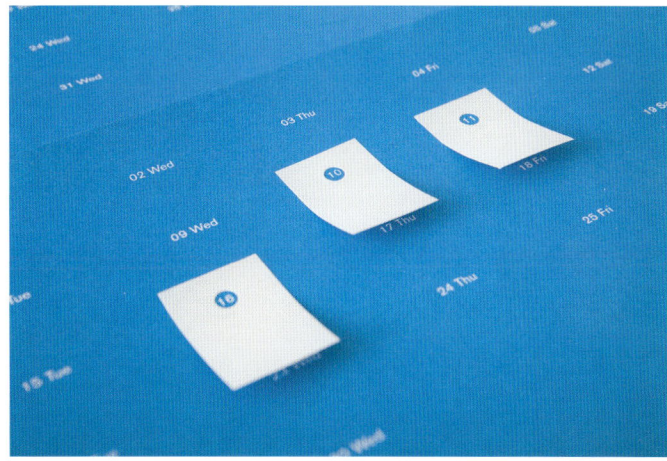

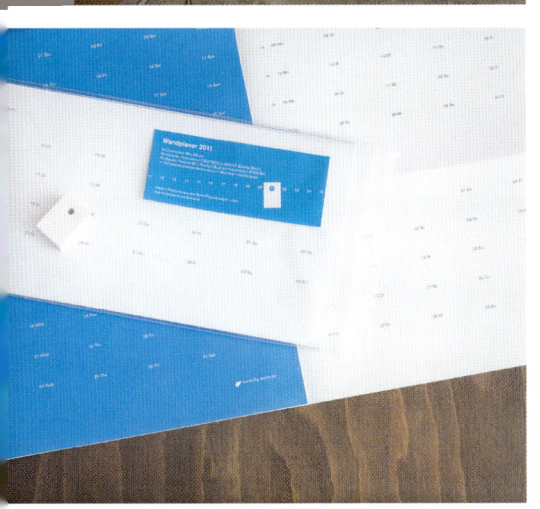

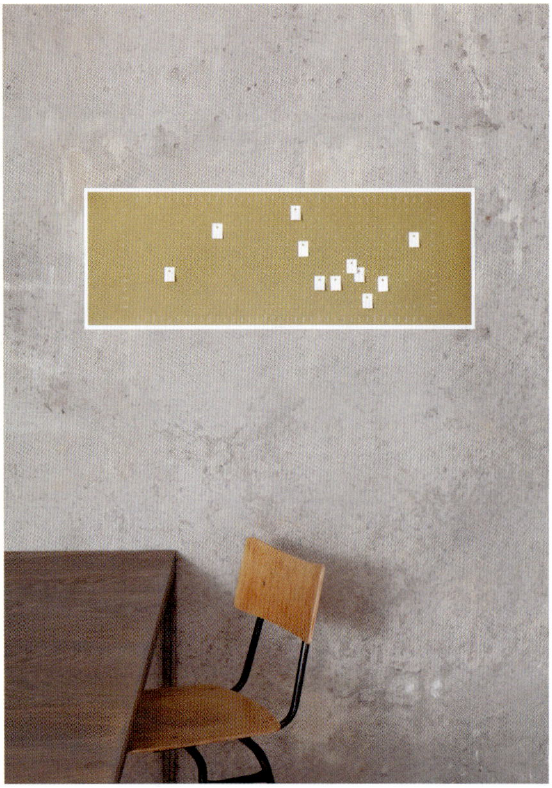

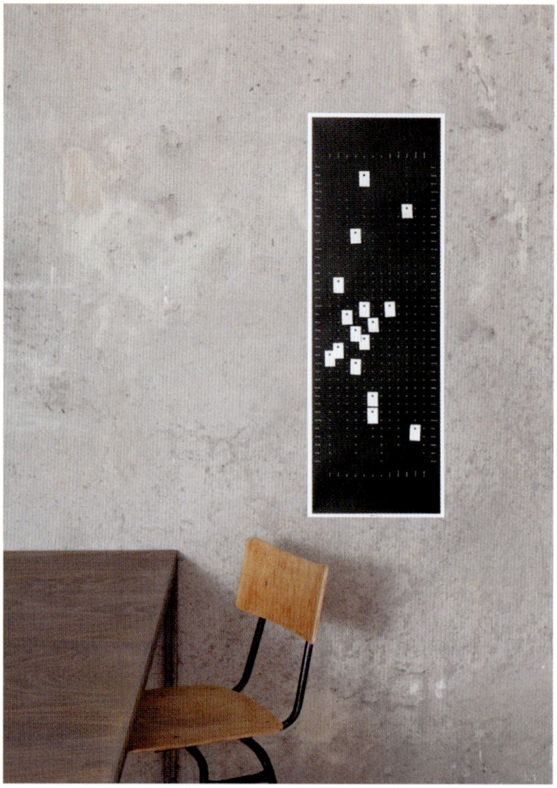

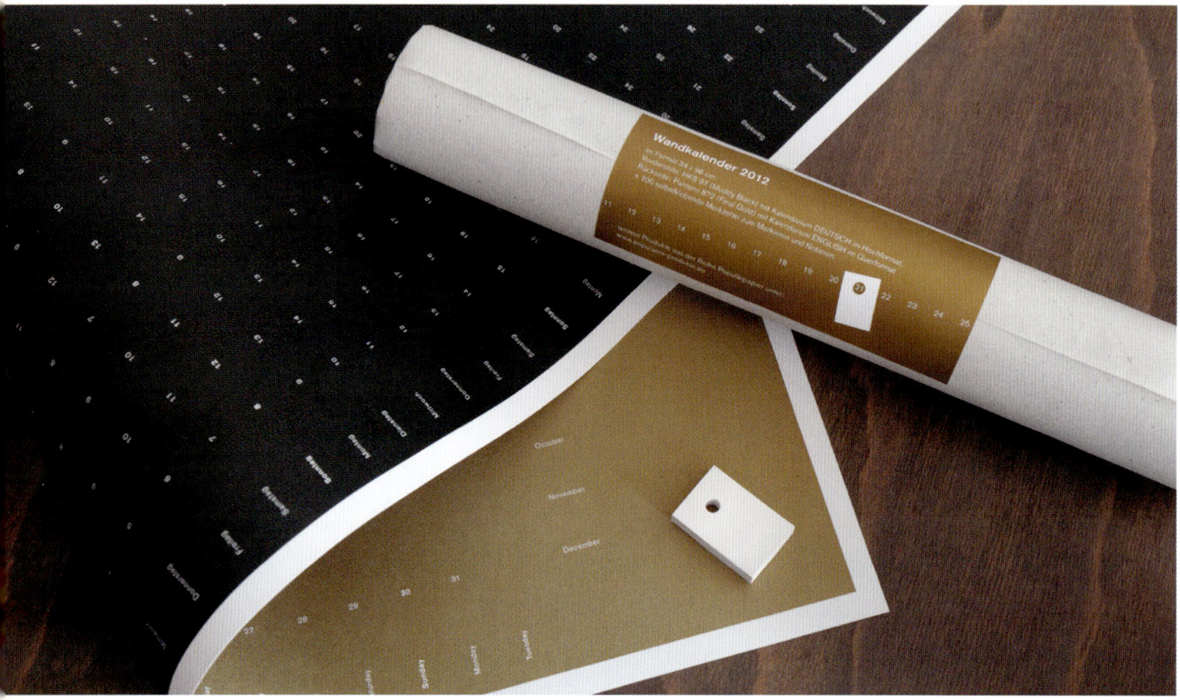
Wandkalender 2012
October
November
December

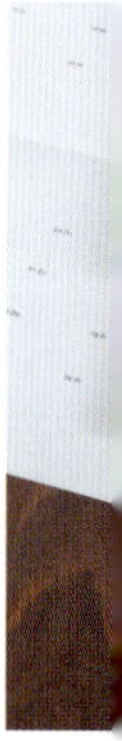

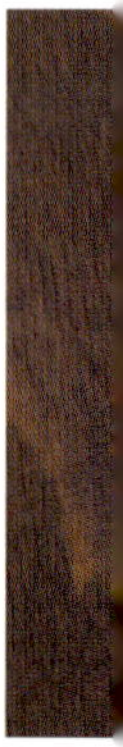

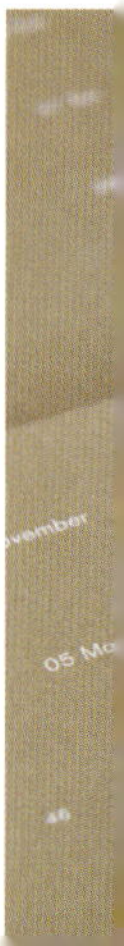

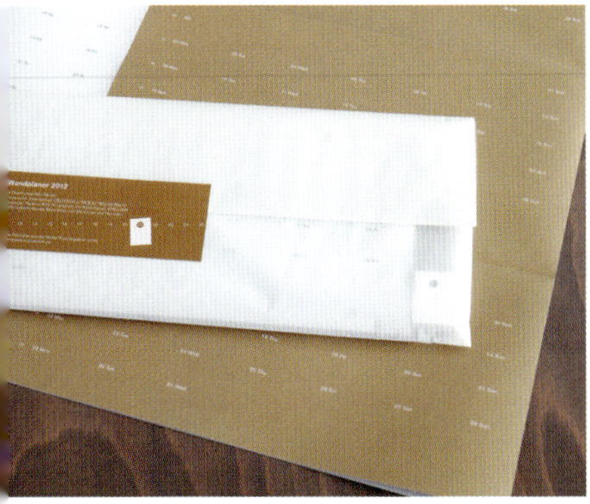

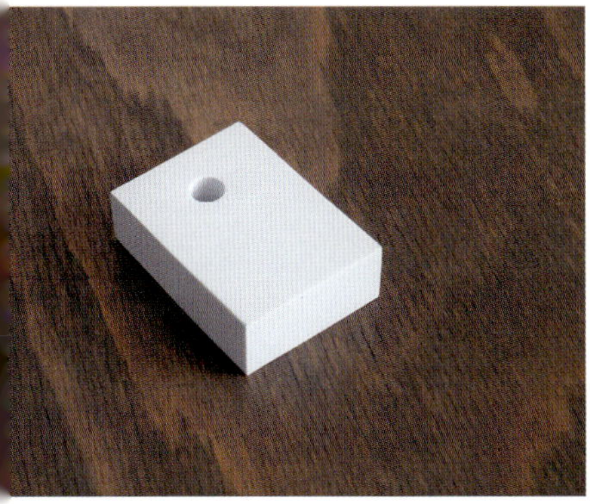

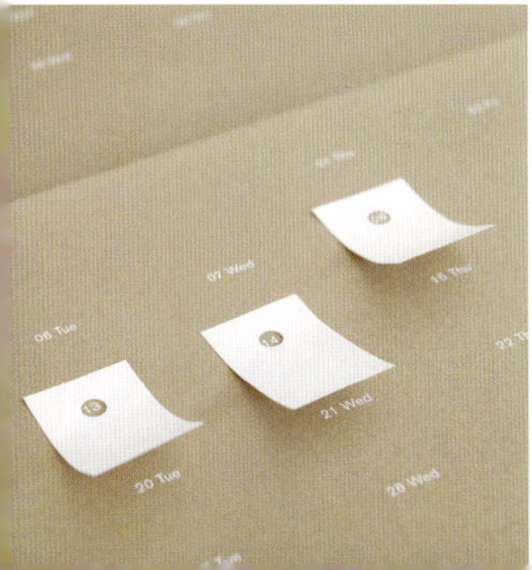

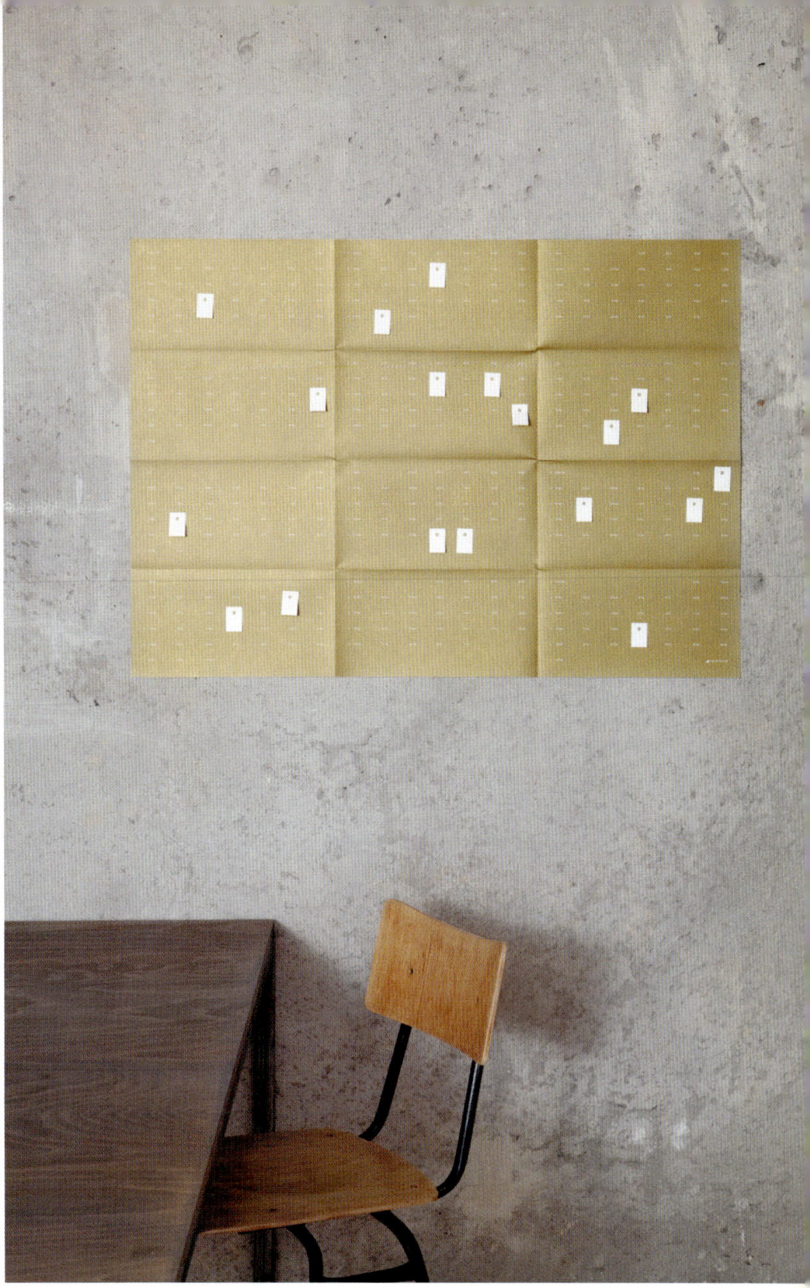

090

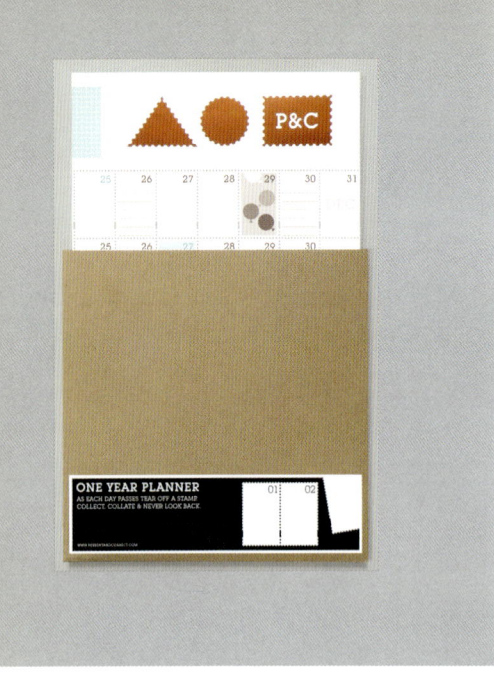

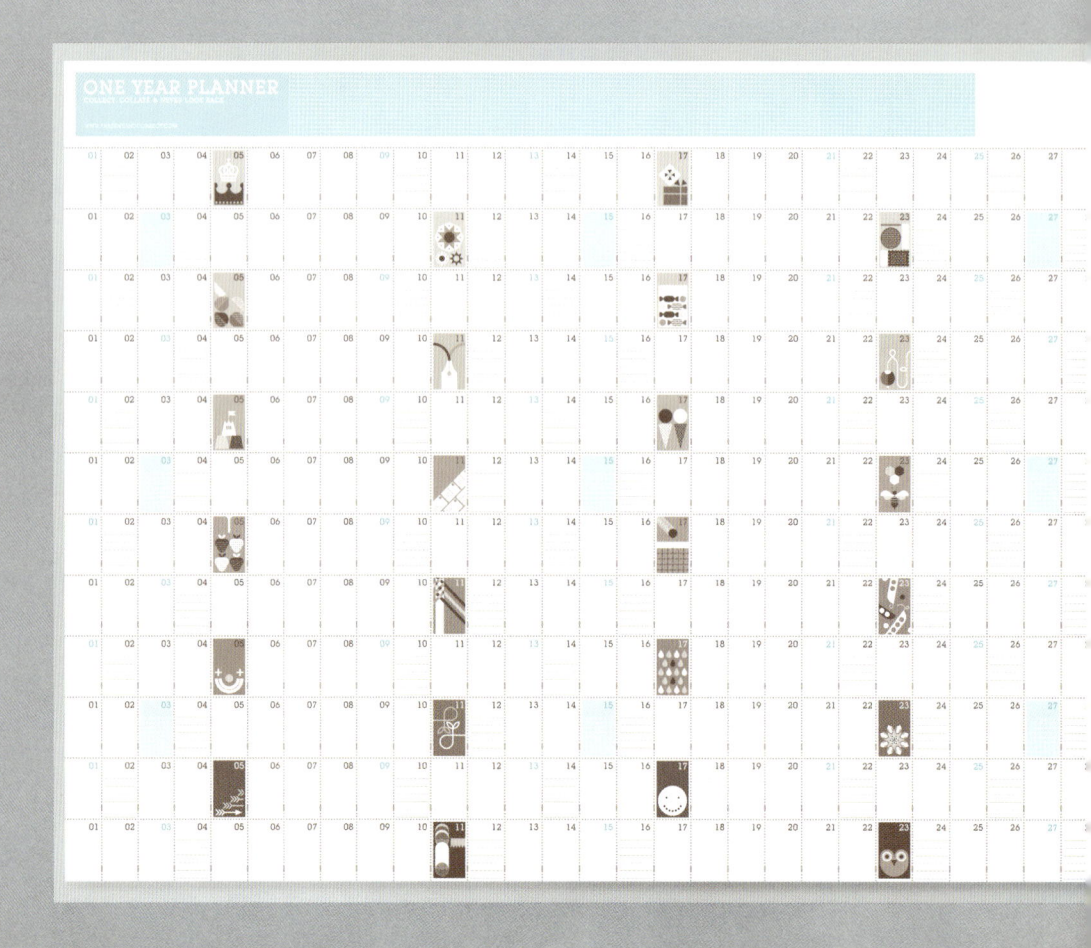

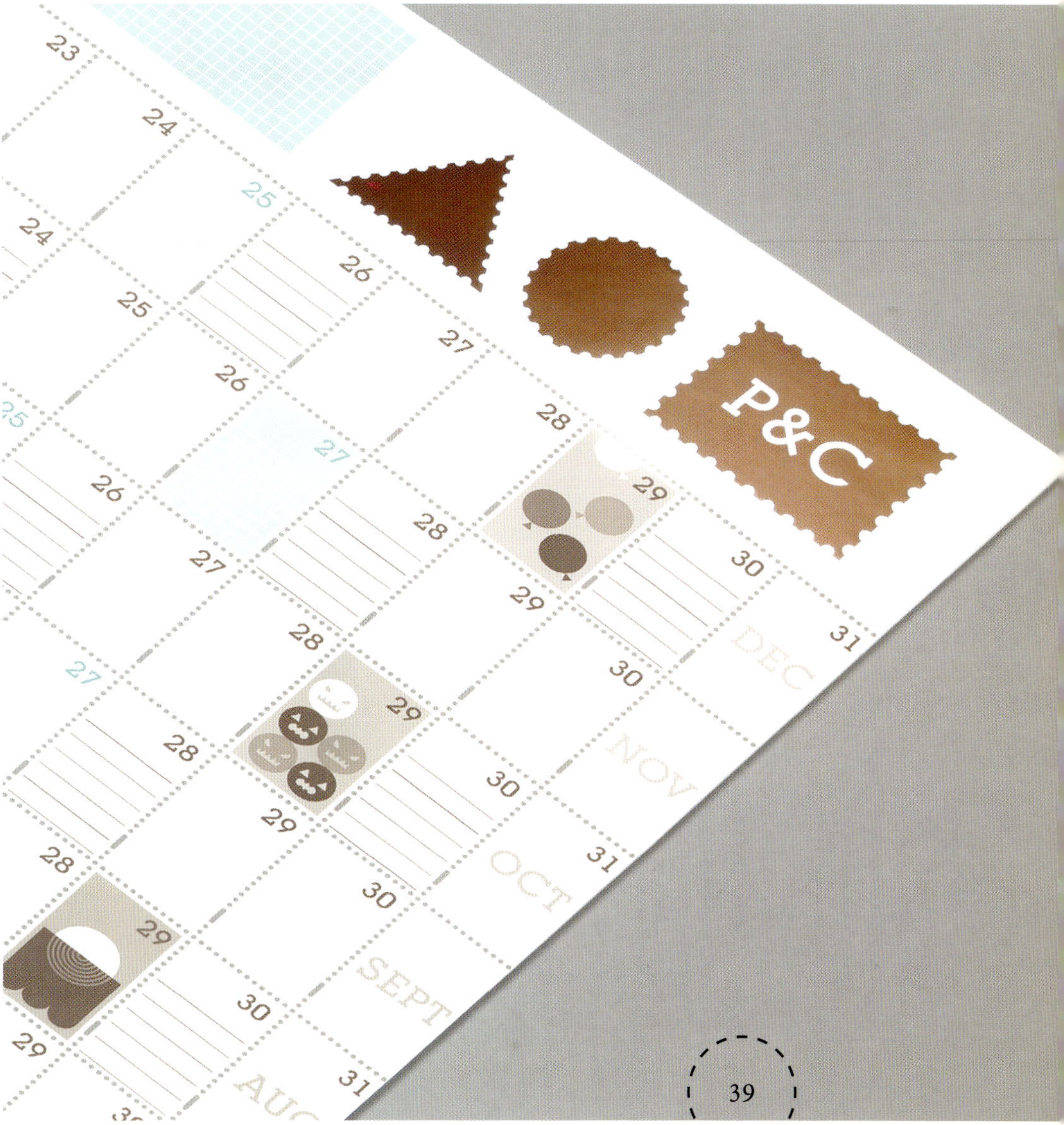

39

二零零九

零零九

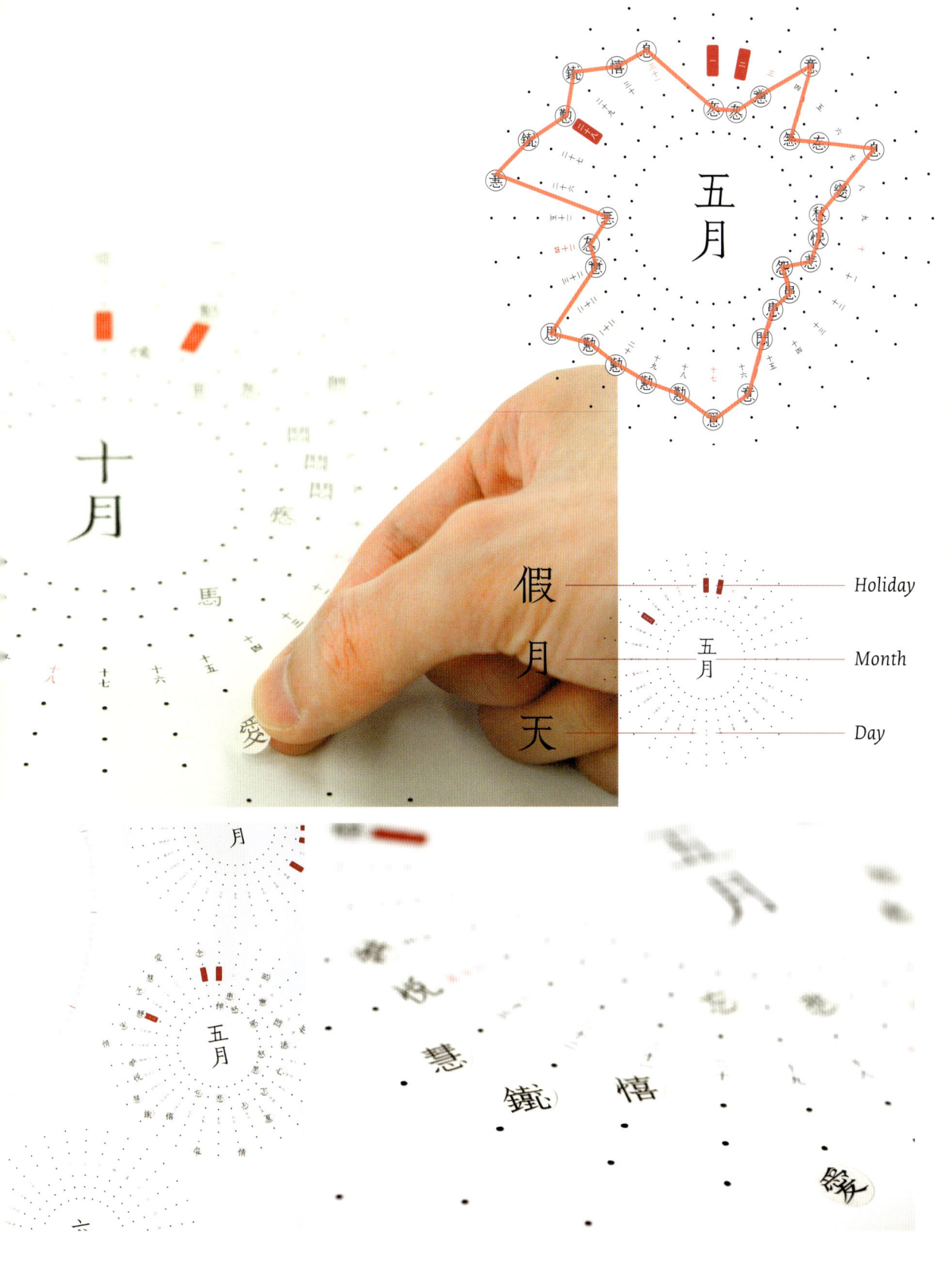

假	Holiday
月	Month
天	Day

41

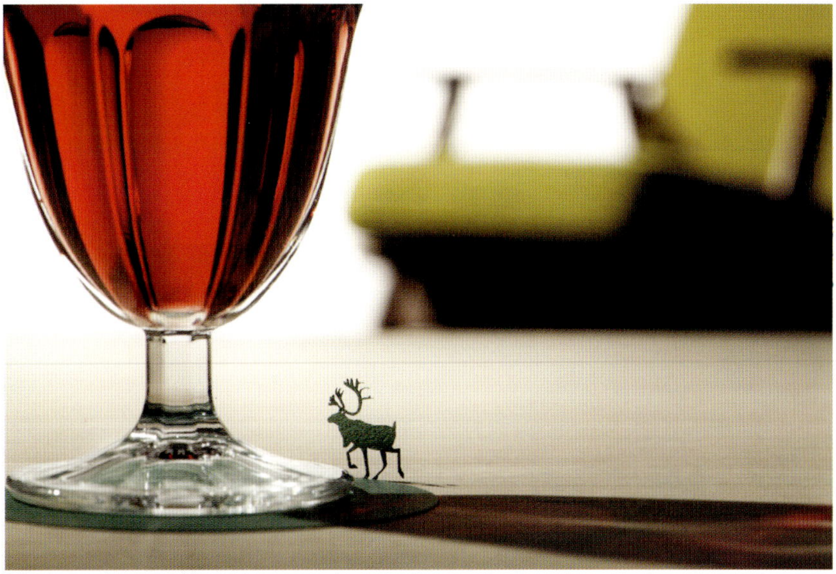

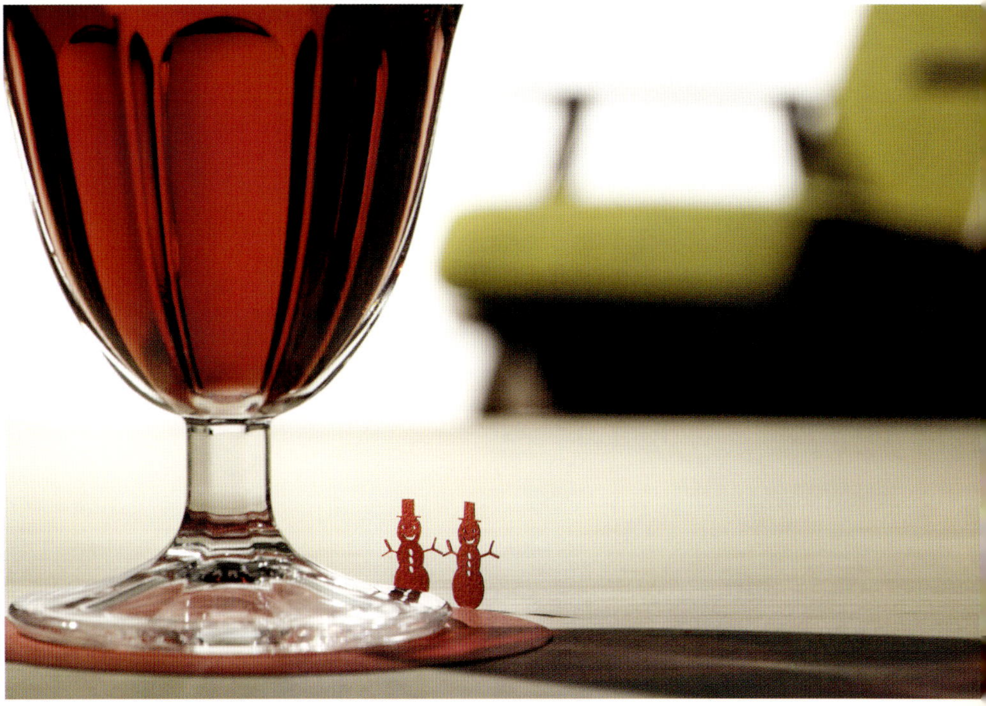

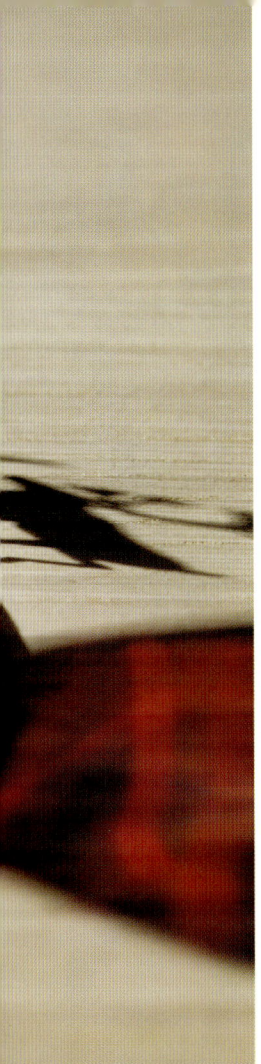

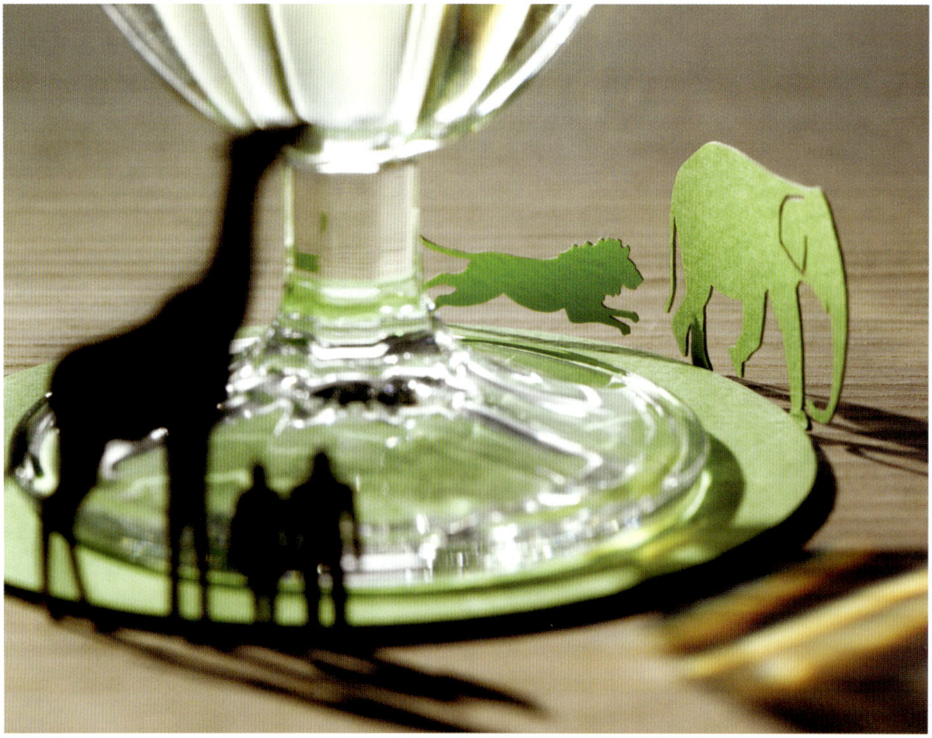

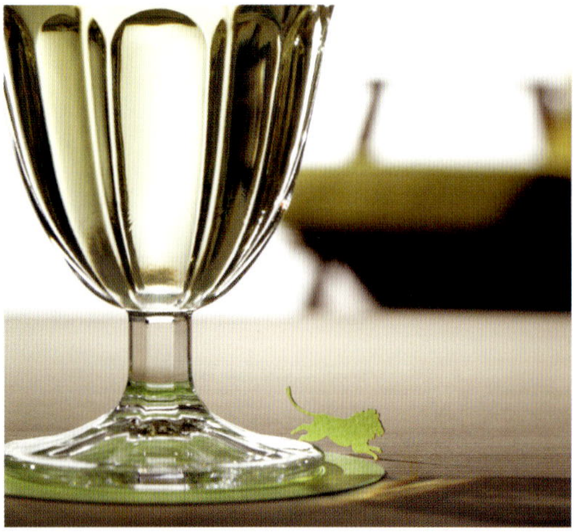

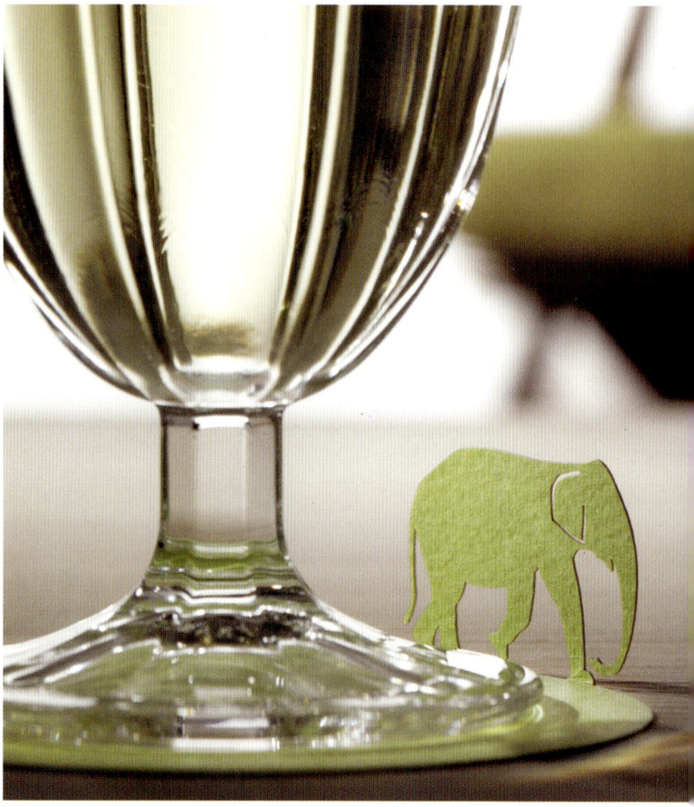

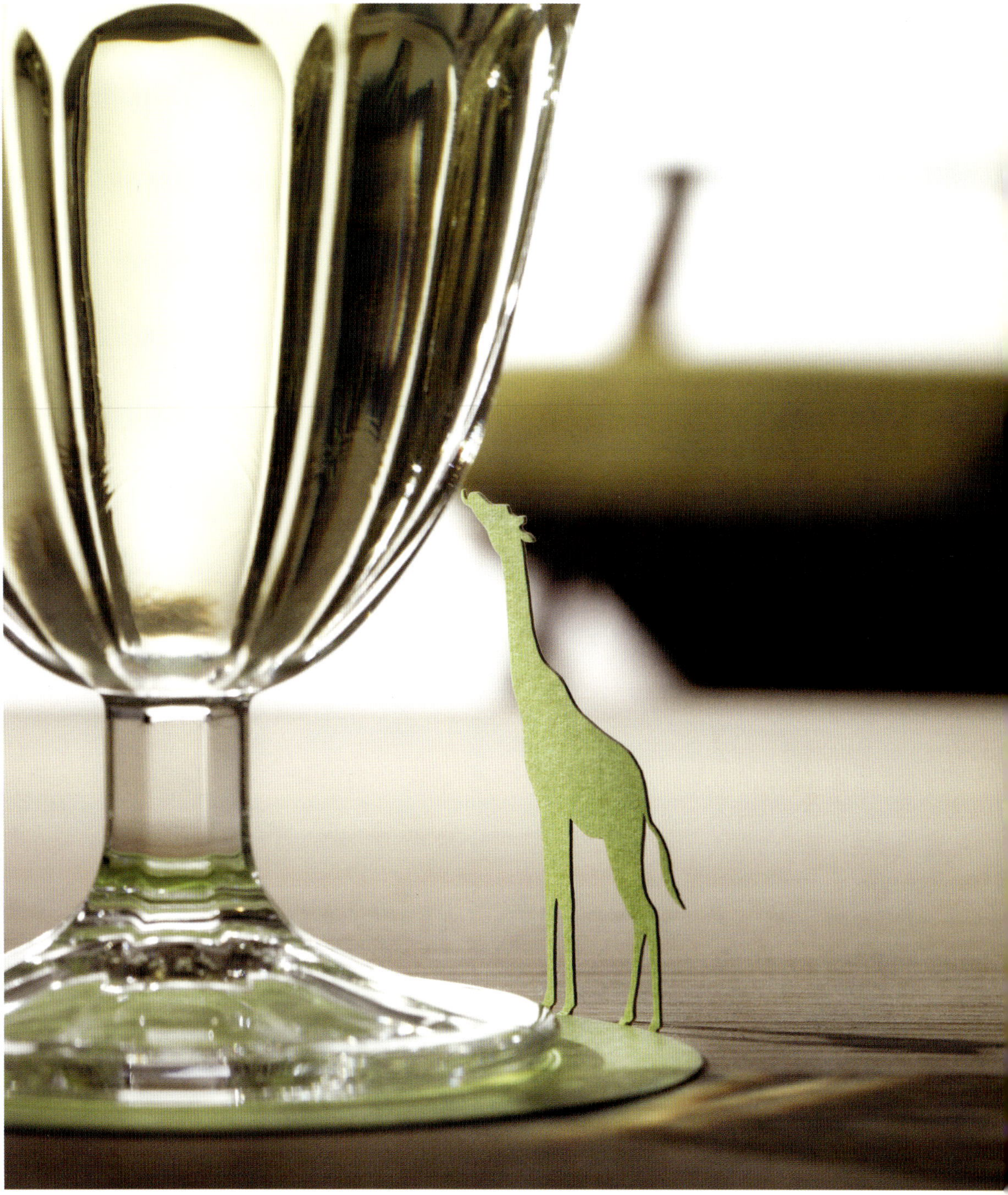

098

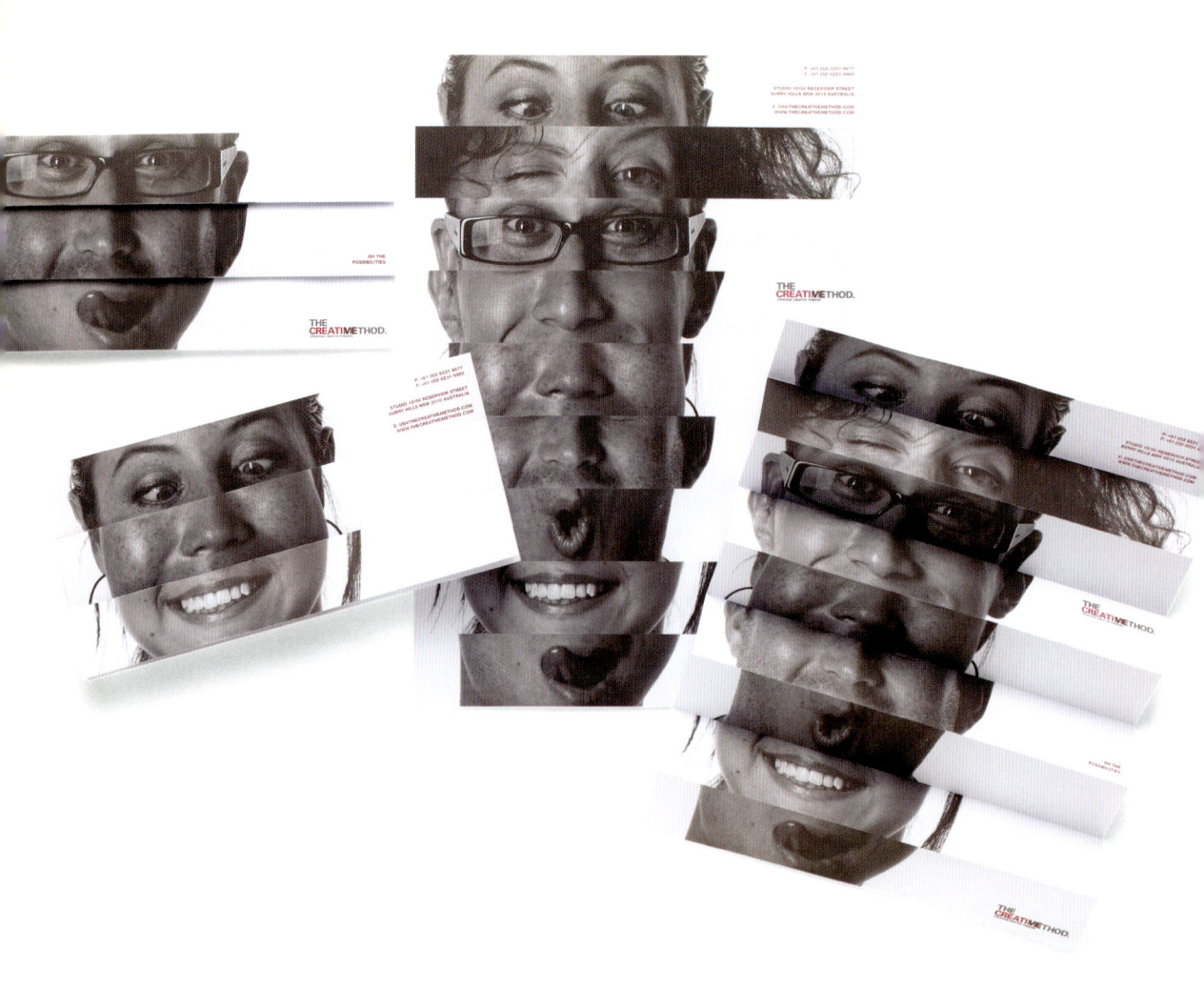

42

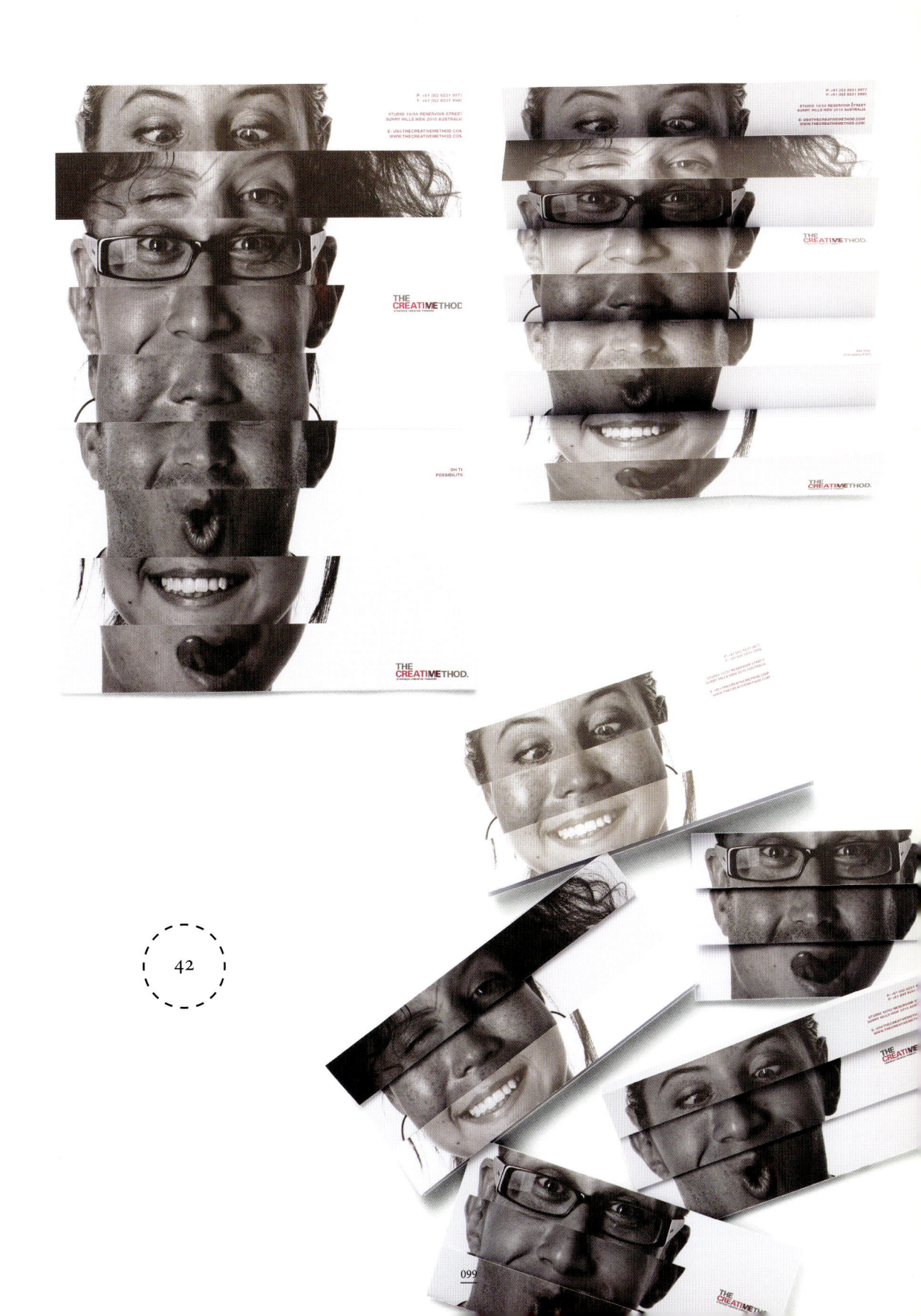

43

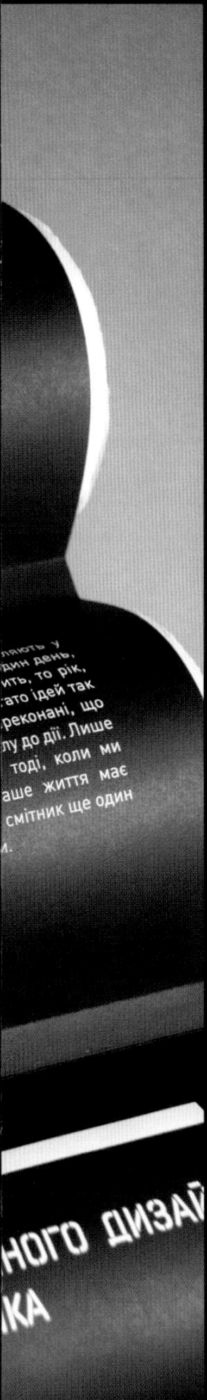
тато ідей так
реконані, що
лу до дії. Лише
тоді, коли ми
аше життя має
смітник ще один
НОГО ДИЗАЙ

04
ТРАВНЯ
2011 РОКУ

03
РОКУ
П'ЯТНИЦЯ
02

04
ТРАВНЯ
2011 РОКУ
СЕРЕДА

20
ТРАВНЯ
2011 РОКУ
П'ЯТНИЦЯ

44

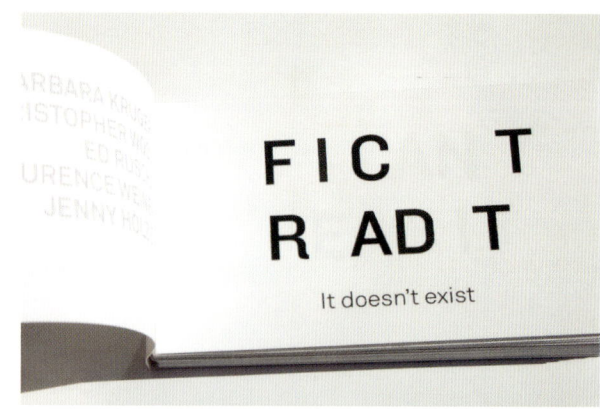

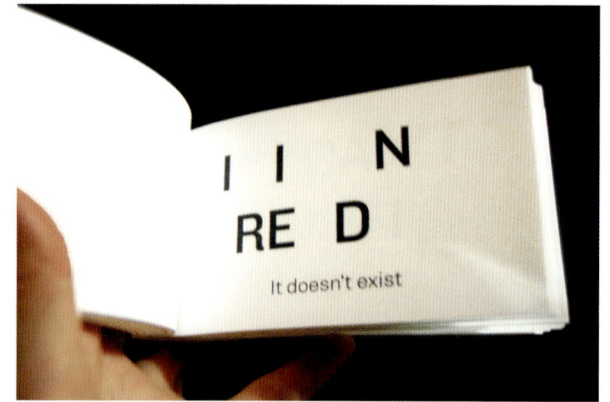

103

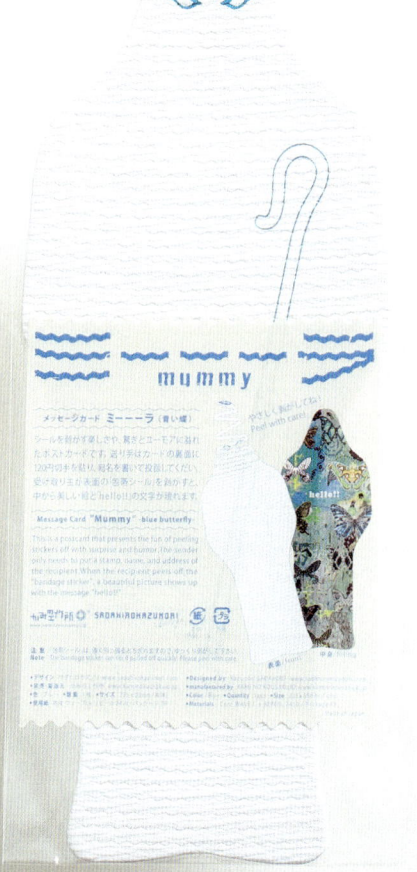

46

メッセージカード ミーーーラ (青い蝶)

シールを剥がす楽しさが、驚きとユーモアに溢れたネタ入りカードです。送り手はカードの裏面に120円切手を貼り宛名を書いて投函してください。受け取り主は表面の包帯シールを剥がし、中から美しい蝶とhello!!の文字が現れます。

Message Card "Mummy" blue butterfly

This is a post card that presents the fun of peeling stickers off with surprise and humor. The sender only needs to put a stamp, name, and address of the recipient. When the recipient peels off the "bandage sticker", a beautiful picture shows up with the message "hello!!".

Designed by SADAHIKO KAZUNORI

104

mummy

「"包帯"をはがすと、あら不思議。
ステキな絵があらわれるポストカード」

47

GUNS
FLOWERS

HOTEL
CITY

HOTEL
GUNS
CITY JAIL

BOOKS
PIZZA

BOOKS
PIZZA

48

ZINKPLAAT
MOOI
BESOEDELING

1. Frekwensie 3:46
2. Regter Vegter 3:59
3. Sterkte 4:51
4. Besluitneming 3:57
5. Dag in die Wingerd 4:32
6. Kleiner as Berge 4:26
7. Die Slaapwandelaar 3:10
8. Ontsnappingsroete 3:58
9. Moeilikheid 4:22
10. Mooi Besoedeling 4:49
6 005298 029041
RiSA

ZINKPLAAT
MOOI
BESOEDELING
Atlas of Human
DEUR DIE STOF
EN DIE REEN
DEUR VRIENDSKAP
VROEË OGGENDURE BRING
ONS HOOP WEER TERUG
DAAR IS IETS IN DIE LUG
ELKE NUWE DAGBREEK SE
BRING VIR ONS DAAI HORISON

49

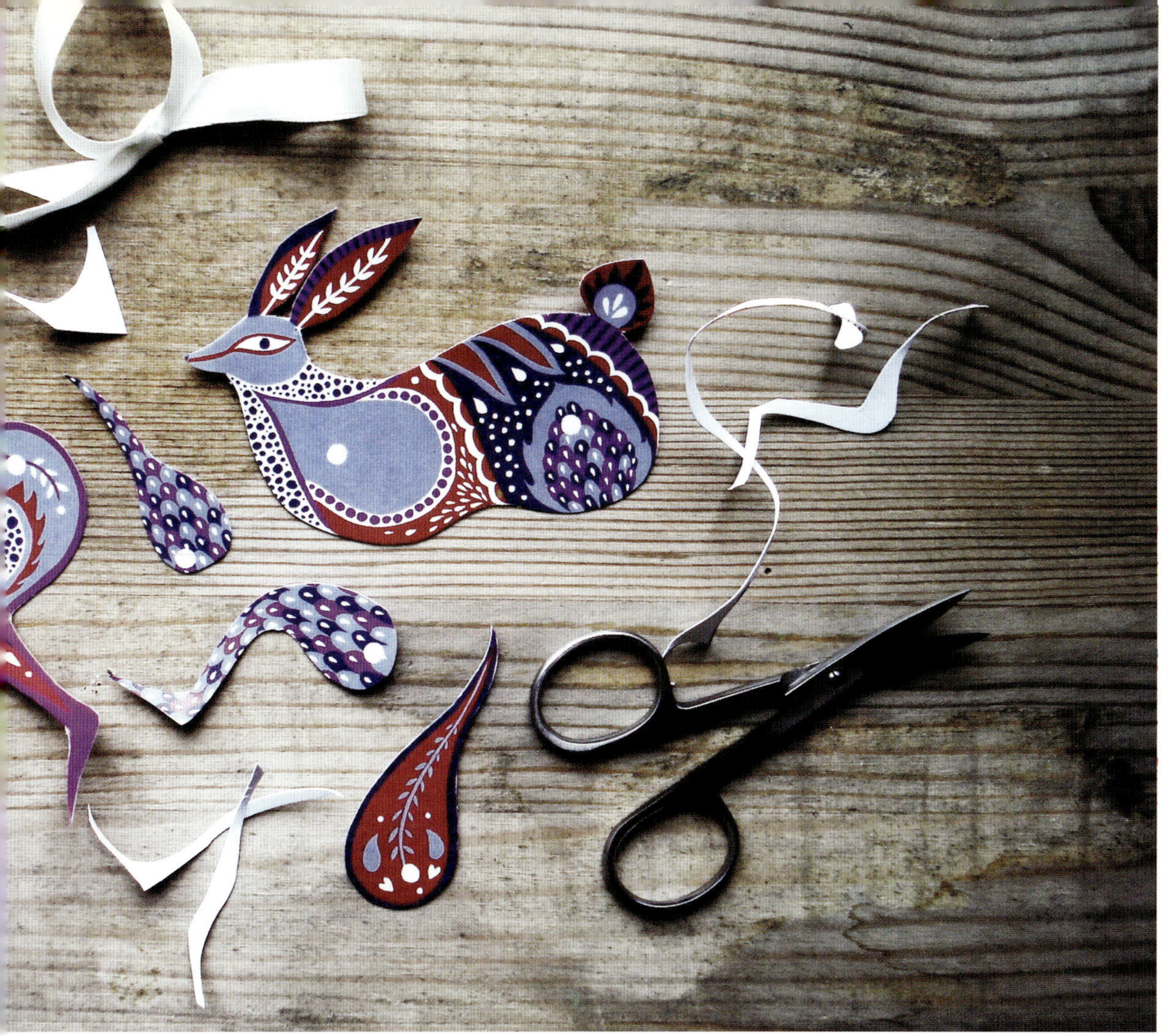
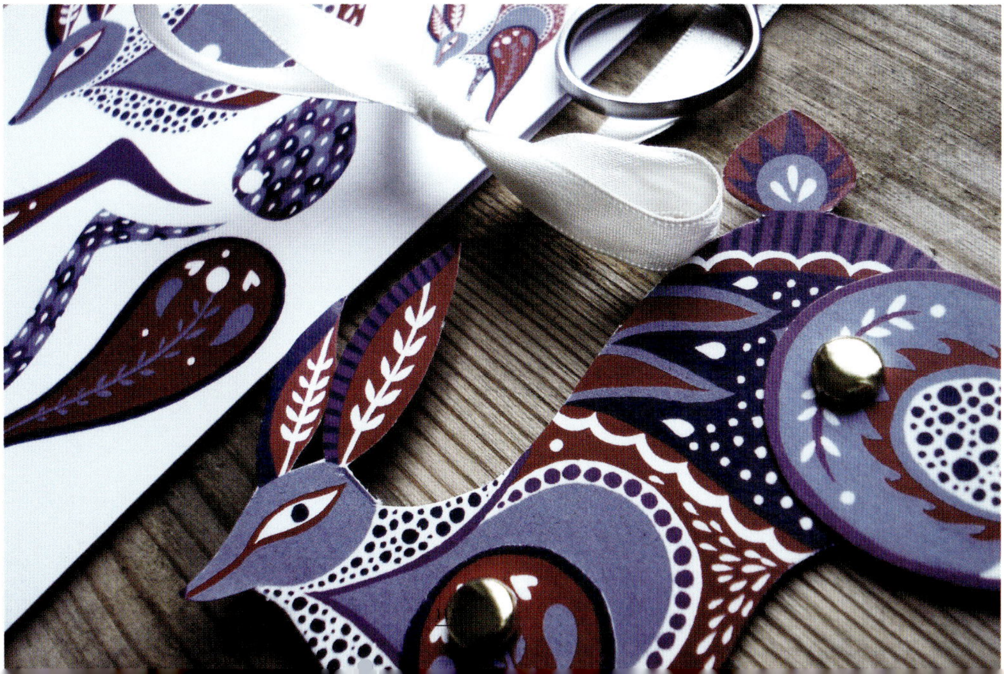

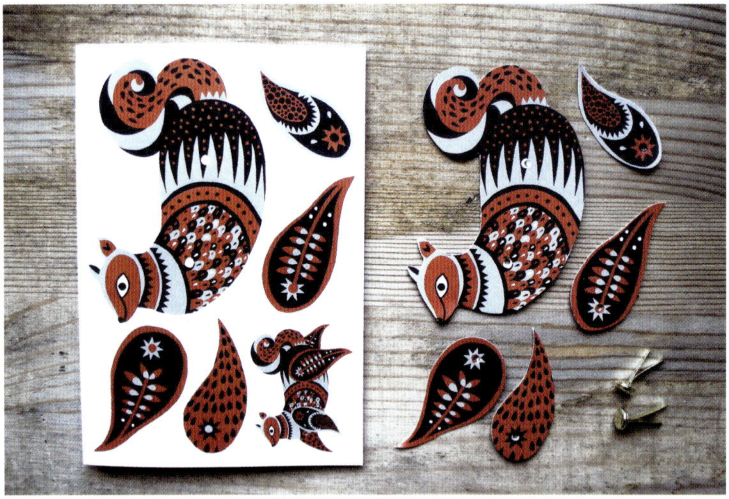
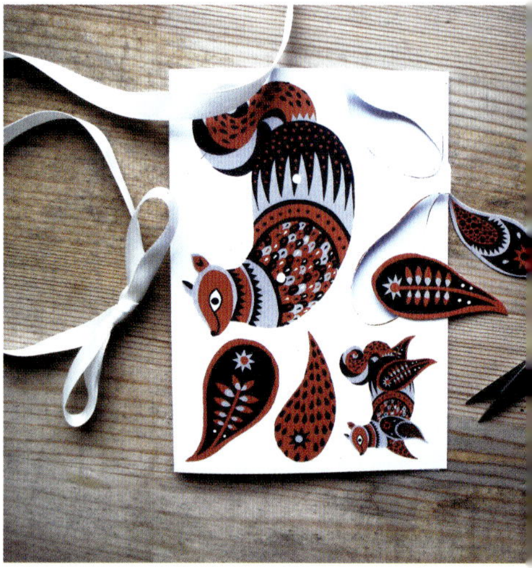
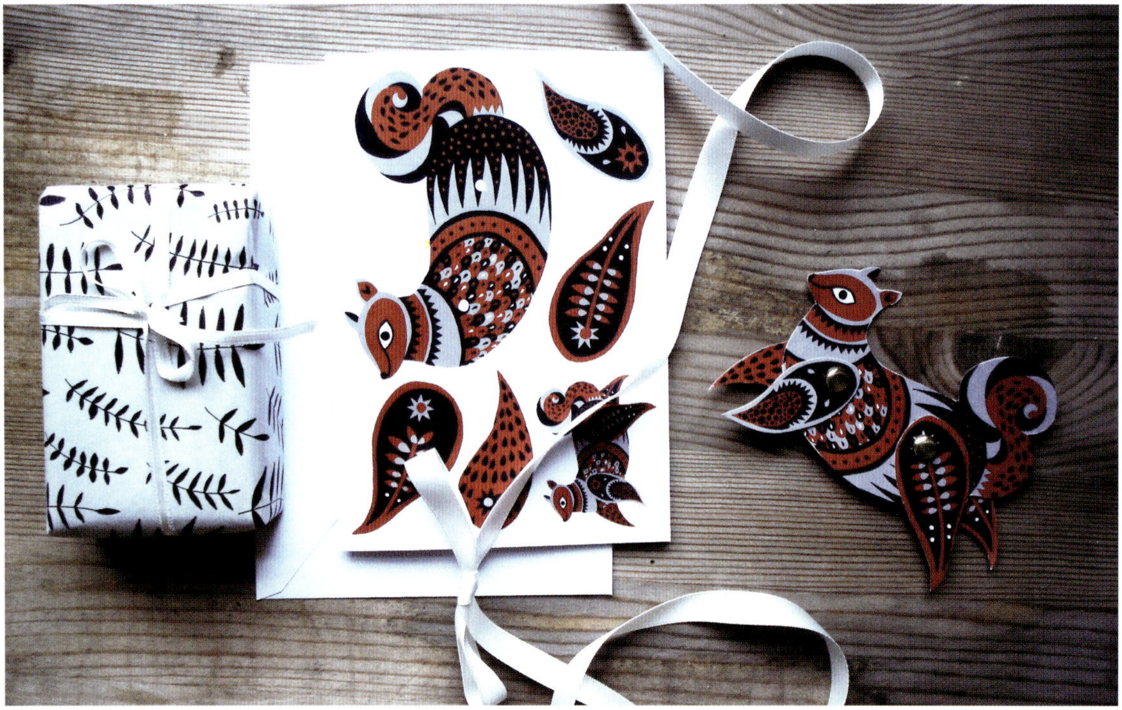
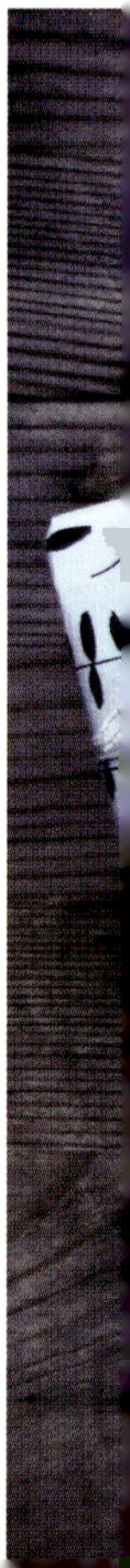

113.

114

2 0 1 2
M T W T F S S
WINTER
SPRING
SUMMER
AUTUMN

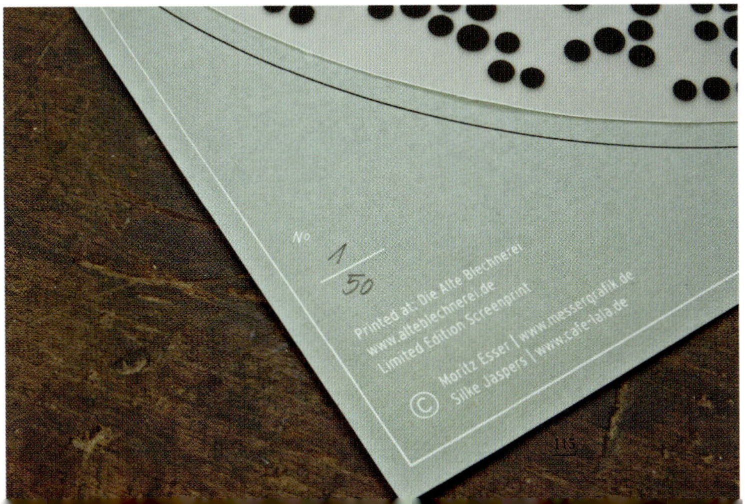
No 1/50
Printed at: Die Alte Blechnerei
www.alteblechnerei.de
Limited Edition Screenprint
© Moritz Esser | www.messergrafik.de
Silke Jaspers | www.cafe-lala.de

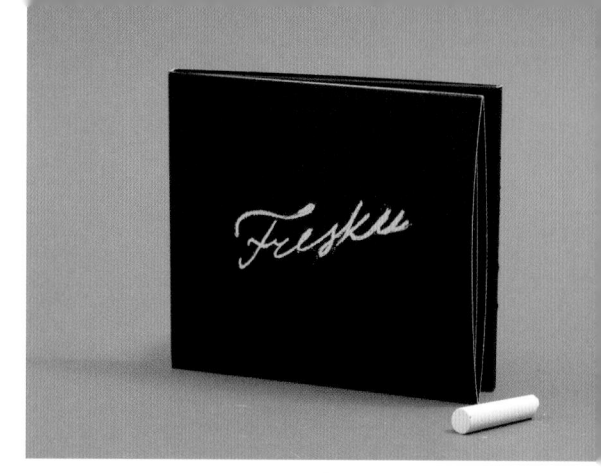

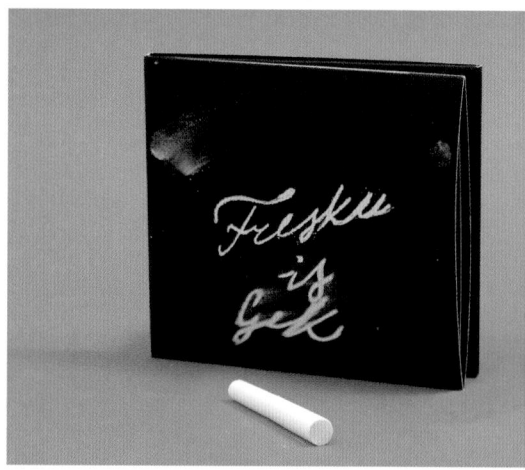

51

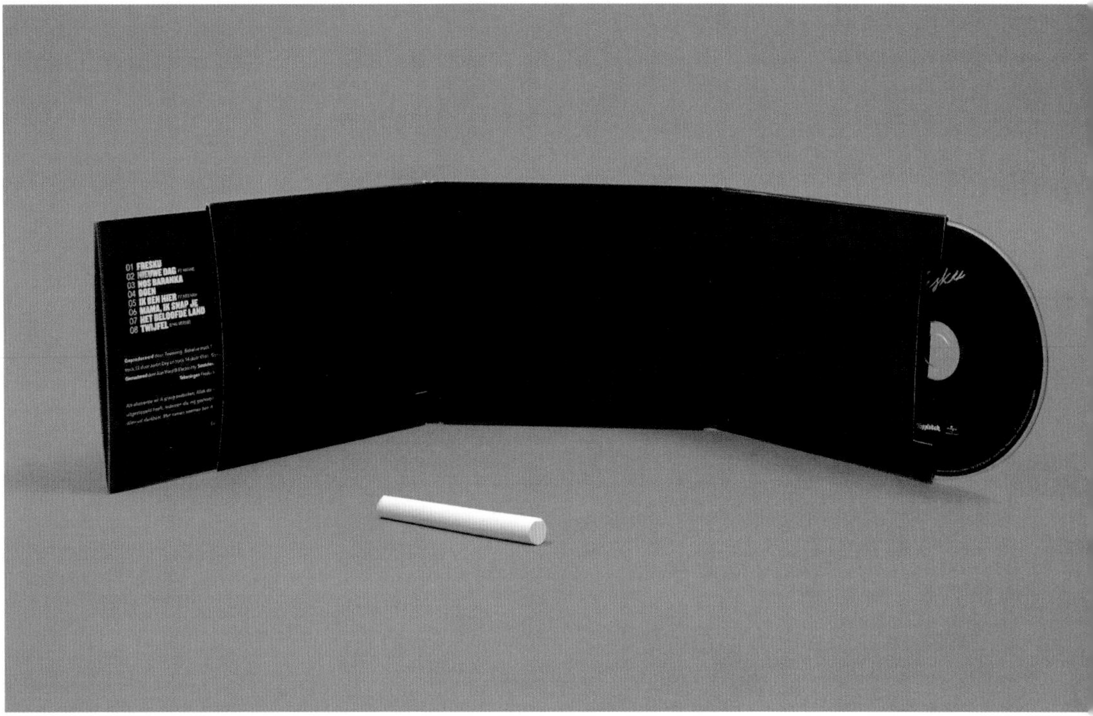
01 FRESKU
02 NIEUWE DAG
03 NOS BARANKA
04 OGEN
05 IK BEN HIER
06 MAMA, IK SNAP JE
07 HET BELOOFDE LAND
08 TWIJFEL

RAP PER

52

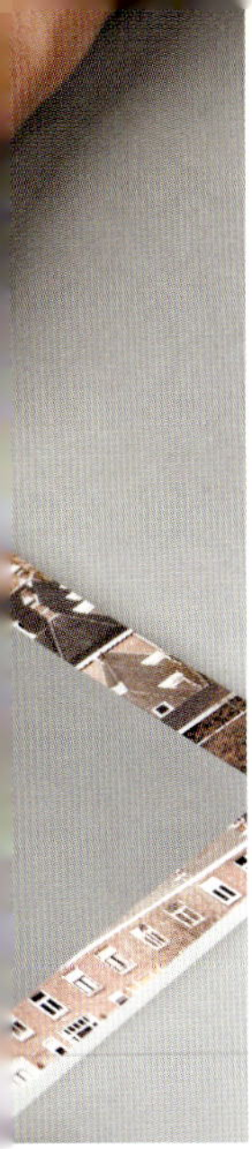

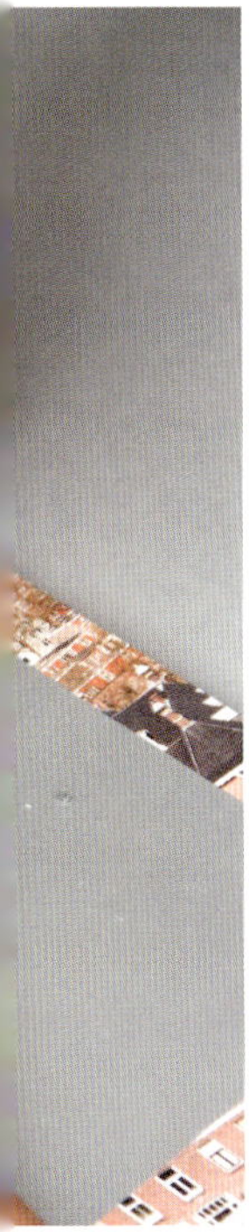

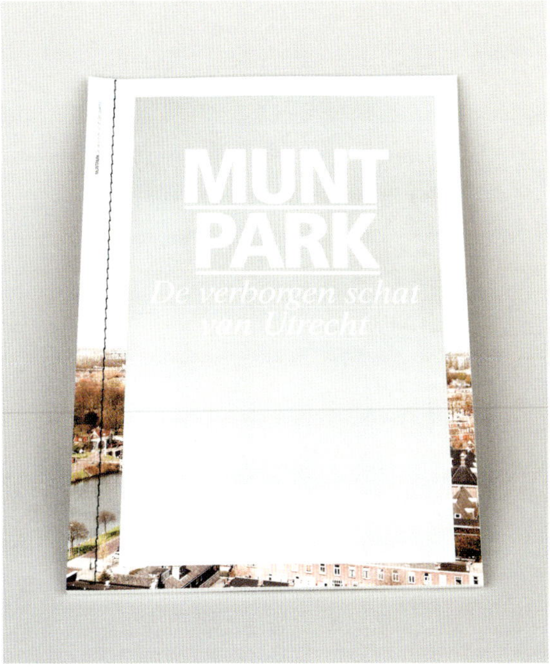
MUNT
PARK
De verborgen schat
van Utrecht

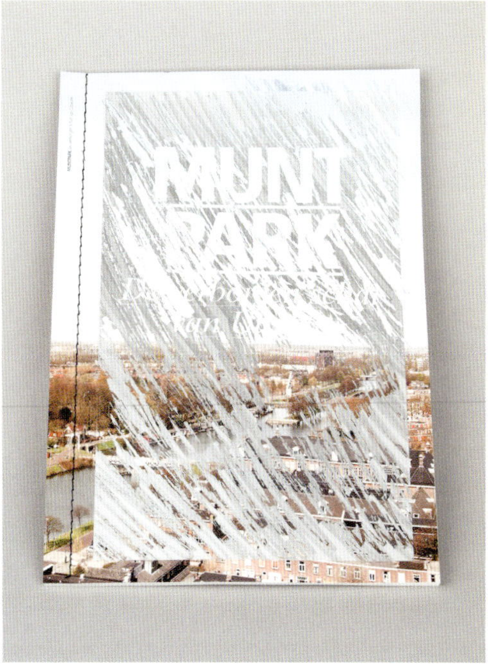
MUNT
PARK

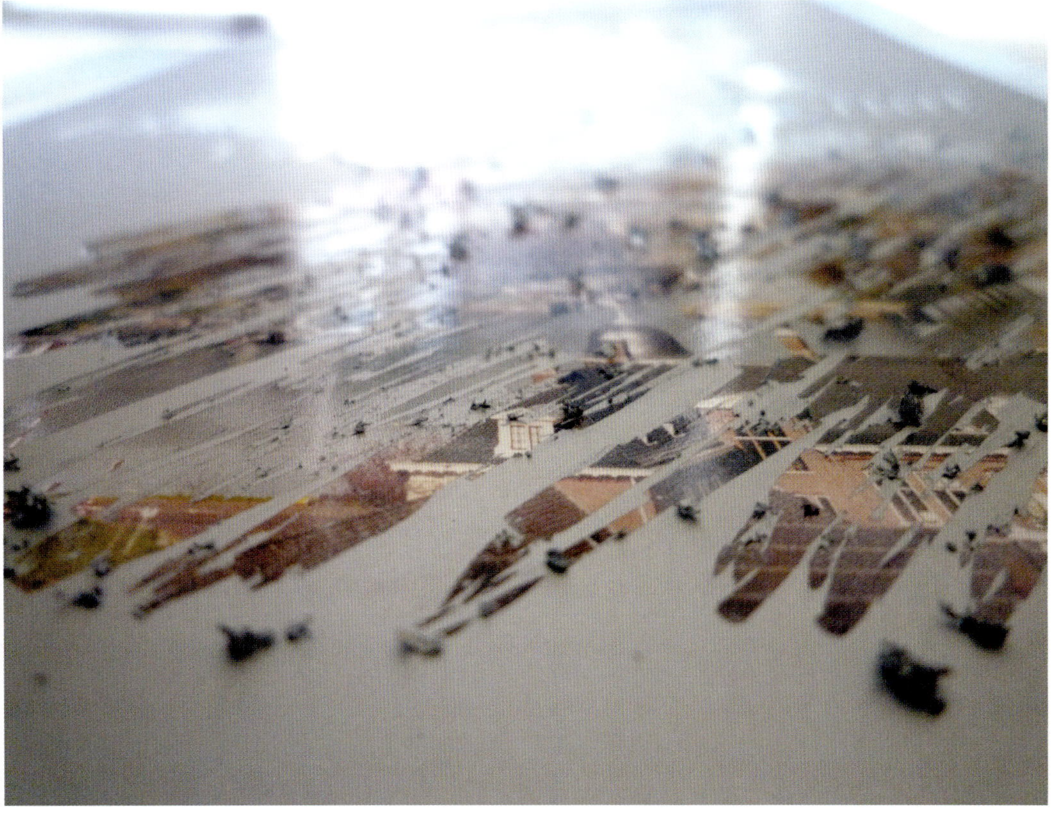

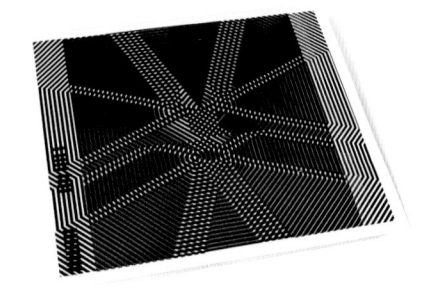

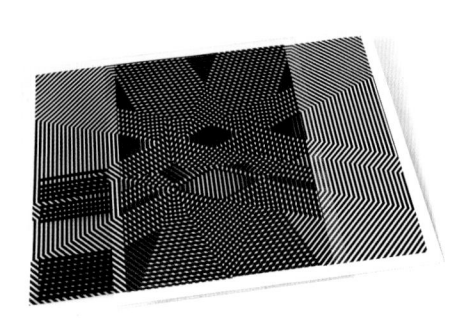

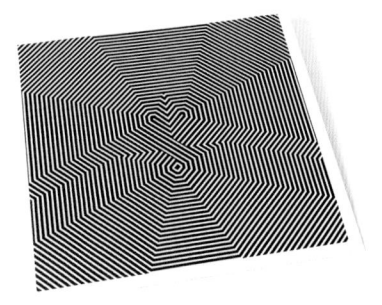

53

Side A

54

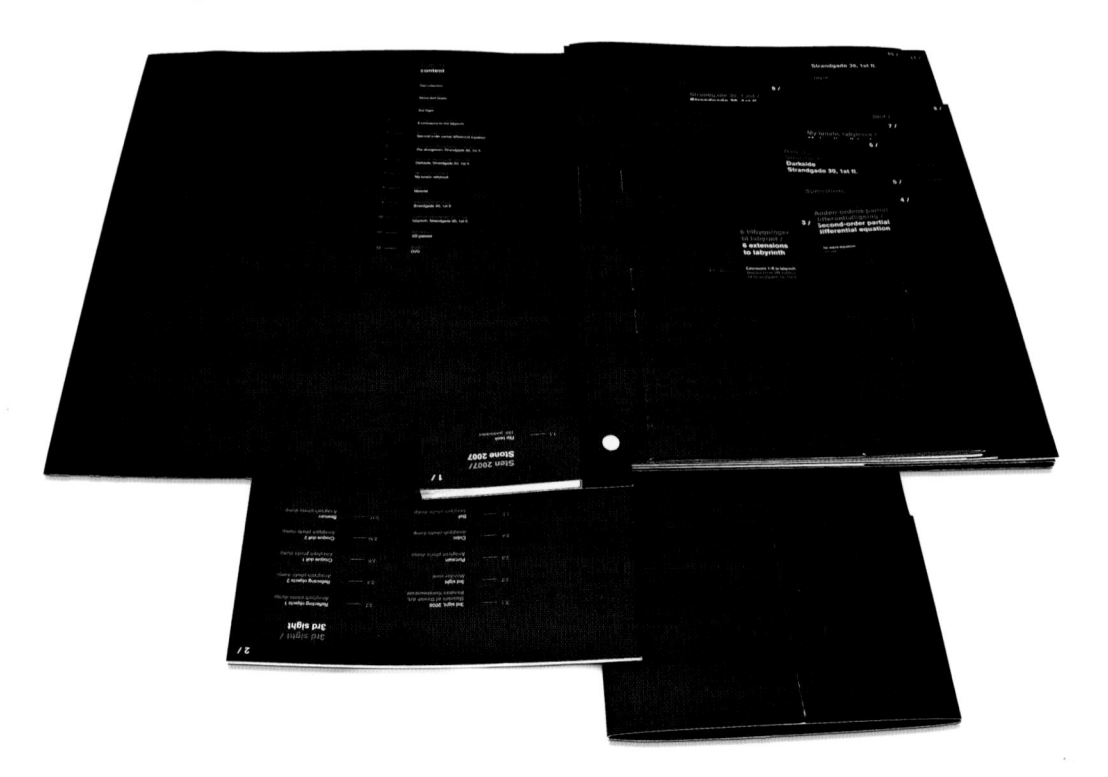

55

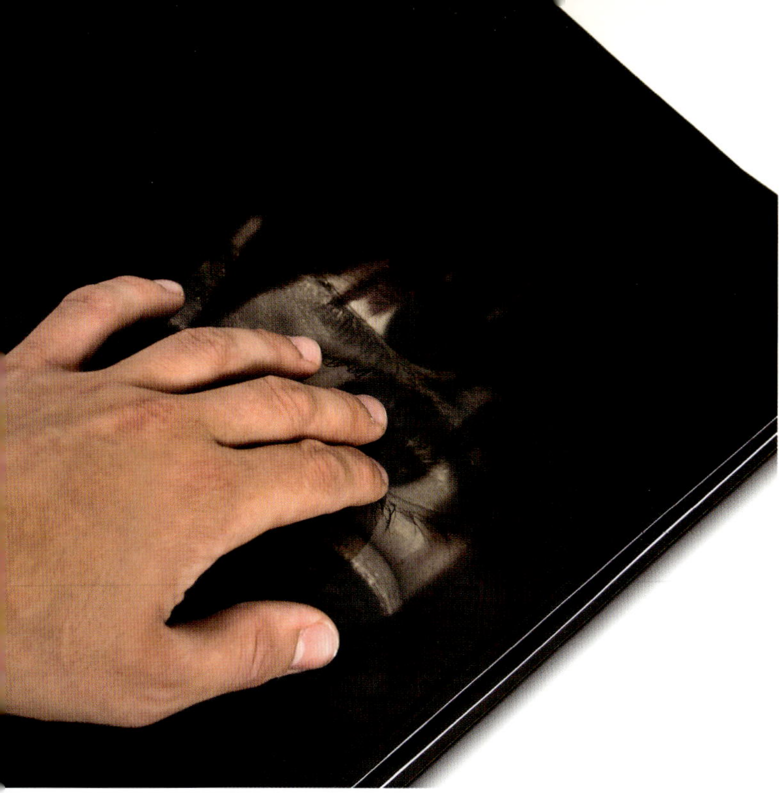

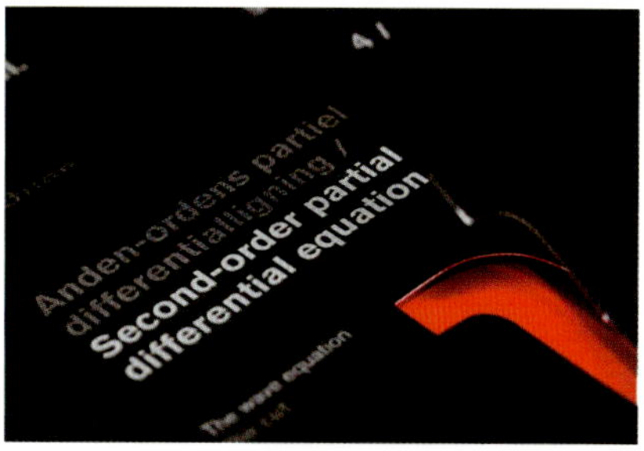
4 /
Anden-ordens partiel
differentialligning /
Second-order partial
differential equation
The wave equation

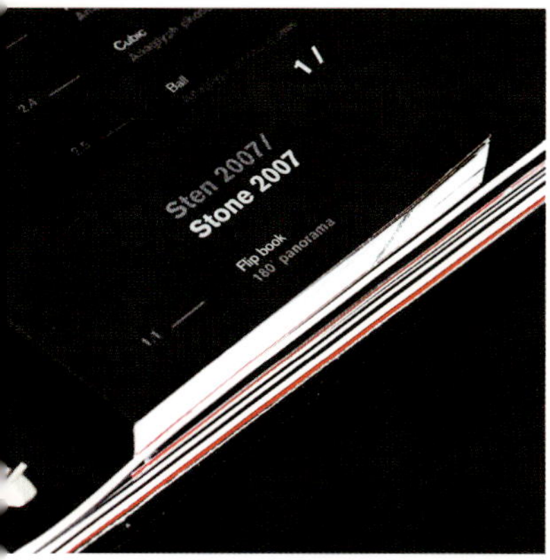
Cubic
Ball
1 /
Sten 2007/
Stone 2007
Flip book
180° panorama

2.11

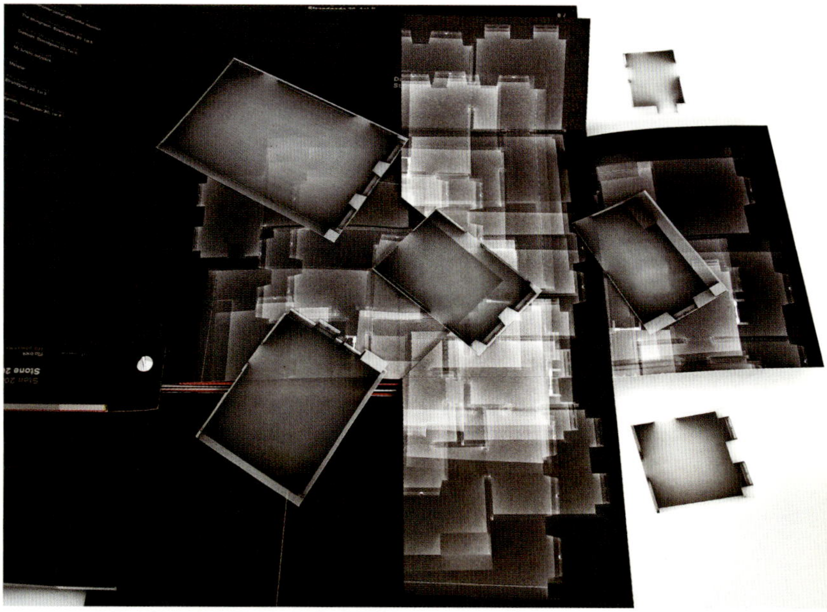

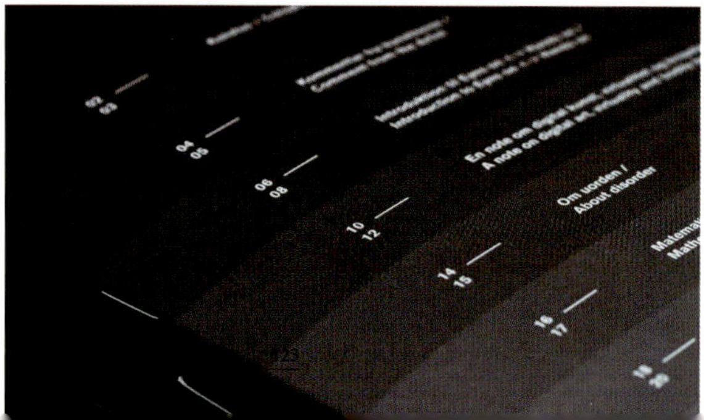
02
03
04
05
06
08
10
12
Om uorden /
About disorder
14
15
16
17

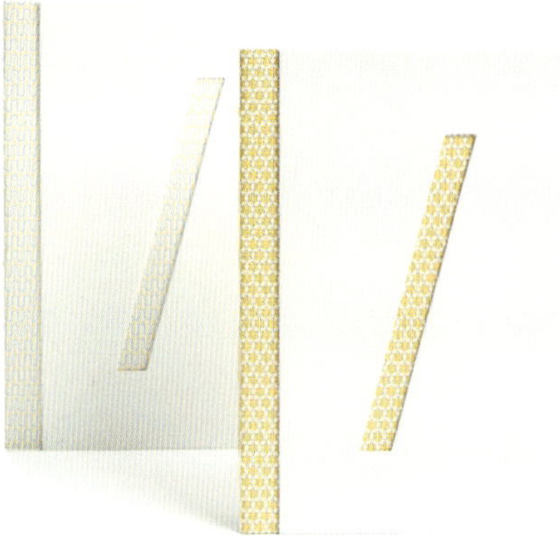

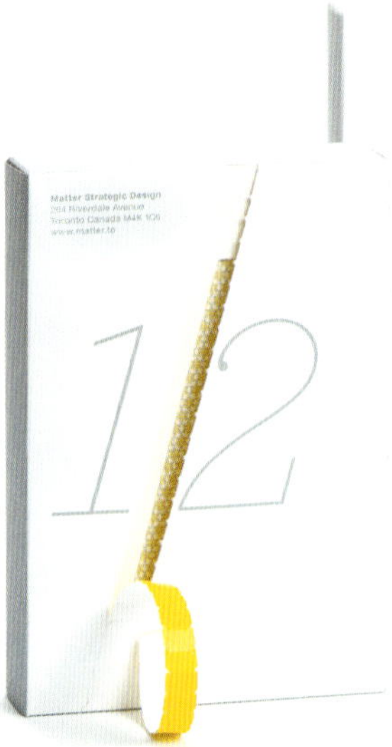

56

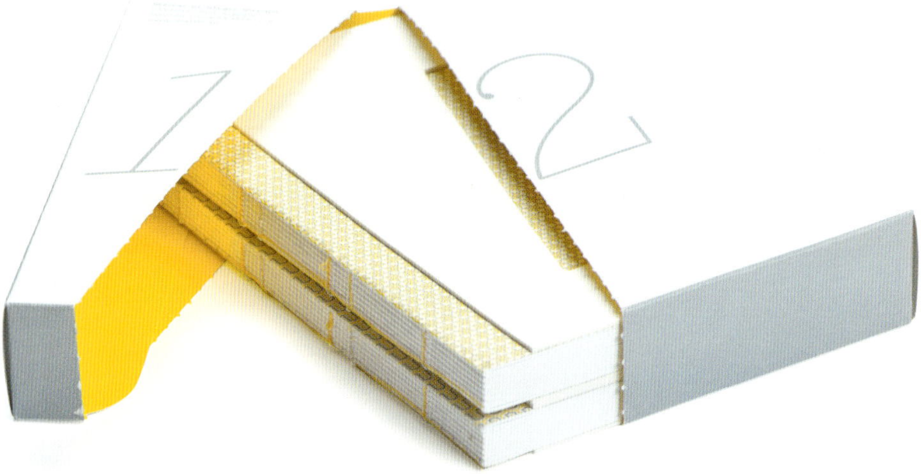

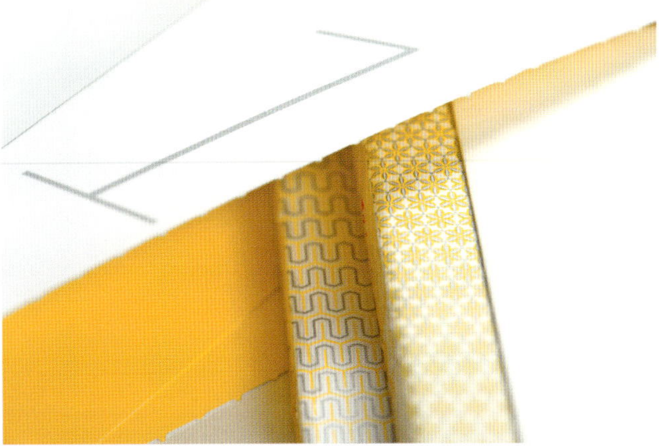

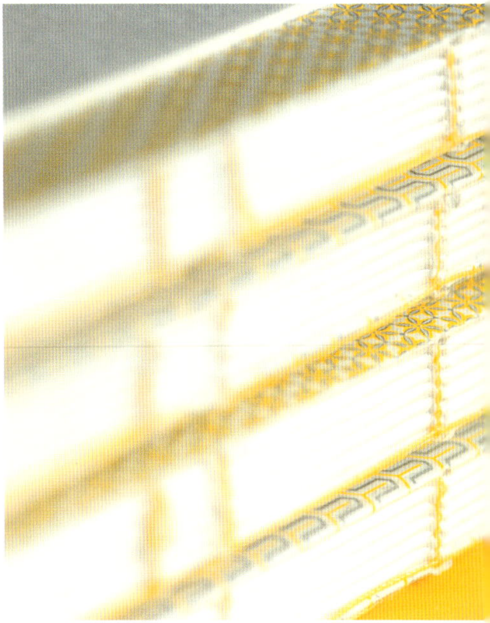

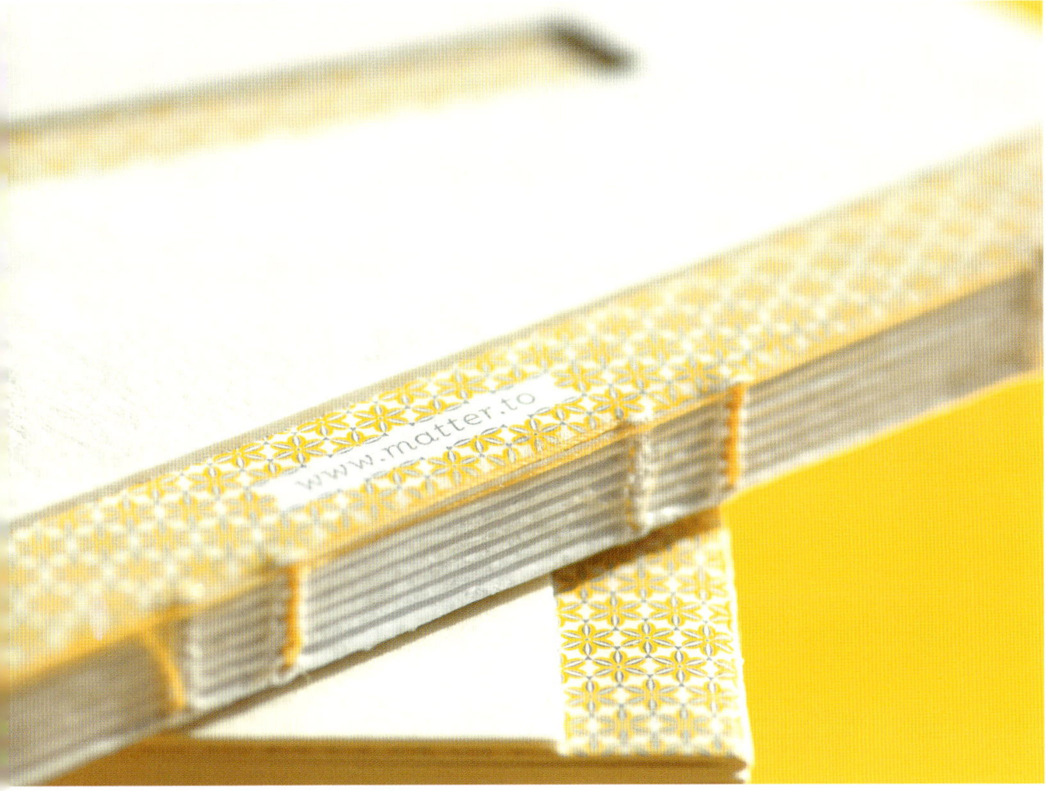
www.matter.to

57

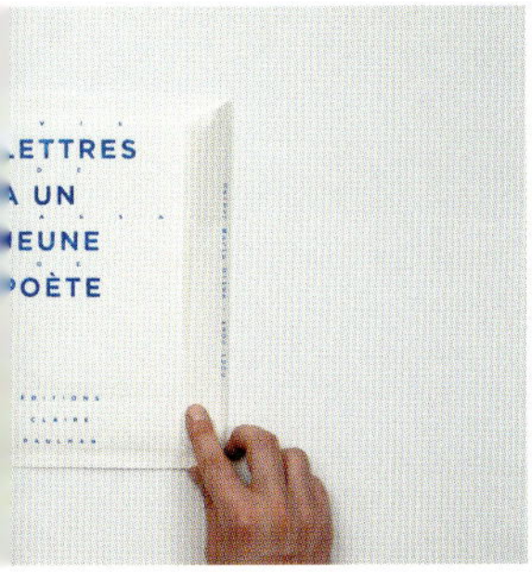
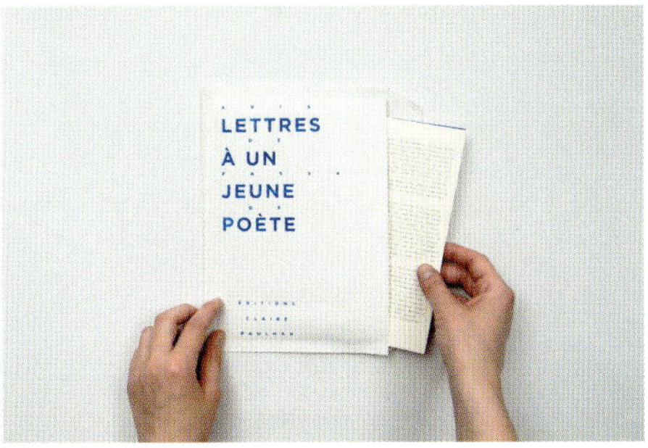
LETTRES
À UN
JEUNE
POÈTE
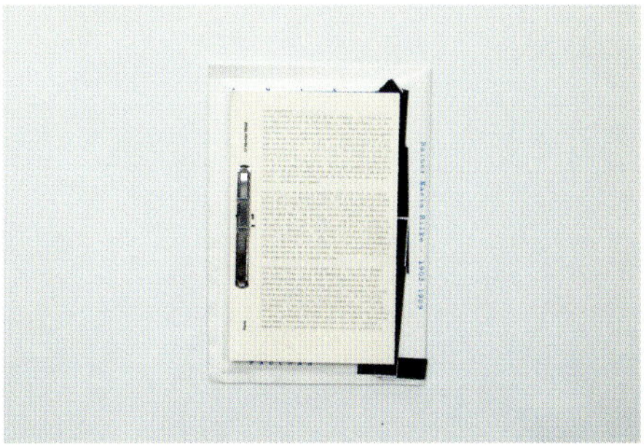
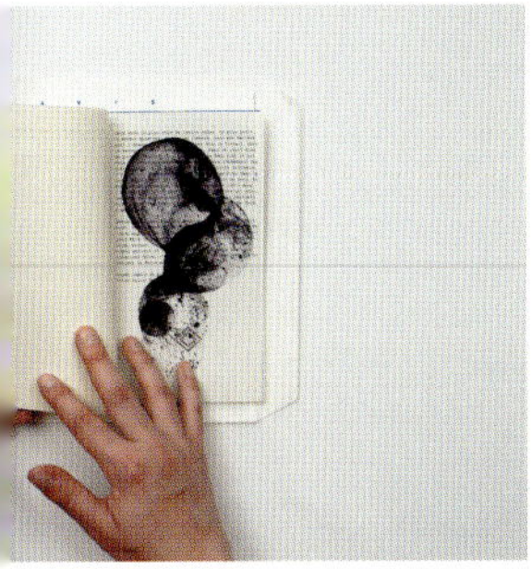
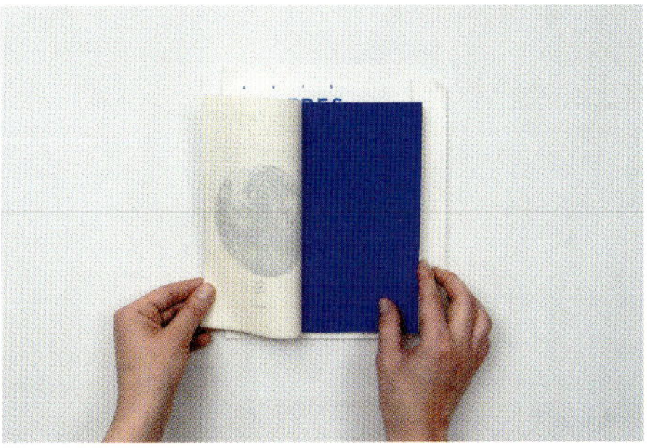
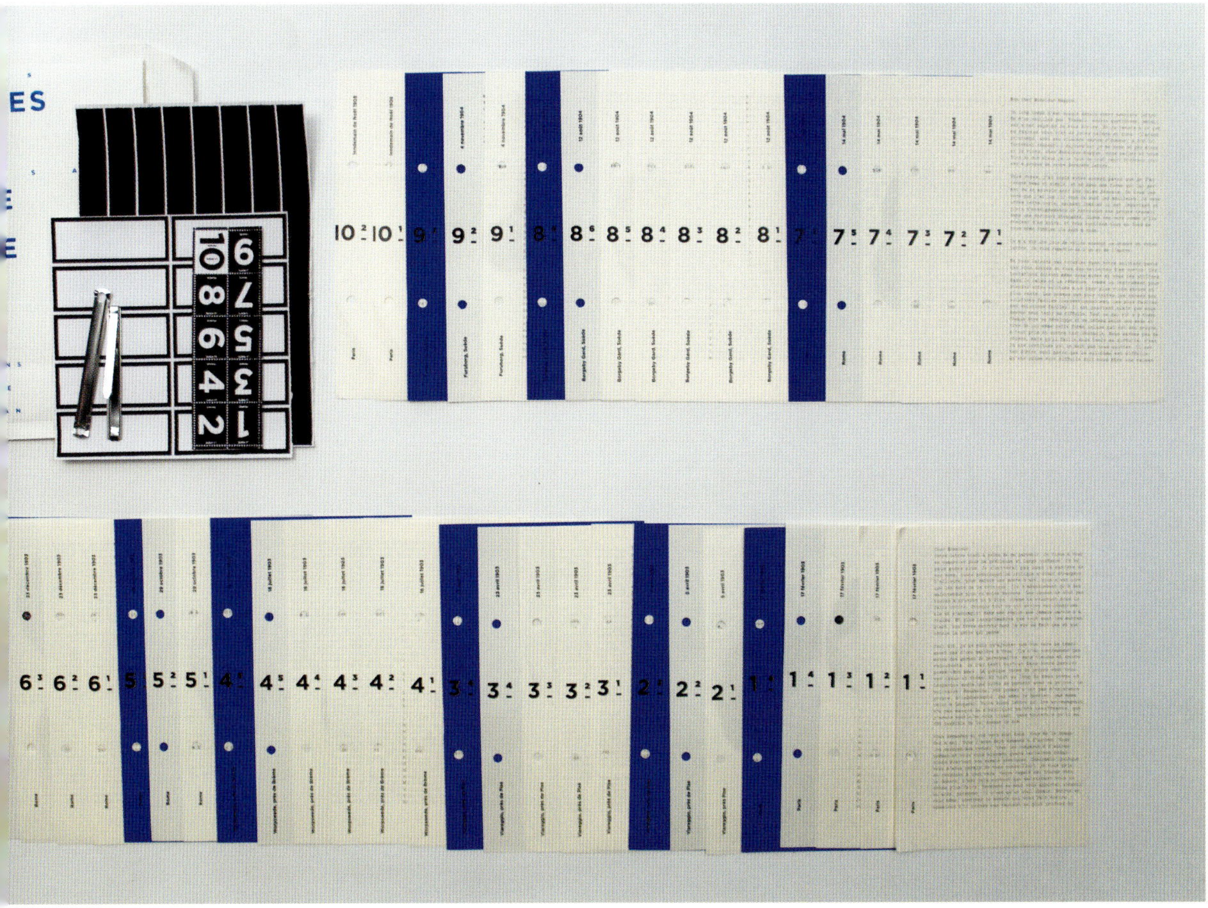

58

TEAR
PIXO-

CHOLOS SKIN-WRITERS
LATINO-GANG WRITERS

CHOLOS SKIN-WRITERS
LATINO-GANG WRITERS
TEAR
PIXO-

SÃO-PAOLO INK
PICHADORES DON'T CRY

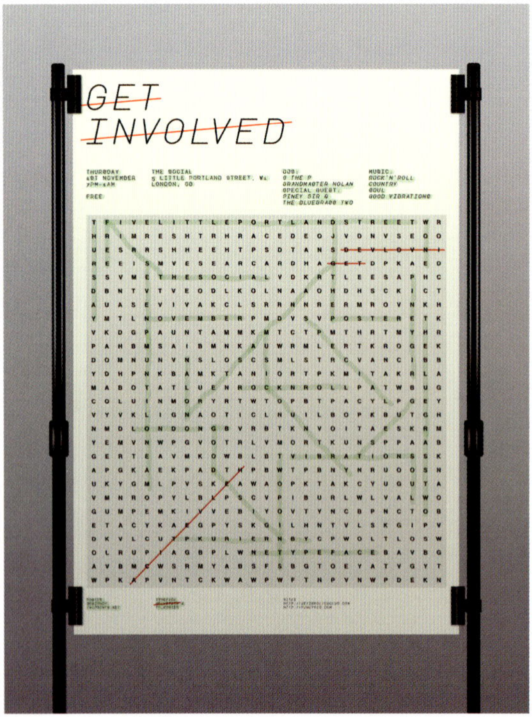
GET
INVOLVED
THURSDAY
1ST NOVEMBER
7PM–1AM
FREE
THE SOCIAL
5 LITTLE PORTLAND STREET, W1
LONDON, GB
DJS:
S THE P
GRANDMASTER NOLAN
SPECIAL GUEST:
PINEY SIR &
THE BLUEGRASS TWO
MUSIC:
ROCK'N'ROLL
COUNTRY
SOUL
GOOD VIBRATIONS

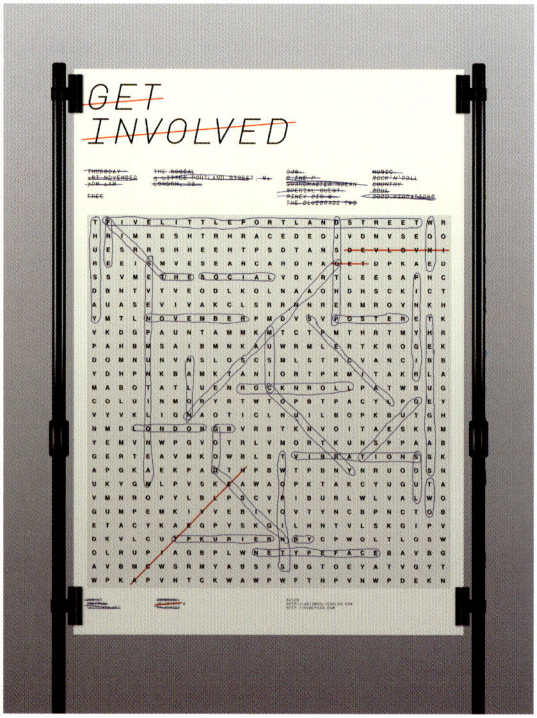
GET
INVOLVED

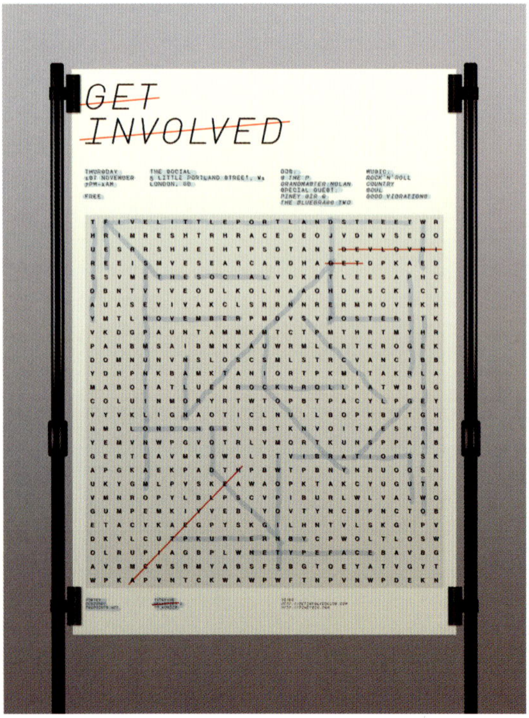
GET
INVOLVED
THURSDAY
1ST NOVEMBER
7PM–1AM
FREE
THE SOCIAL
5 LITTLE PORTLAND STREET, W1
LONDON, GB
DJS:
S THE P
GRANDMASTER NOLAN
SPECIAL GUEST:
PINEY SIR &
THE BLUEGRASS TWO
MUSIC:
ROCK'N'ROLL
COUNTRY
SOUL
GOOD VIBRATIONS

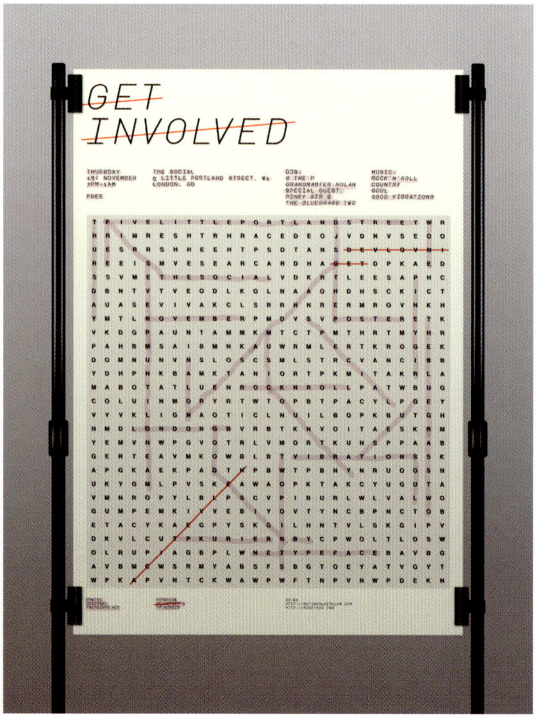
GET
INVOLVED
THURSDAY
1ST NOVEMBER
7PM–1AM
FREE
THE SOCIAL
5 LITTLE PORTLAND STREET, W1
LONDON, GB
DJS:
S THE P
GRANDMASTER NOLAN
SPECIAL GUEST:
PINEY SIR &
THE BLUEGRASS TWO
MUSIC:
ROCK'N'ROLL
COUNTRY
SOUL
GOOD VIBRATIONS

GET INVÖLVED

THURSDAY
4TH OCTOBER
7PM–1AM

THE SOCIAL
5 LITTLE PORTLAND STREET, W1
LONDON, GB

DJS:
G THE P
GRANDMASTER NOLAN

MUSIC:
ROCK'N'ROLL
COUNTRY
SOUL
GOOD VIBRATIONS

FREE

YOU SHOULD BE HERE

SOLUTION

POSTER
DESIGNBY.
TWOPOINTS.NET

TYPEFACE
HELVETICA &
TP_KURIER

IMAGE
GOOGLE
EARTH

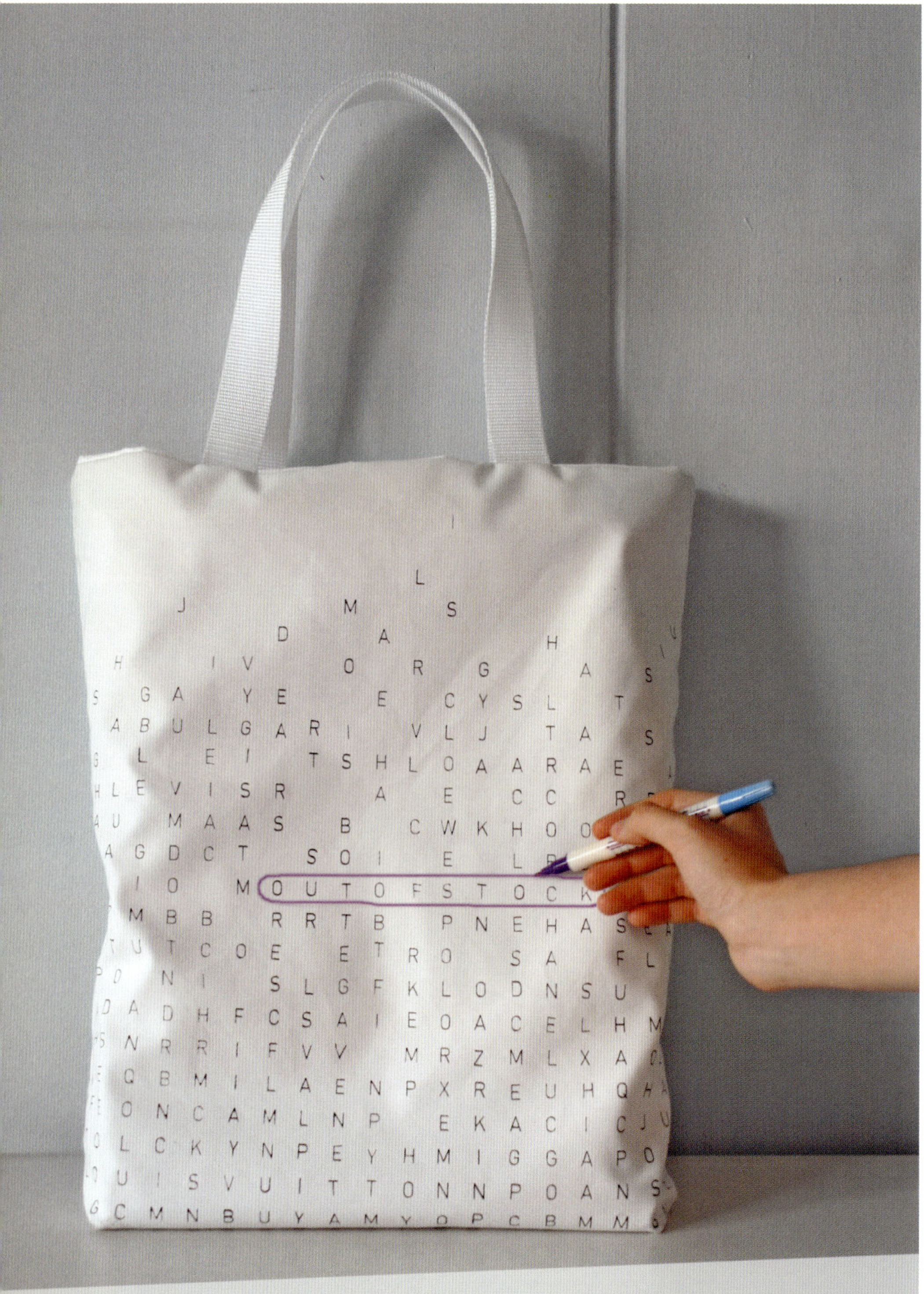
OUTOFSTOCK

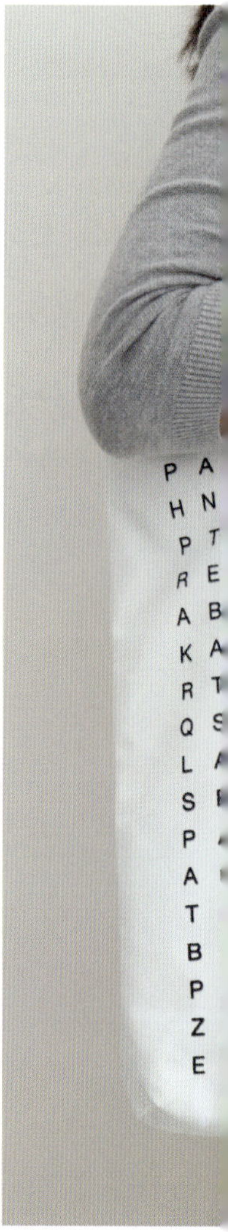

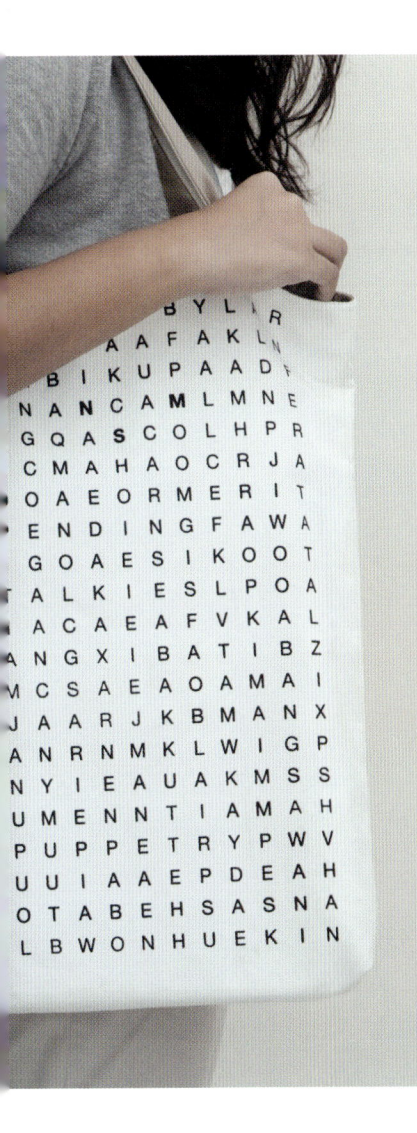

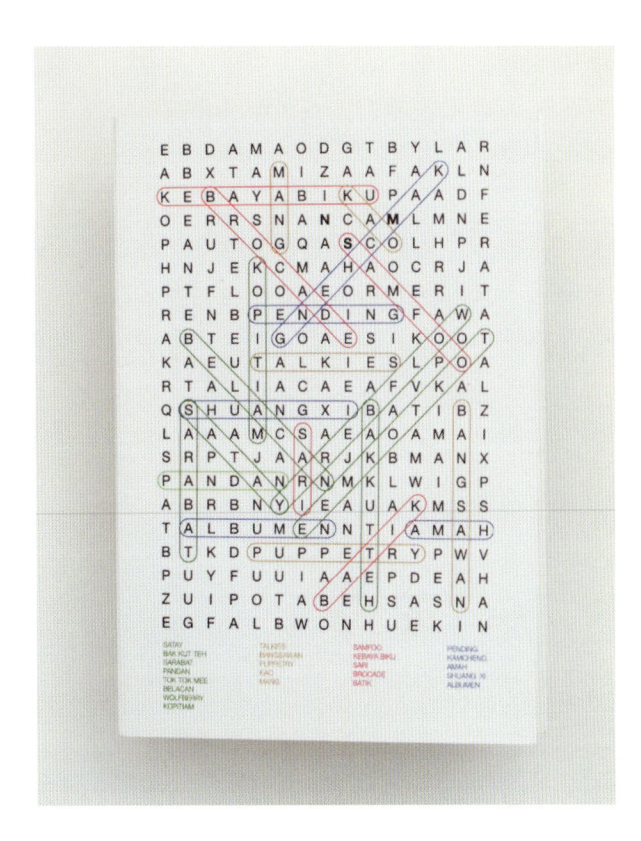

60

61

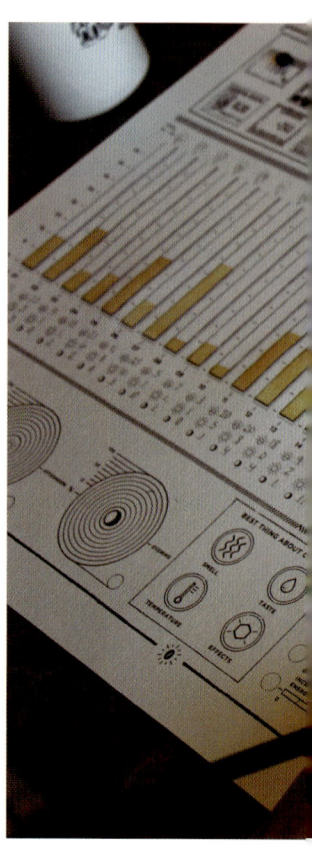

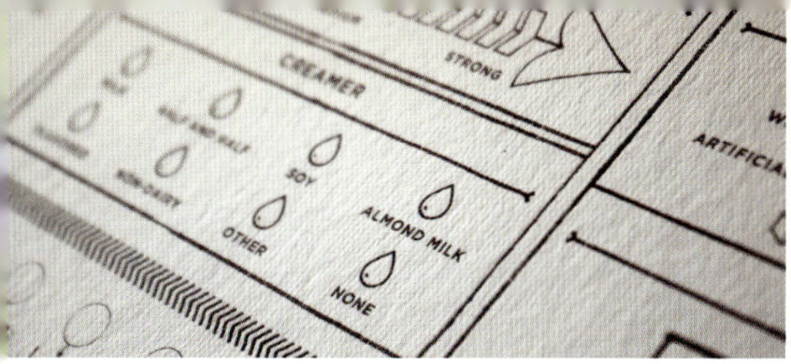
STRONG
CREAMER
HALF AND HALF
SOY
NON-DAIRY
OTHER
ALMOND MILK
NONE

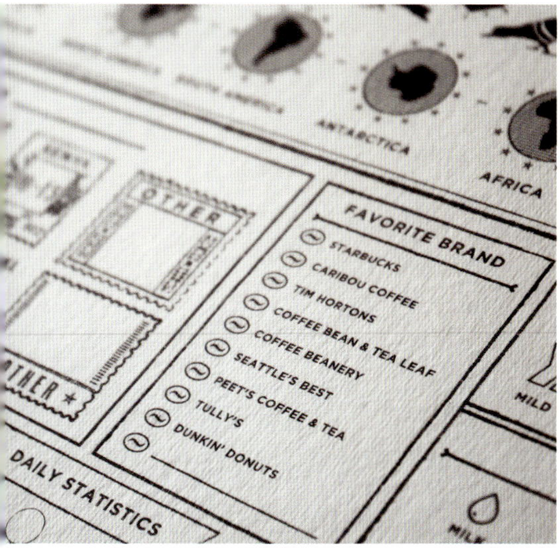
SOUTH AMERICA
ANTARCTICA
AFRICA
OTHER
FAVORITE BRAND
STARBUCKS
CARIBOU COFFEE
TIM HORTONS
COFFEE BEAN & TEA LEAF
COFFEE BEANERY
SEATTLE'S BEST
PEET'S COFFEE & TEA
TULLY'S
DUNKIN' DONUTS
MILD
DAILY STATISTICS

TIME OF CONSUMPTION

CAFFEINE WE TRUST
COFFEE STRENGTH
CREAMER
SUGAR
METHOD
FAVORITE CONTAINER
TOTAL OZ

NOTE
Taylor Fallon
SIGNATURE
STAMP YOUR MUG

62

137

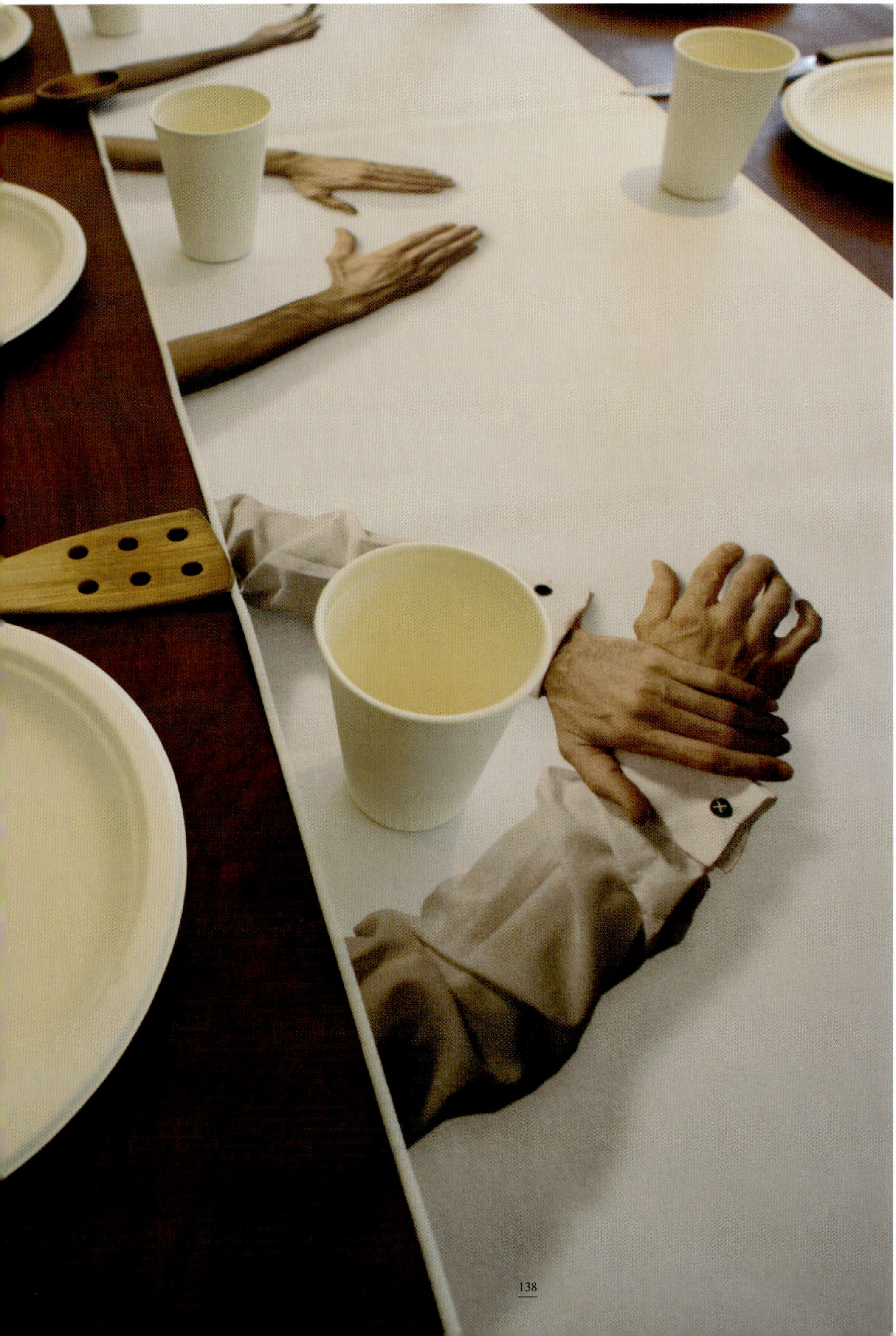
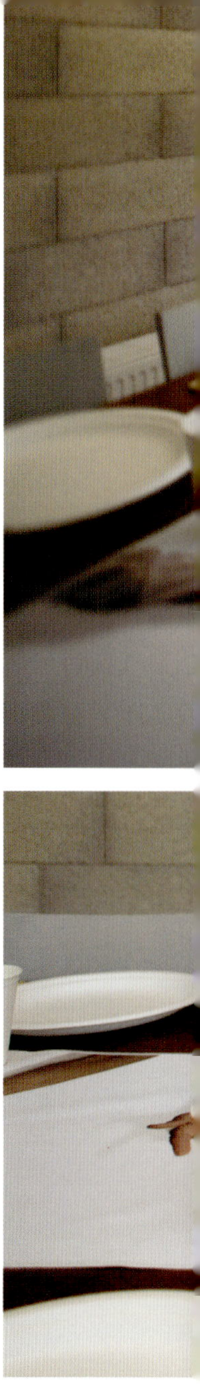

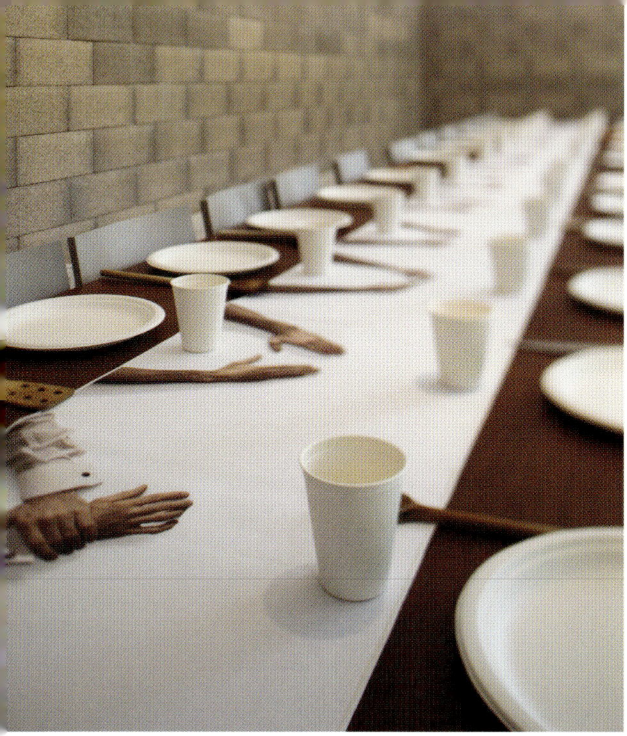

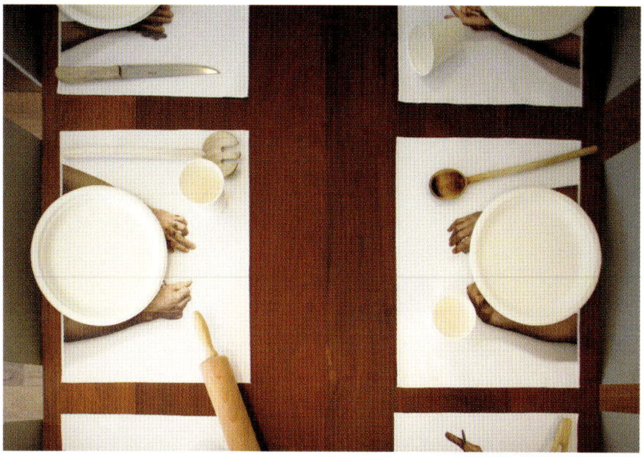

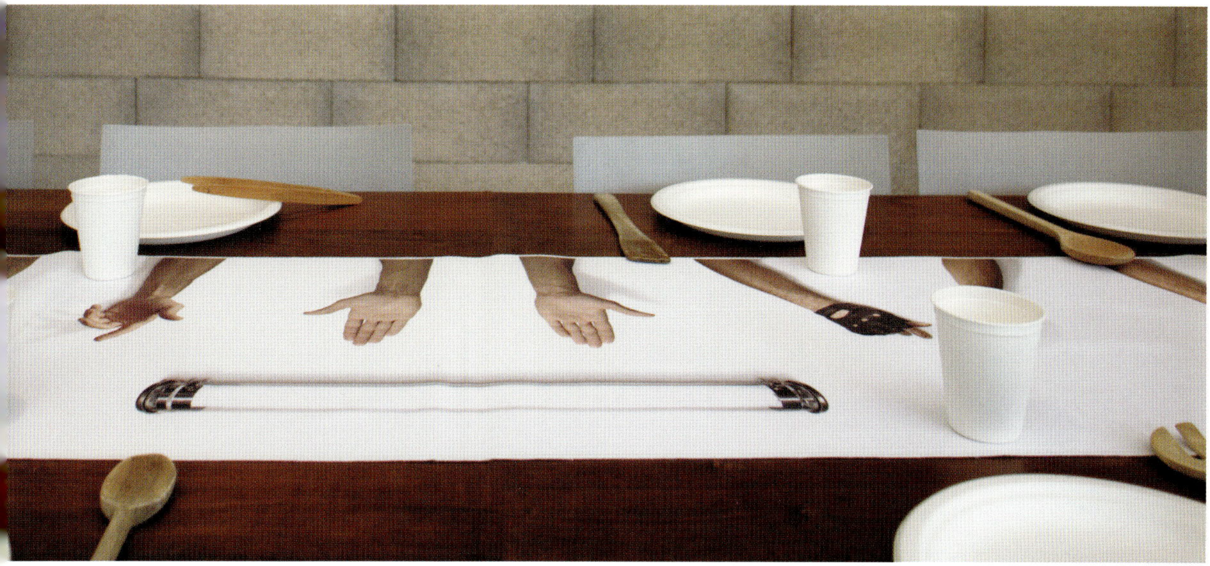

63

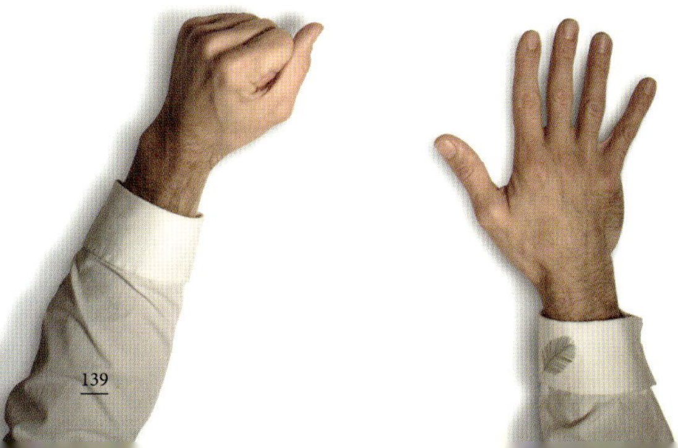

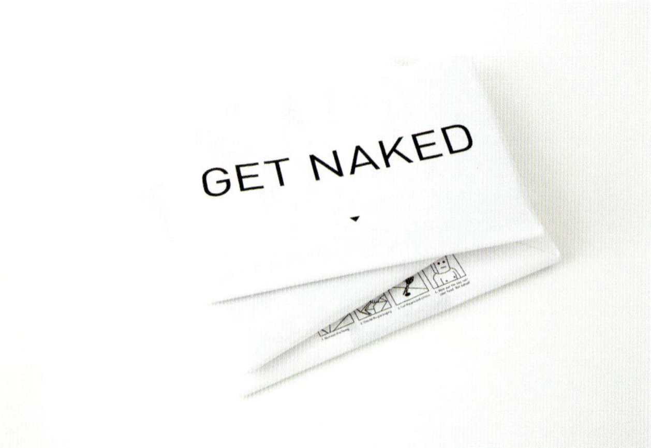
GET NAKED

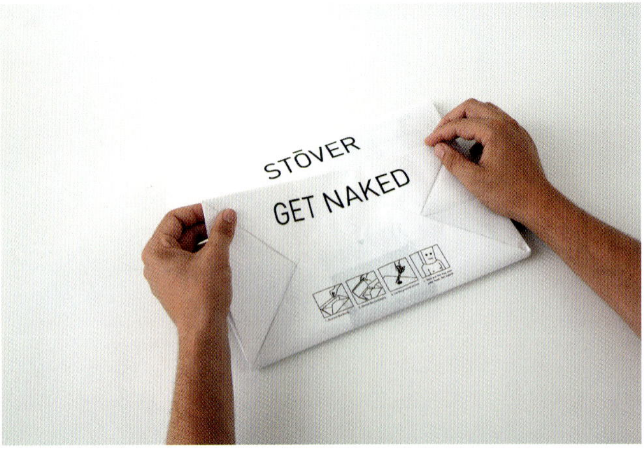
STÖVER
GET NAKED

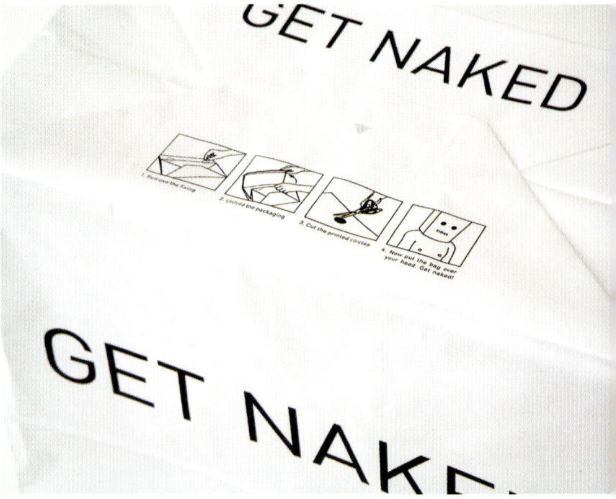
GET NAKED

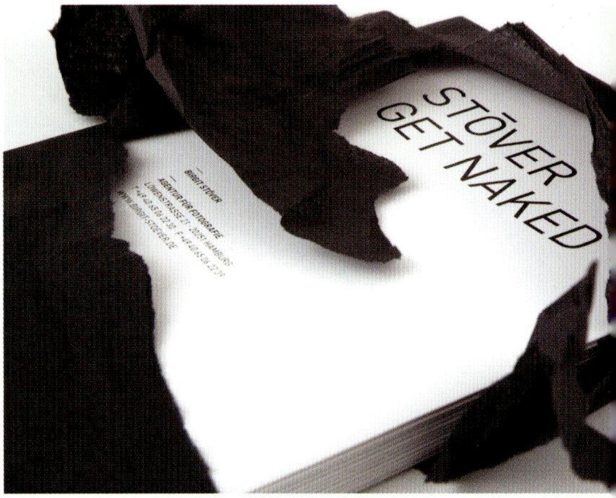
STÖVER
GET NAKED

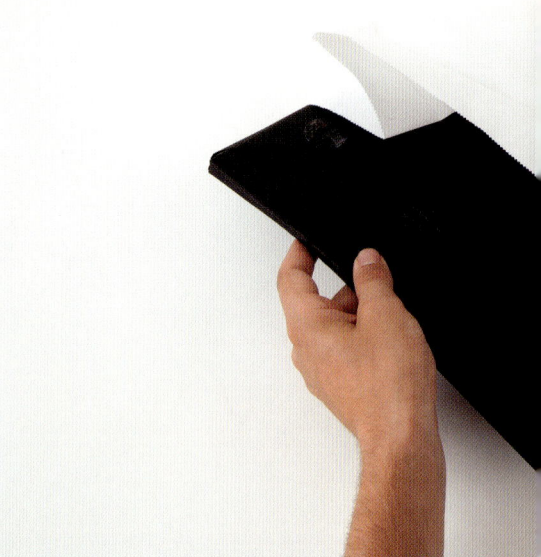

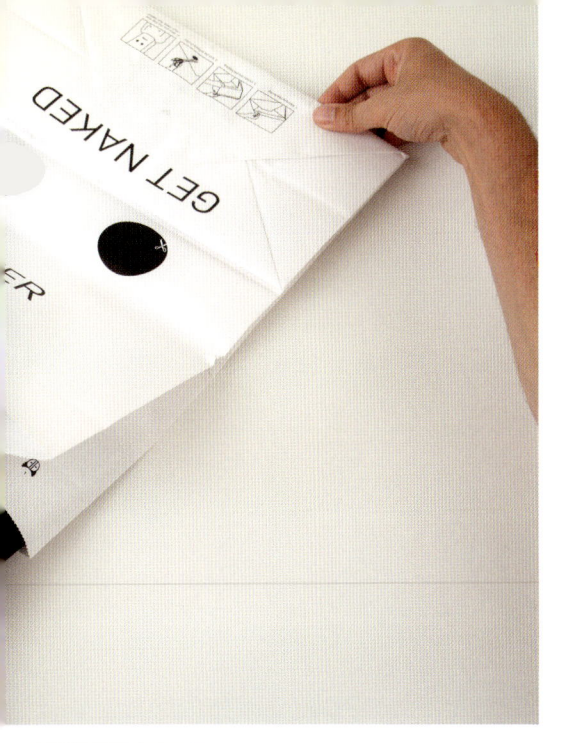

64

girl walk // all day

a music video of epic proportions

- Walk. Don't Walk.
- Lost-in-the-Grate
- The Bodega Two-Schlep
- Hopscotch Hop
- Hobo Hustle
- The Bed Bug
- Hot Pavement
- The Dainty Dog Dodge
- Pizza Toss
- Walk'n 10 Dogs
- Cobblestone Contra
- "20-til-Table" Toe Tap
- Fish'n with Chick'n
- Day Trader Do-Si-Do
- Hightop Highstep
- Stoop Droop
- The Tourist Sidestep
- Turnstile Hop
- Mugger Mash
- Urine-the-wrong-car
- Pick'n up Trash

① Day Trader Dosado
② Urine-on-the-J Train
③ Pick 'n up Trash

65

Jahresbericht 2011
powered by the Sun

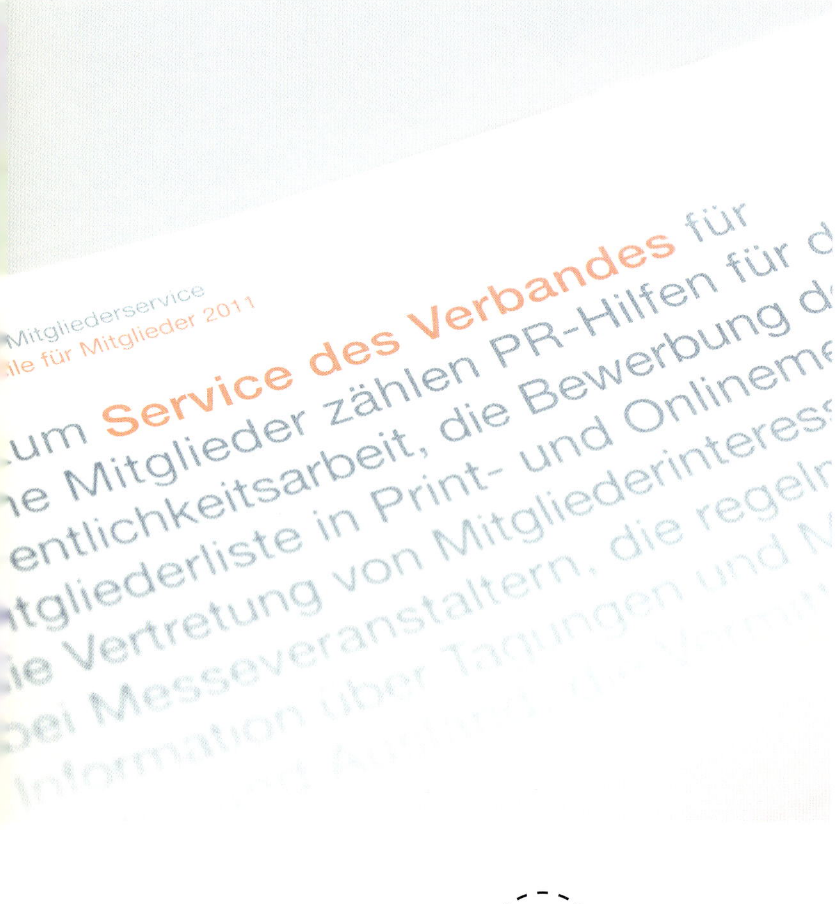
Mitgliederservice
ile für Mitglieder 2011
um Service des Verbandes für
ne Mitglieder zählen PR-Hilfen für d
entlichkeitsarbeit, die Bewerbung d
itgliederliste in Print- und Onlineme
ie Vertretung von Mitgliederinteress
bei Messeveranstaltern, die regeln

Vorwort des Obmanns
Im Jahr 2002

66

145

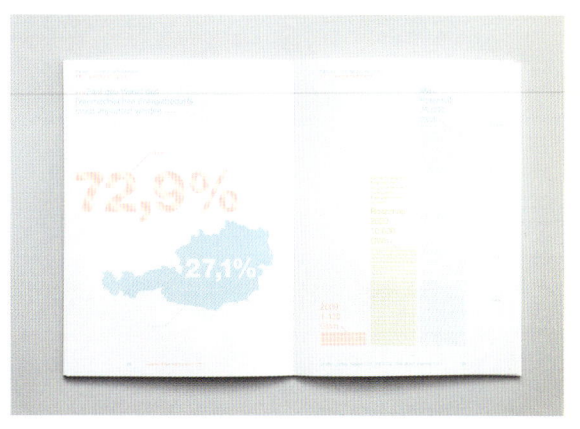

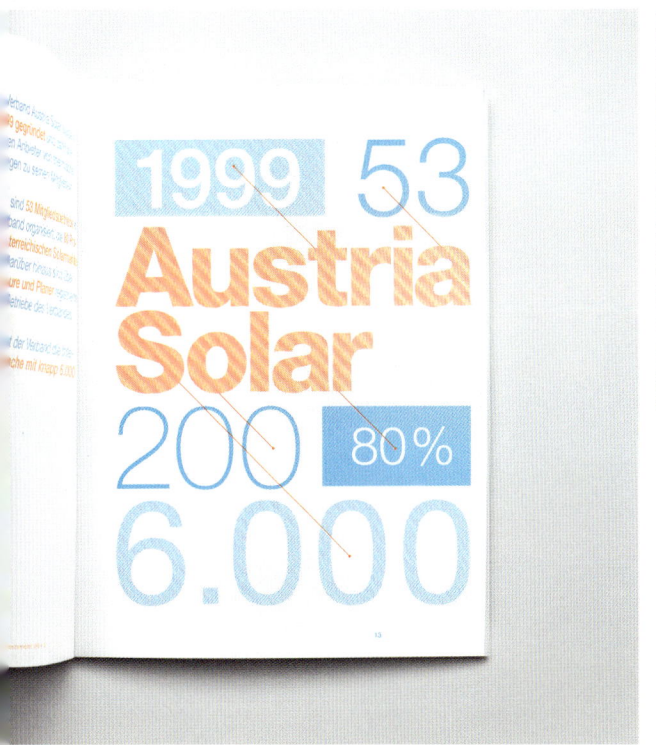

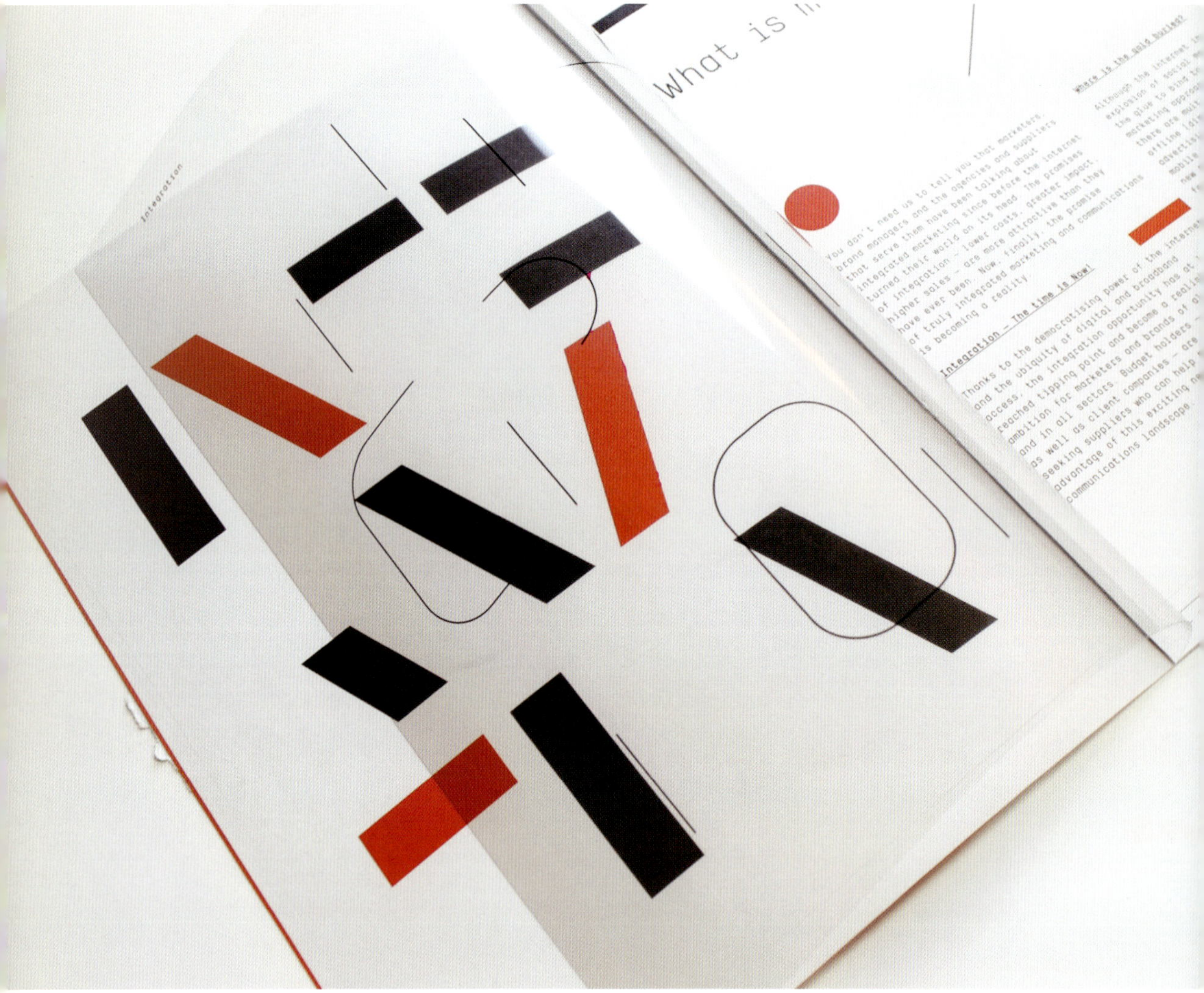

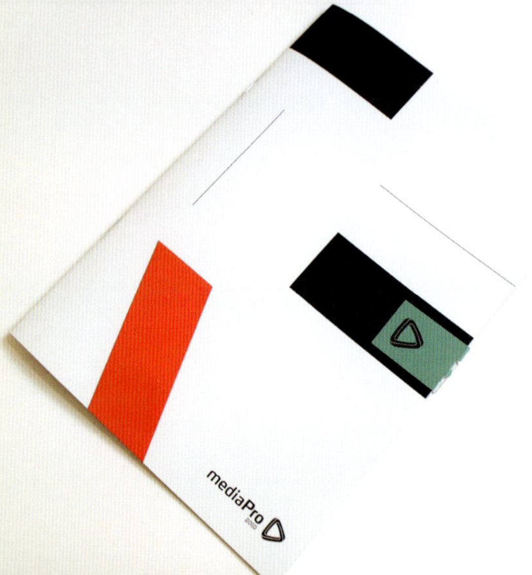

67

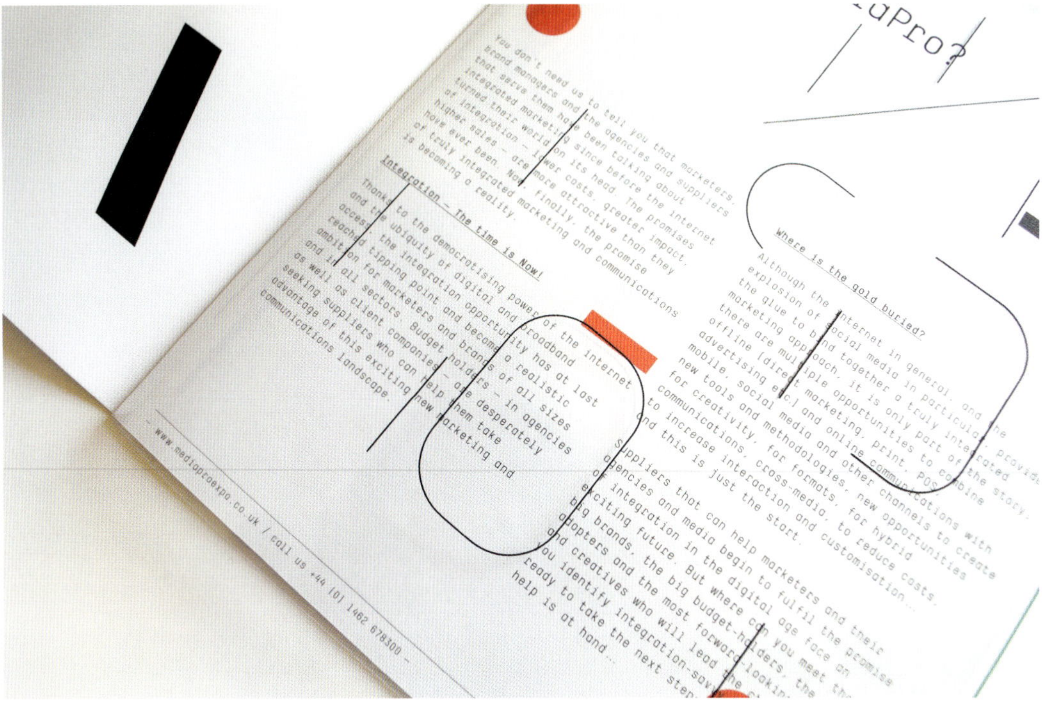
You don't need us to tell you that marketers, brand managers and the agencies and suppliers that serve them have been talking about integrated marketing since before the internet turned their world on its head. The promises of integration – lower costs, greater impact, higher sales – are more attractive than they have ever been. Now, finally, the promise of truly integrated marketing and communications is becoming a reality.
Integration – The time is Now!
Thanks to the democratising power of the internet and the ubiquity of digital and broadband access, the integration opportunity has at last reached tipping point and become a realistic ambition for marketers and brands of all sizes and in all sectors. Budget holders – in agencies as well as client companies – are desperately seeking suppliers who can help them take advantage of this exciting new marketing and communications landscape.
Where is the gold buried?
www.mediaproexpo.co.uk / call us +44 (0) 1462 678300

An integrated marketing blitz of our own

What is mediaPro?

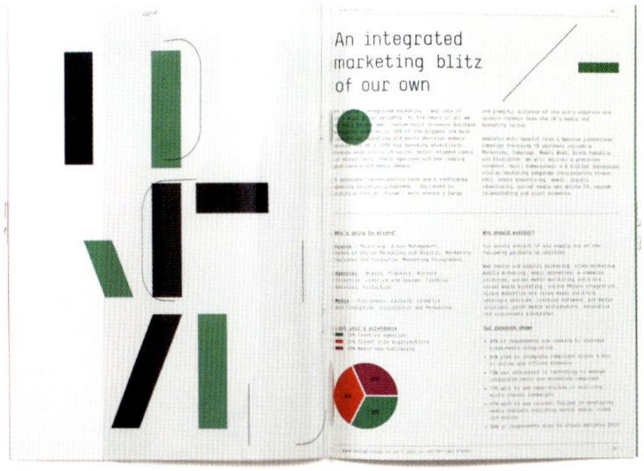
An integrated marketing blitz of our own

68

SEAN THOMAS

JOHN BARTON

WE COLLABORATE

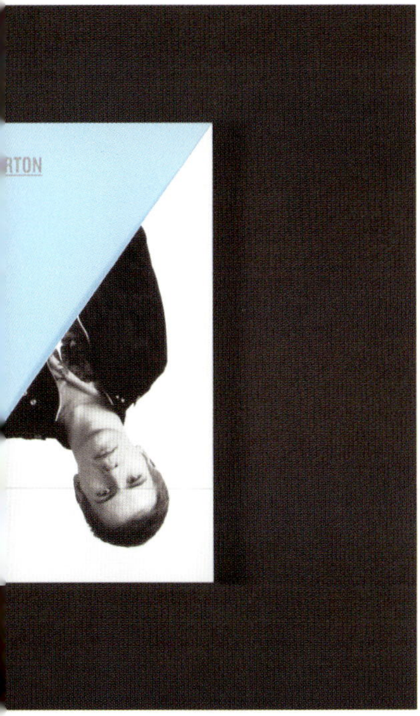

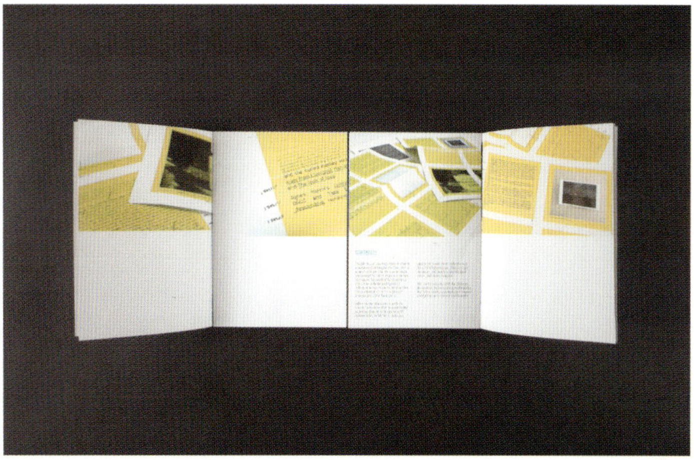
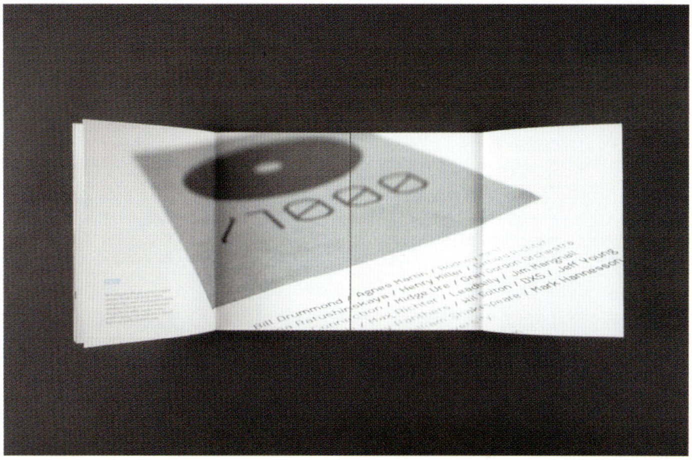
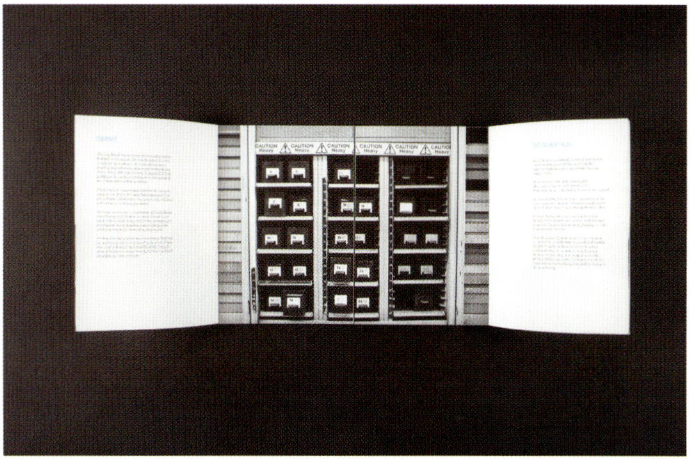

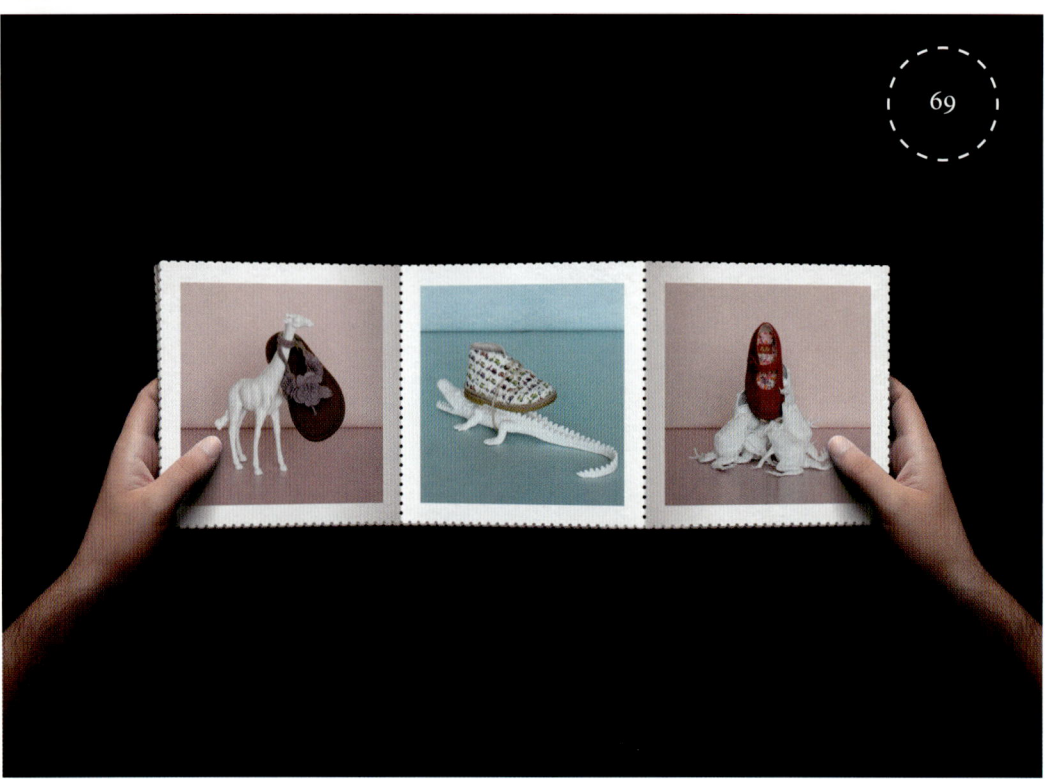

69

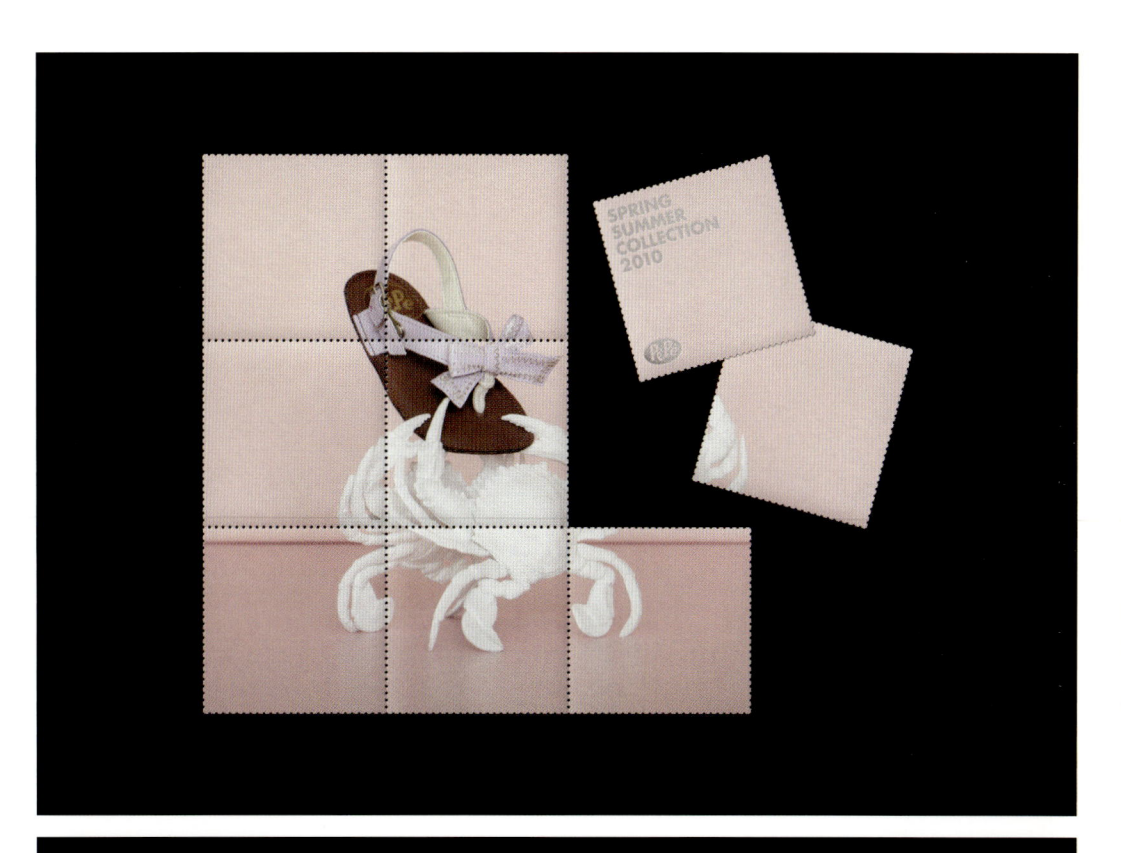

SPRING SUMMER COLLECTION 2010

152

70

Système nerveux et musculaire
1. Visage
2. Cerveau
3. Muscles de la face

Appareil digestif
1. Foie
2. Vésicule biliaire
3. Estomac
4. Intestin grêle
5. Pancréas
6. Côlon
7. Rate

Système osseux
1. Cage thoracique
2. Colonne vertébrale
3. Bassin

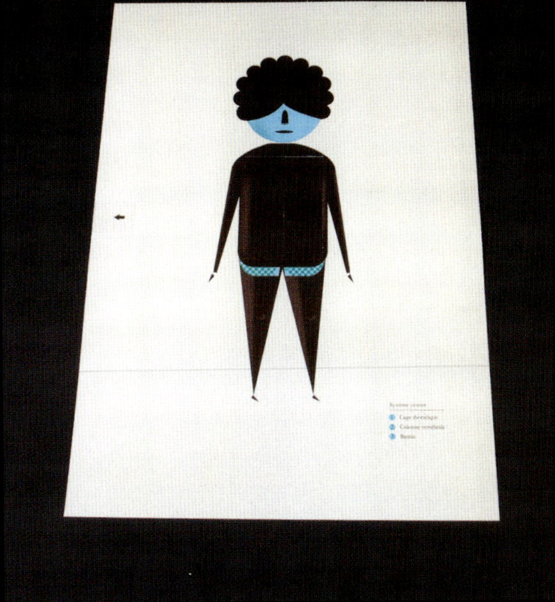

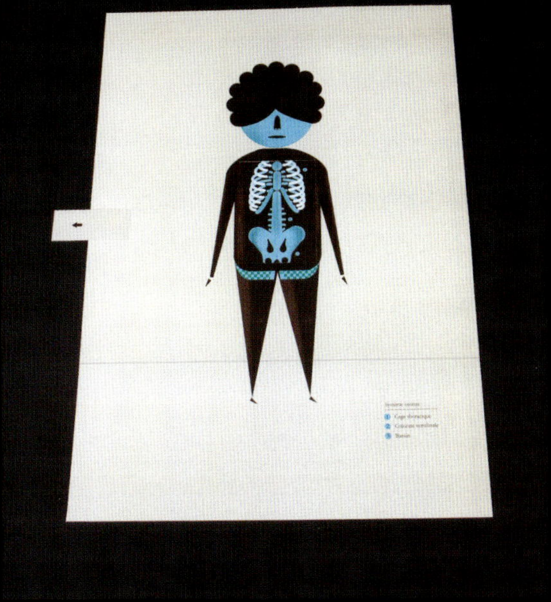

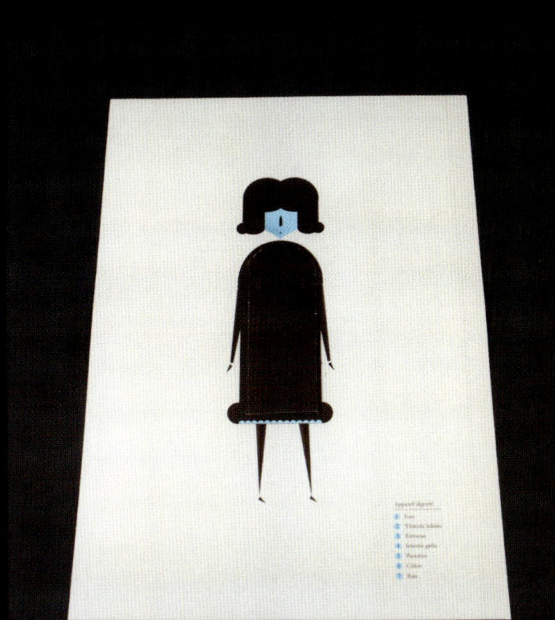

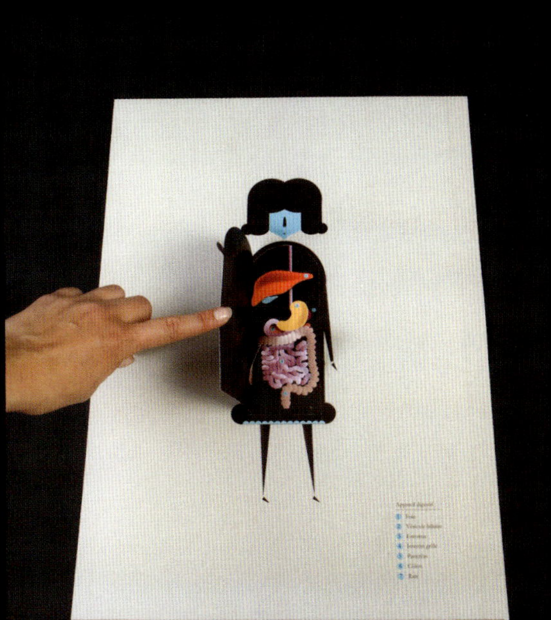

156

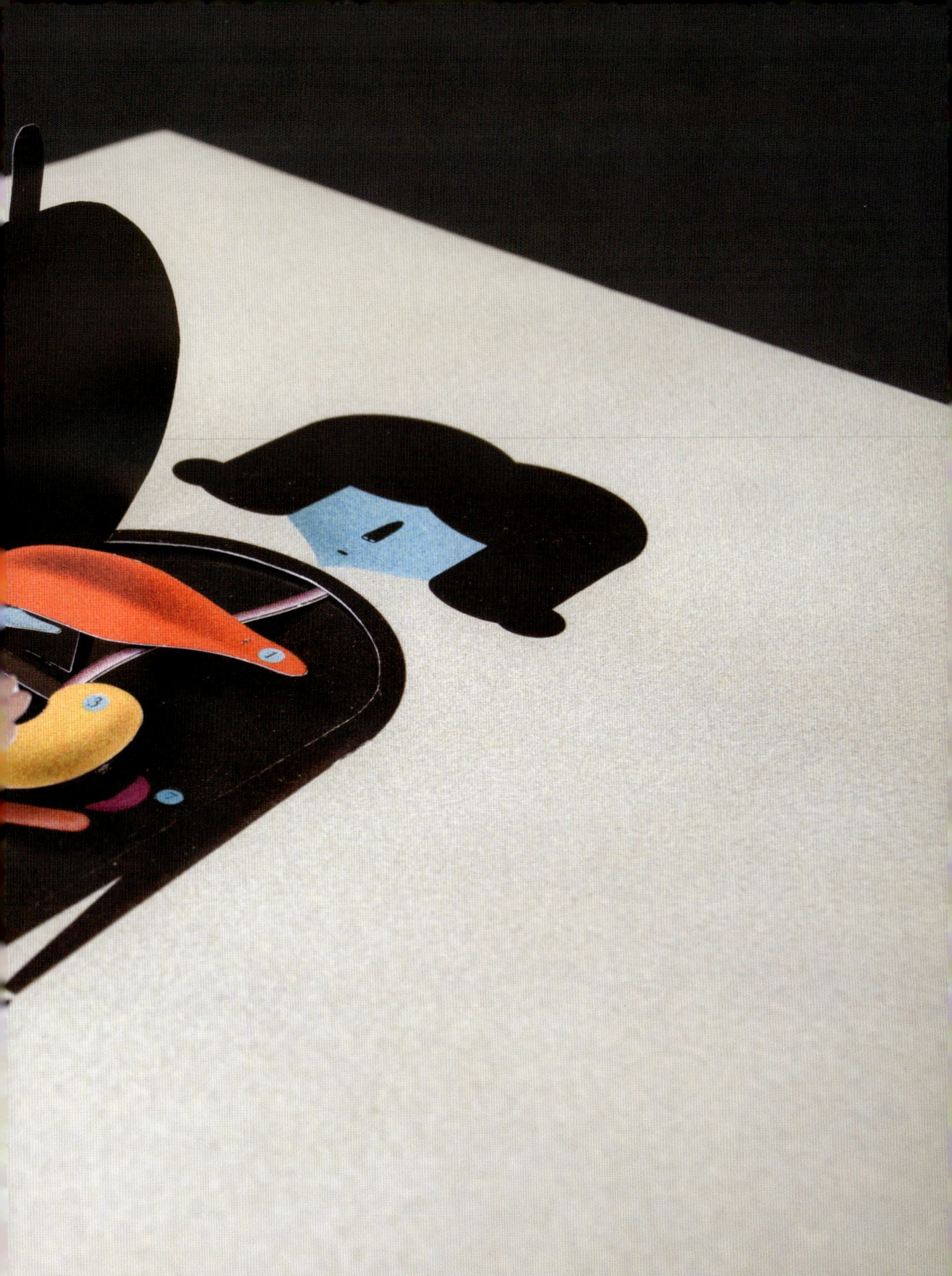

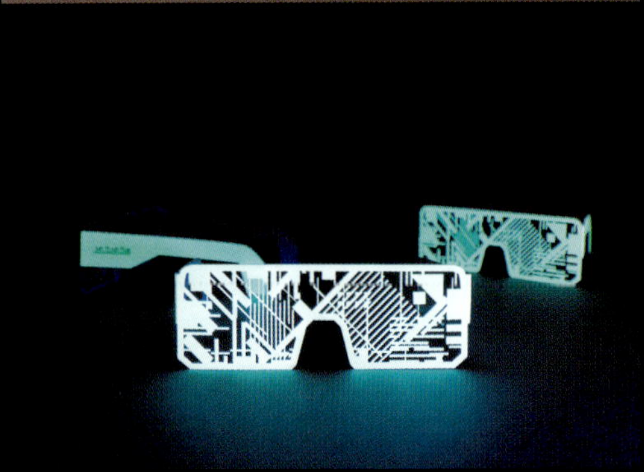

ET AUSSI..

NORDIK APPART
NORDIK IMPAKT
ELECTRO
PARTY
NORDIK INCITY

72

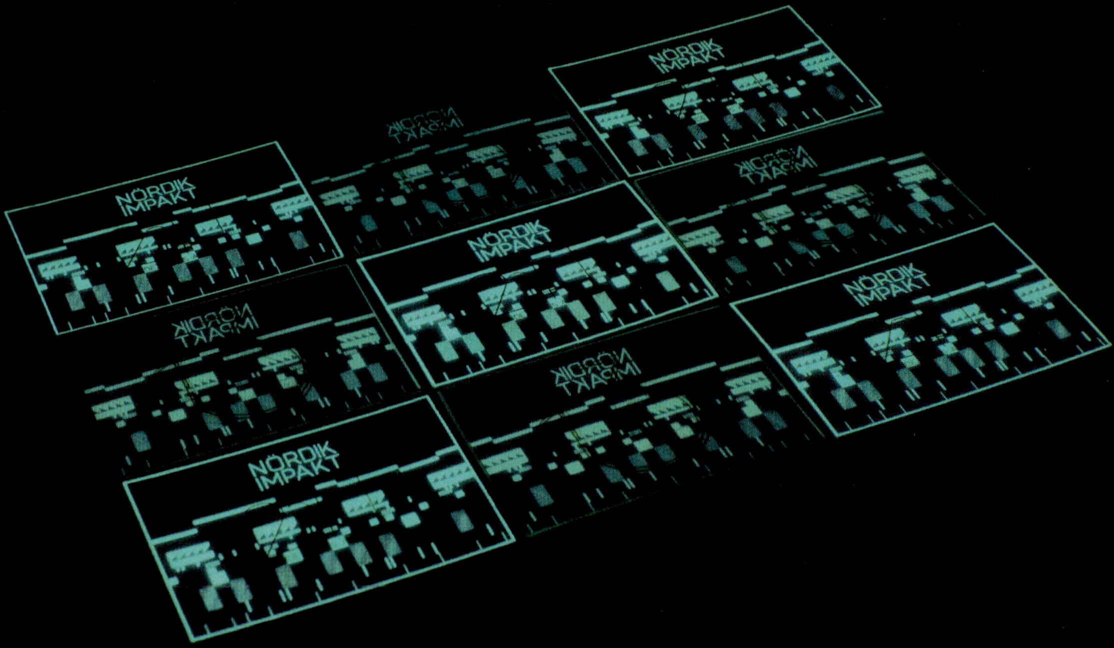
NÖRDIK
IMPAKT

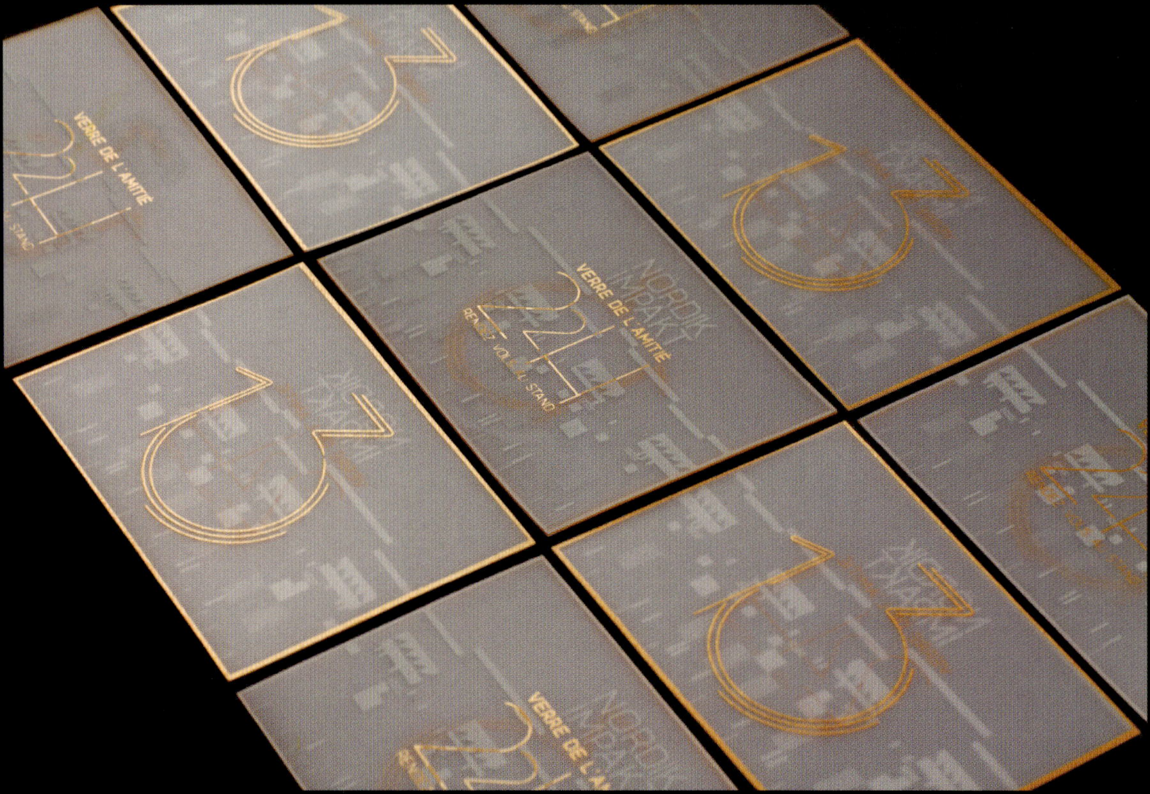
NÖRDIK
IMPAKT
VERRE DE L'AMITIÉ

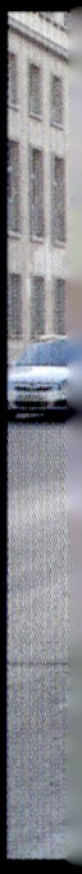

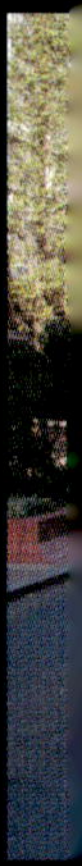

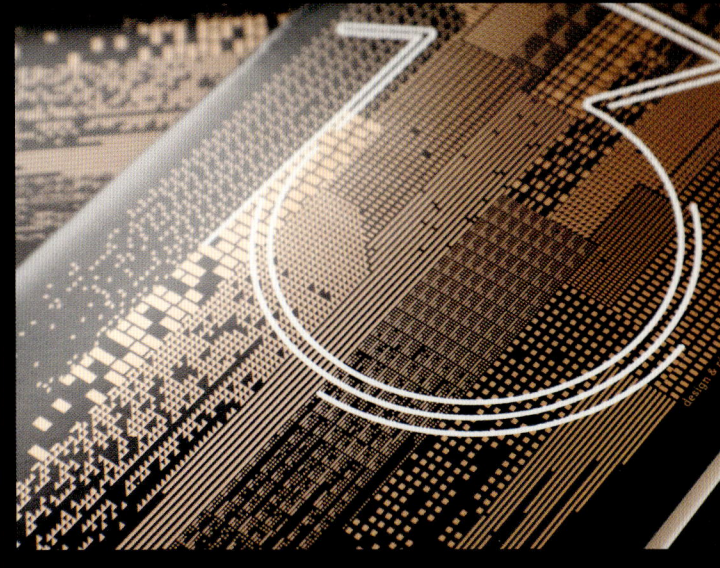

NORDIK IMPAKT
Du 04 au 08 Octobre 2011

Waste is inevitable.

Instructions:
1/ Burn
2/ Read

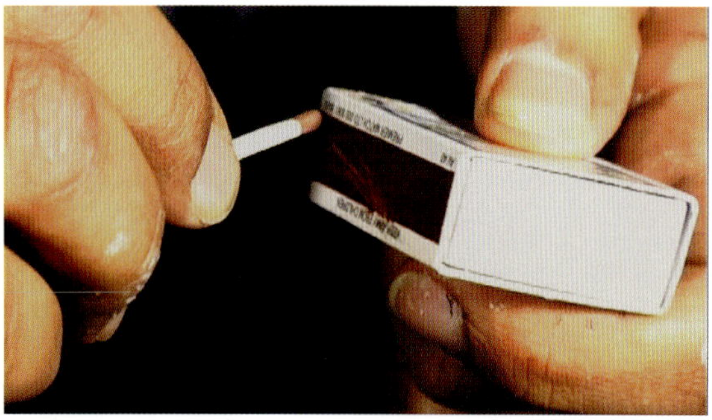

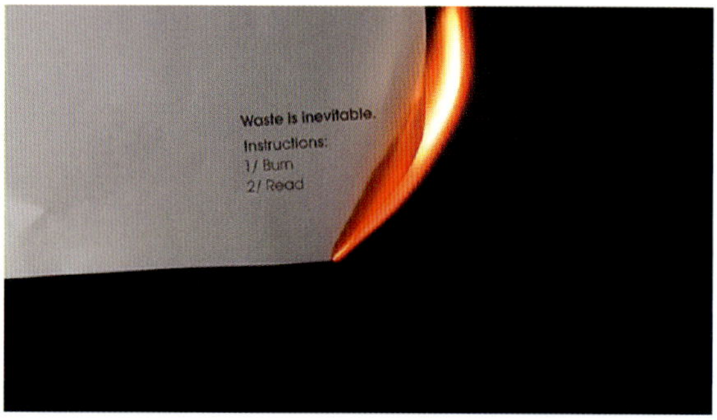
Waste is inevitable.
Instructions:
1/ Burn
2/ Read

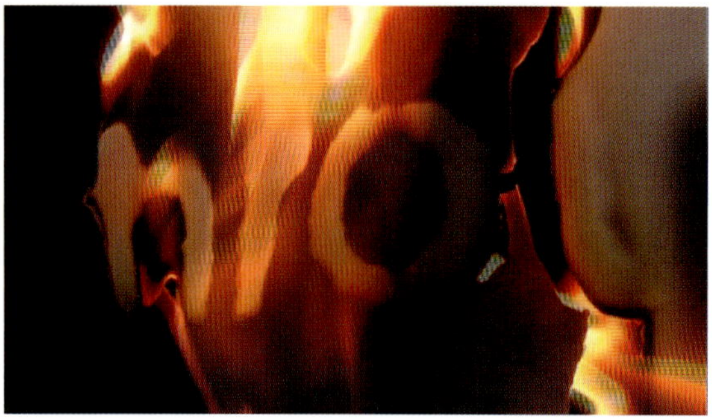

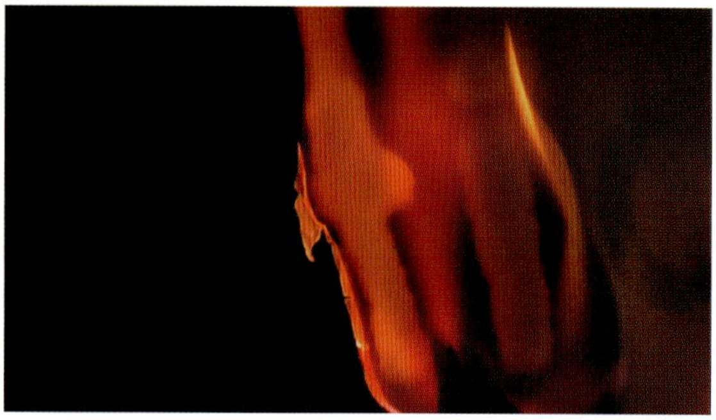

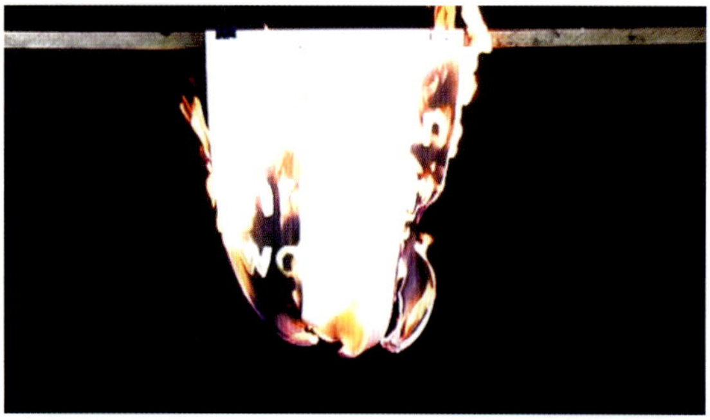

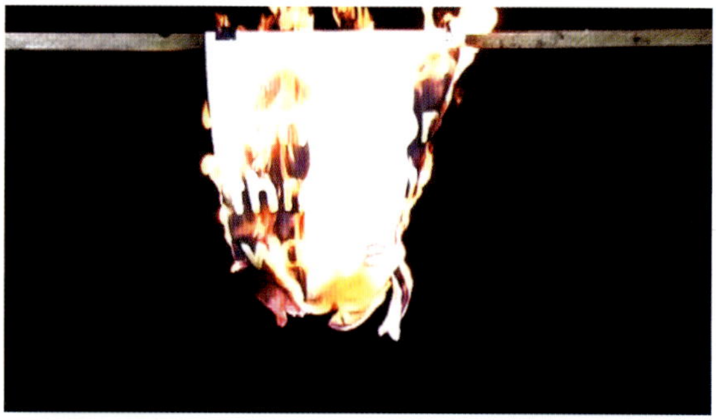

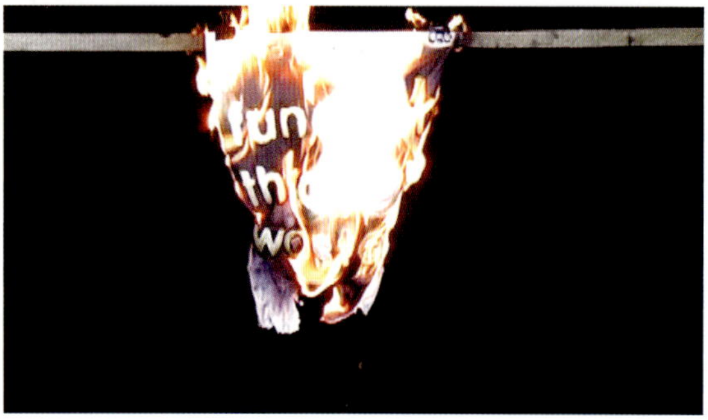

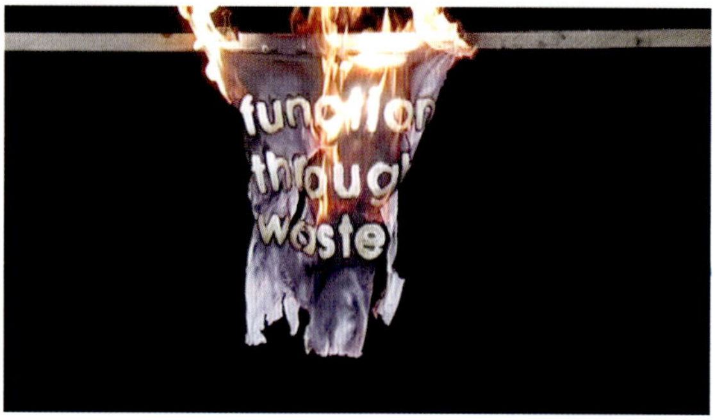
waste

function through waste

74

166

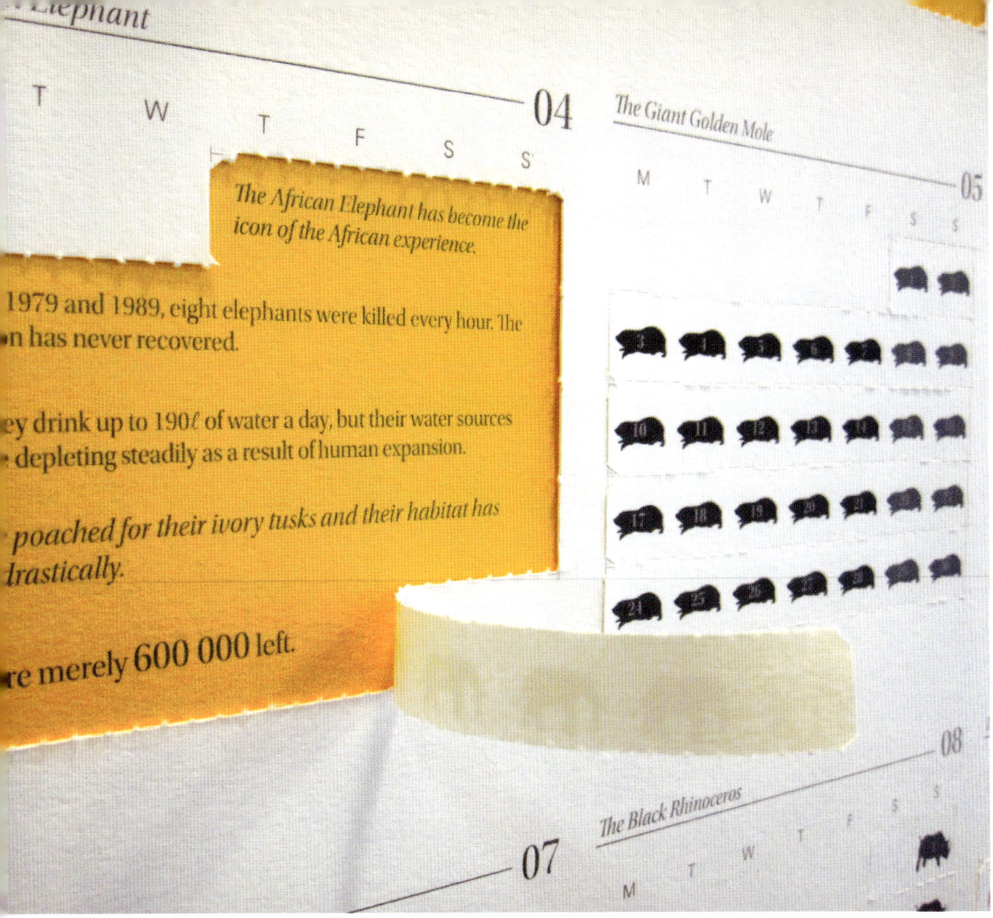
04
The Giant Golden Mole
05
The African Elephant has become the icon of the African experience.
1979 and 1989, eight elephants were killed every hour. The
n has never recovered.
ey drink up to 190ℓ of water a day, but their water sources
depleting steadily as a result of human expansion.
poached for their ivory tusks and their habitat has
lrastically.
re merely 600 000 left.
08
The Black Rhinoceros
07

othing
ndangered
ls die out.

2010
03
02
01
The Giant Bullfrog
With the first rains of spring, these 1kg creatures emerge form their underground burrows.
This animal's breeding abilities are negatively influenced by seemingly insignificant deviations in environmental conditions.
the development of Monte Casino and Fourways Mall in Gauteng destroyed SA's biggest breeding populations.
They are already extinct in Swaziland and the Freestate.
There is no way to know how many are left.
04
05
The African Wild Dog
06
Africa's most endangered carnivore.
The most efficient and cooperative hunters in Africa, highly developed and unique.
They are shot by farmers because they prey

75

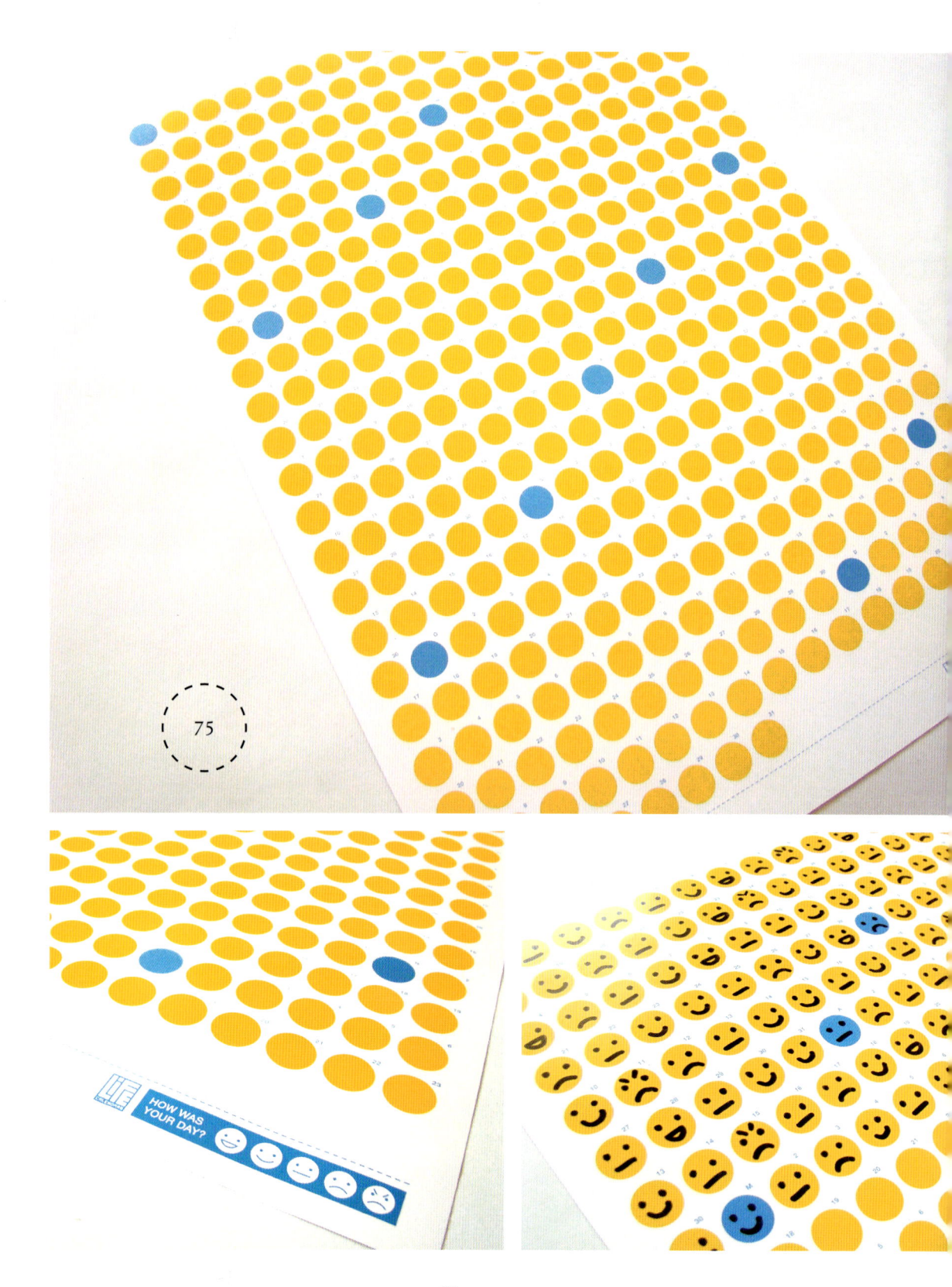

169

76

171

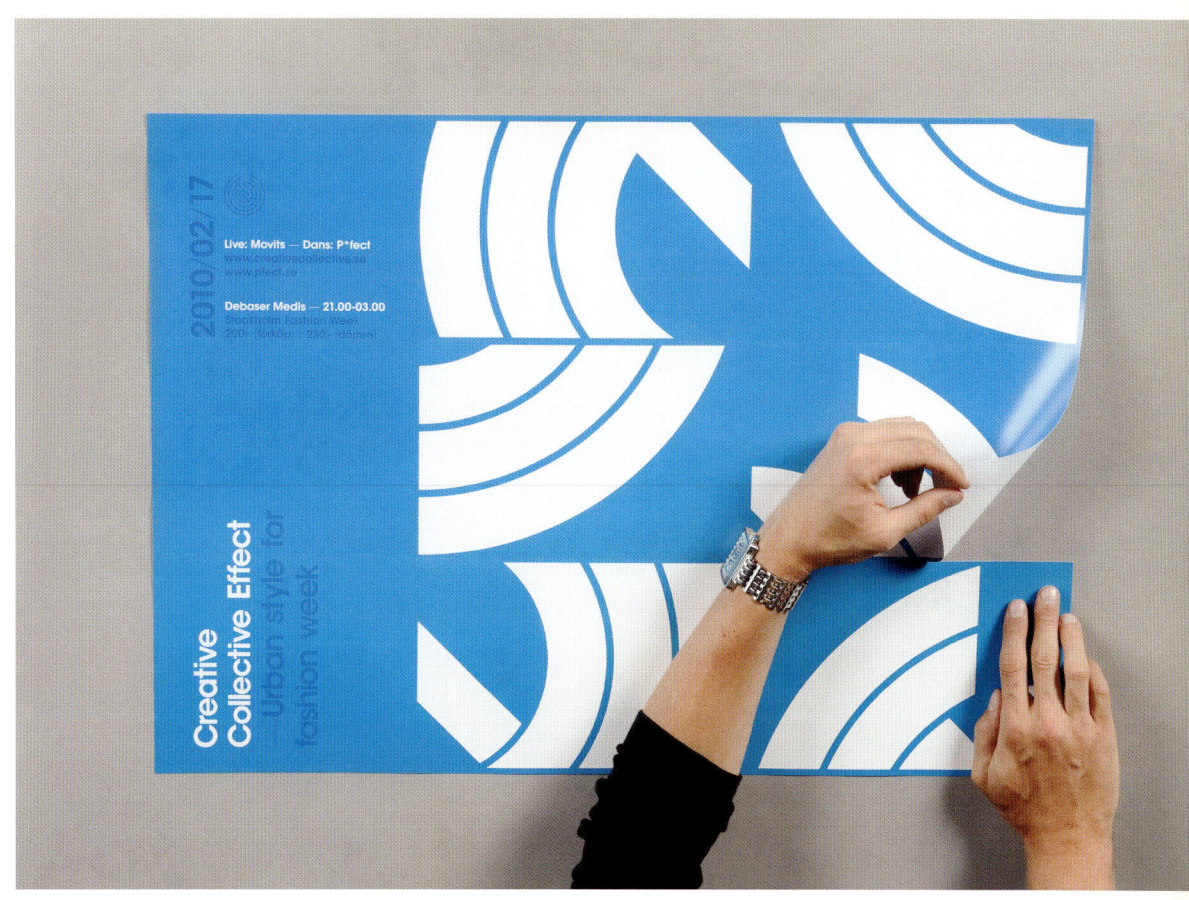

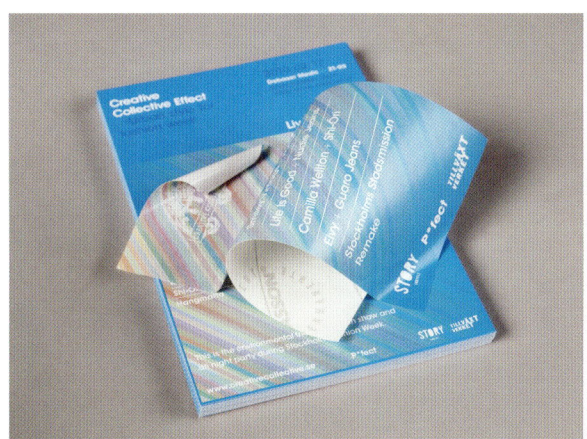

172

77

SO—AND—SO
EBOY

#01

SO—AND—SO. The magazine as an art form.
Issue #01/2011 — Blockbobs remixed. Original artworks by eBoy.
www.so-and-so.it

175

176

177

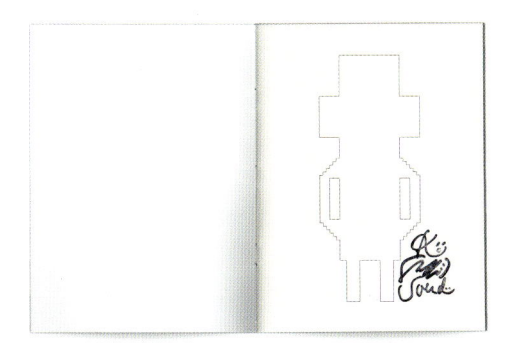

JANUARY

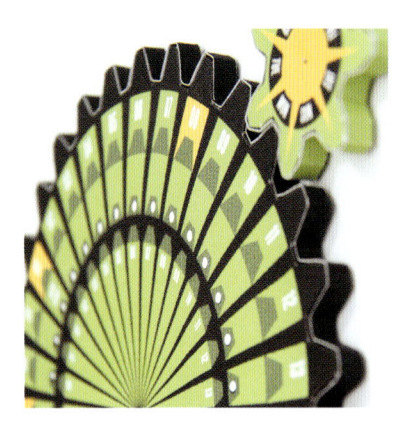

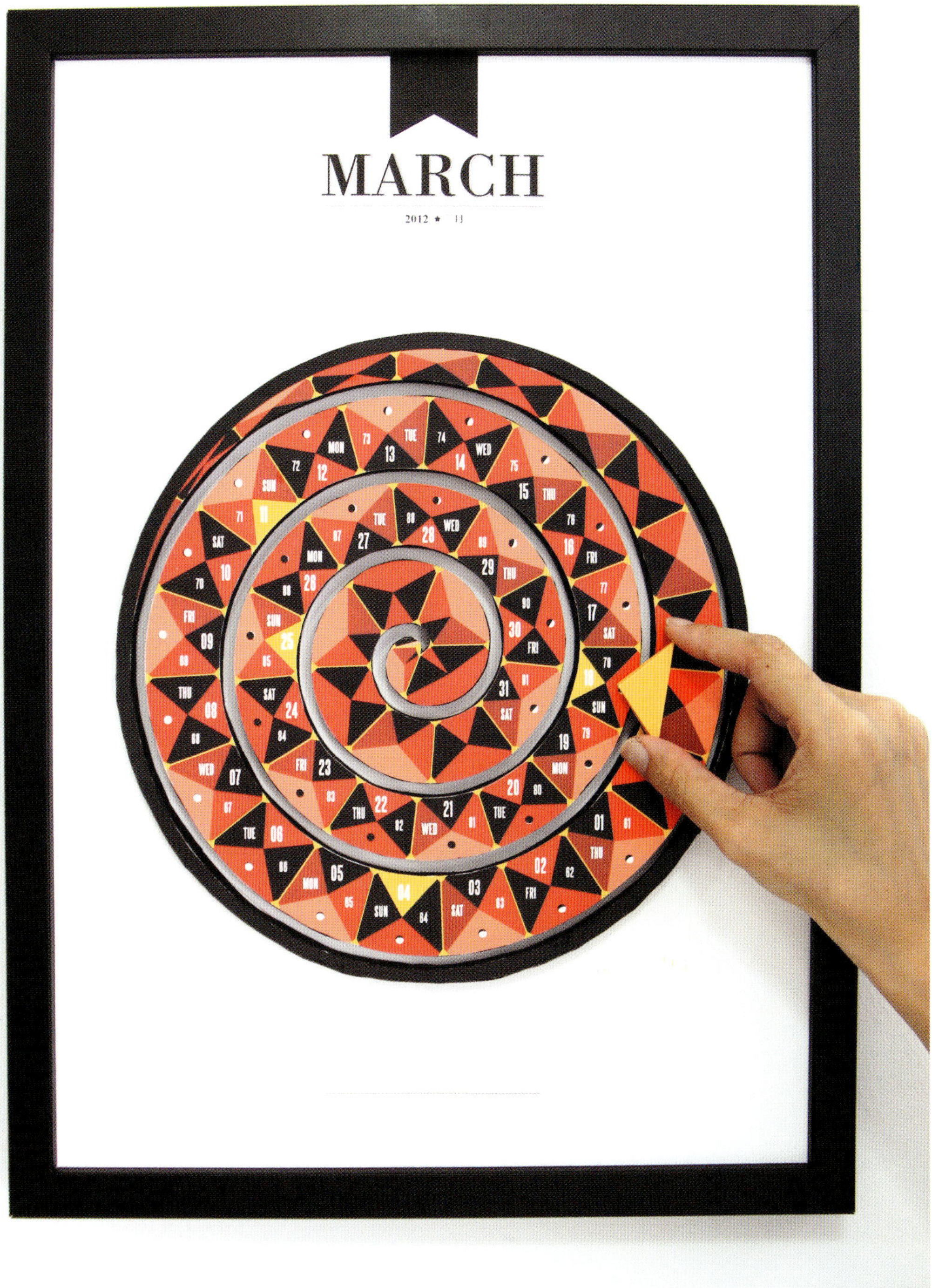
MARCH

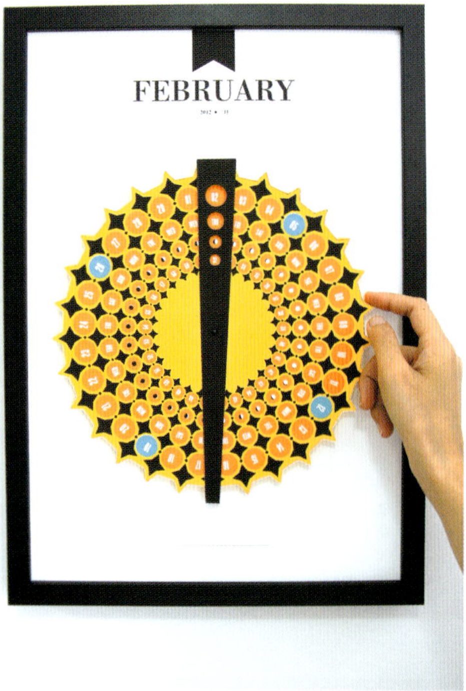
FEBRUARY

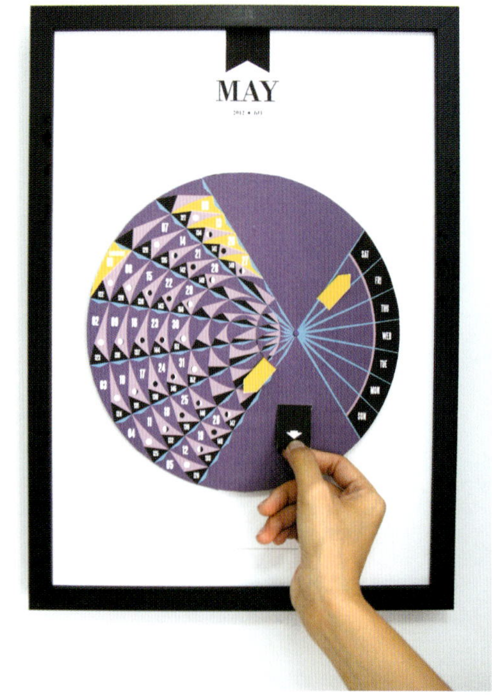
MAY

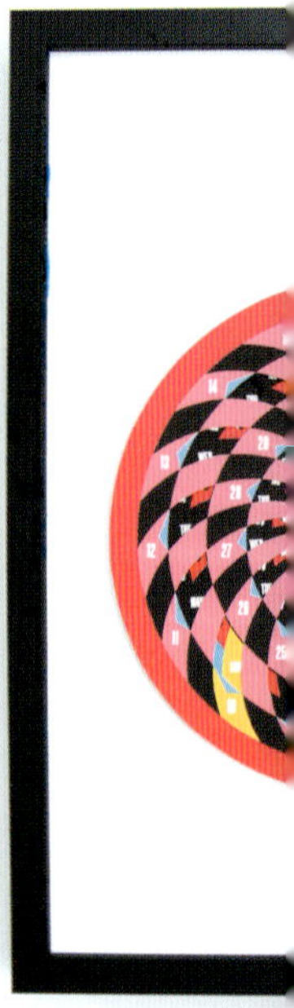

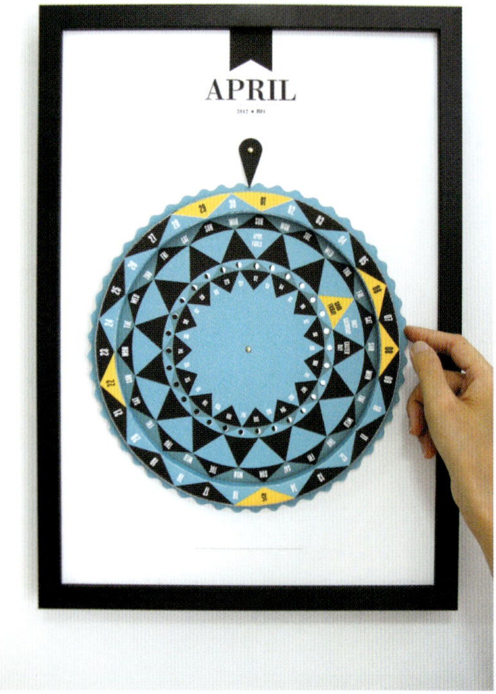
APRIL

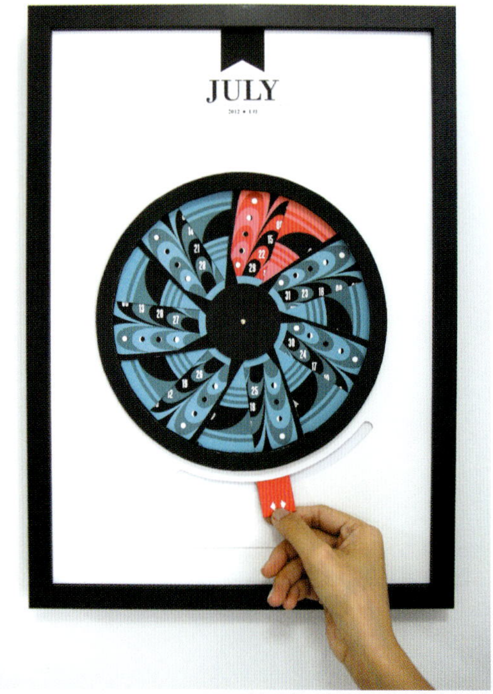
JULY

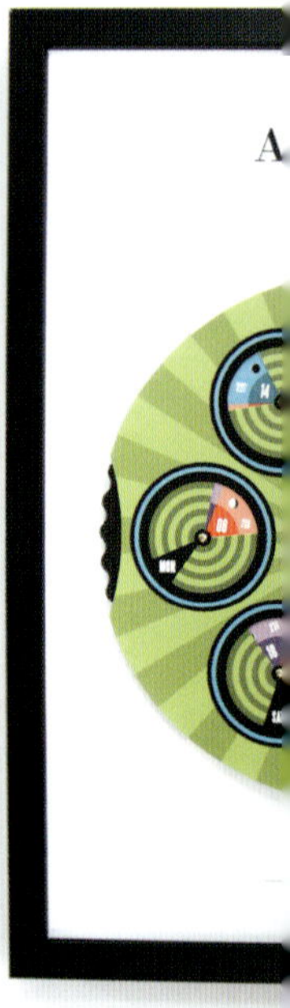

181

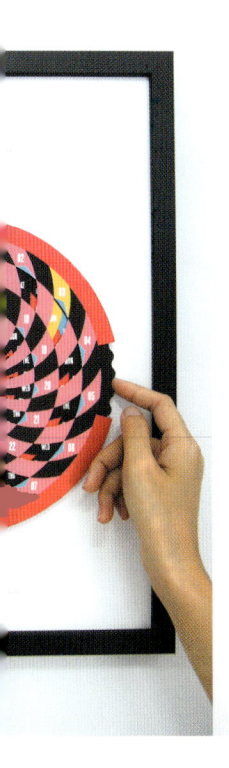

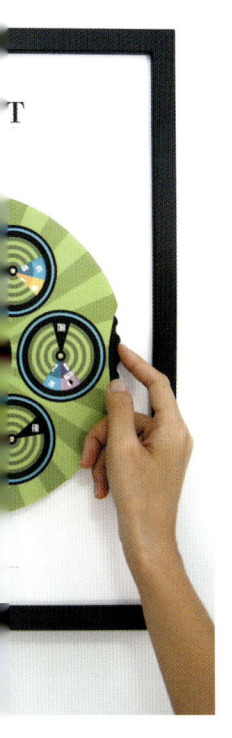

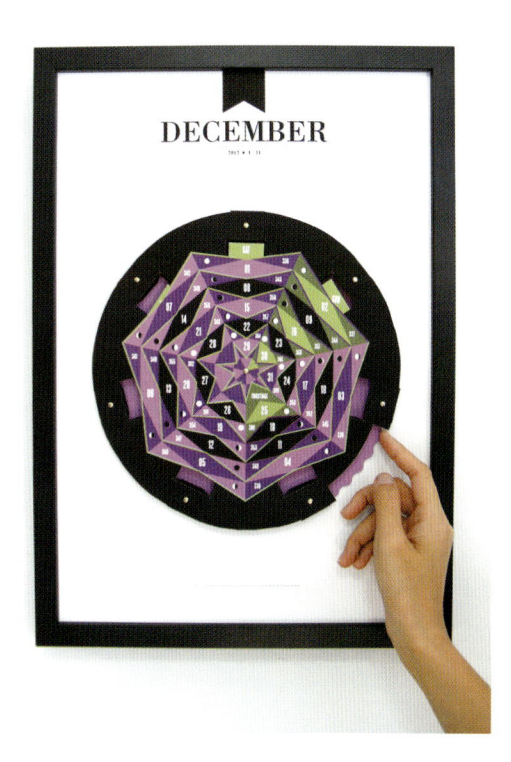

FINCA DE LA RICA
PASATIEMPOS
El Buscador
El Guía
El Nómada

El Buscador
2009
FINCA DE LA RICA
RIOJA
DENOMINACIÓN DE ORIGEN CALIFICADA
El Guía
2010
FINCA DE LA RICA
RIOJA
DENOMINACIÓN DE ORIGEN CALIFICADA
El Nómada
2009
RIOJA
DENOMINACIÓN DE ORIGEN CALIFICADA

El Buscador
FINCA DE LA RICA
RIOJA

El Guía
FINCA DE LA RICA
RIOJA

El Nómada
FINCA DE LA RICA
RIOJA

80

81

82

83

84

COUNTRY ROAD KIDS 10TH BIRTHDAY

ENTER THE PARTY

CLOSE

MAKE THE HATS

We love the simplicity of cone shaped party hats and newspaper crowns with coloured ribbons.

WHAT YOU WILL NEED
Newspaper or craft paper, cardboard, coloured ribbon, scissors, glue, sticky tape or stapler and a pencil.

THE CROWN

THE HAT

DOWNLOAD THE INSTRUCTIONS

SHOP THIS LOOK

SHOP THIS LOOK

85

86

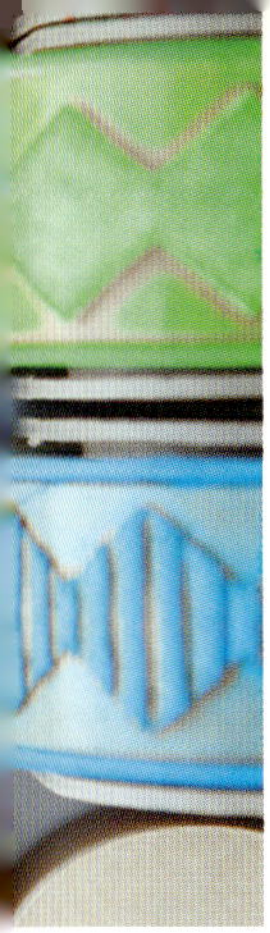

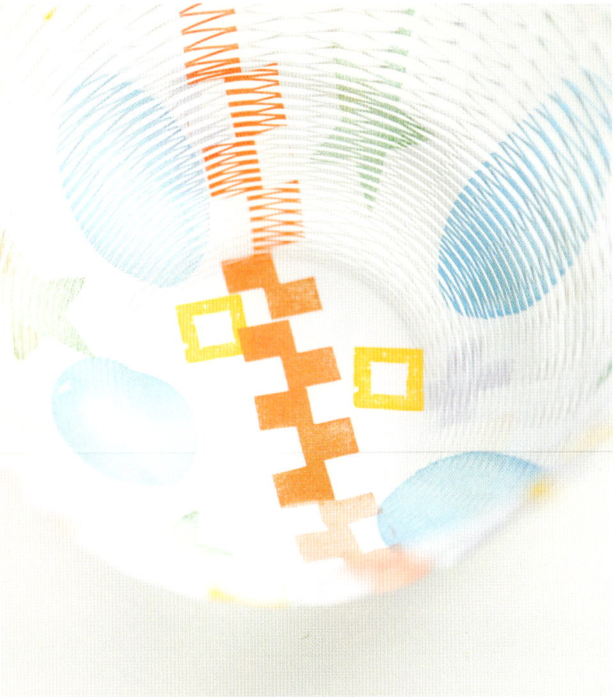

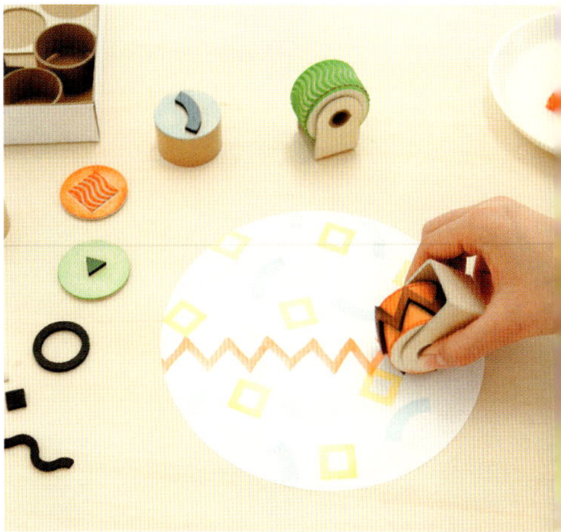

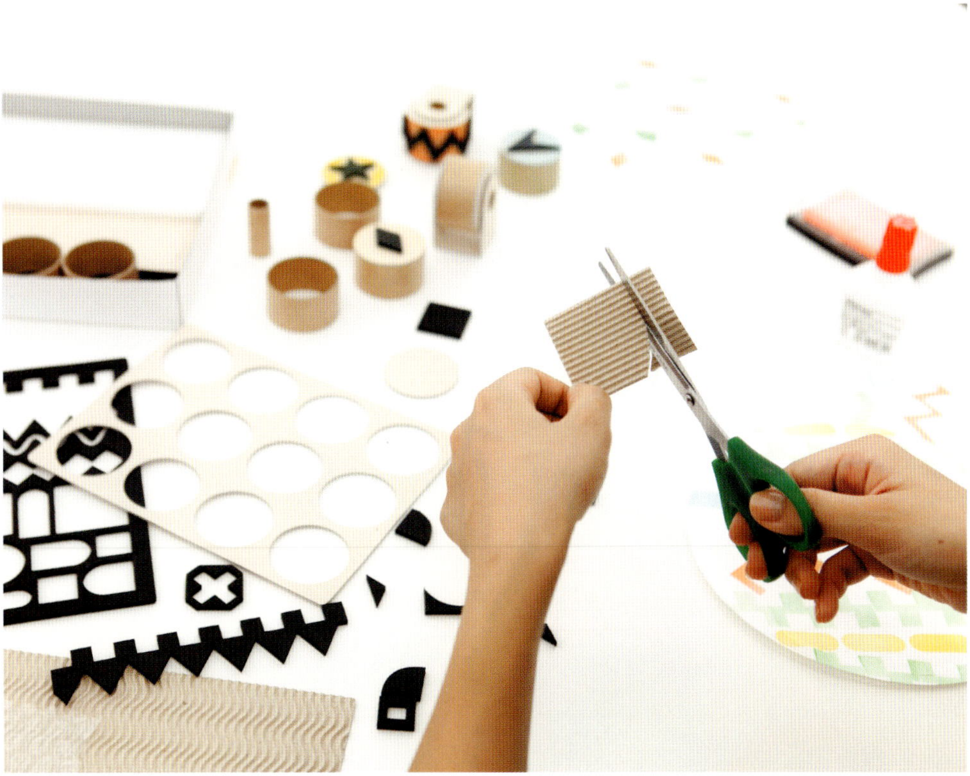

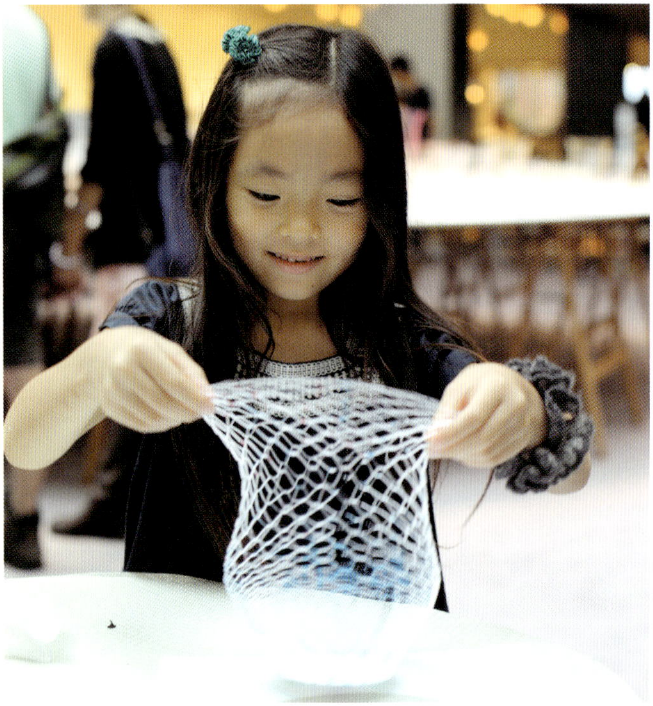
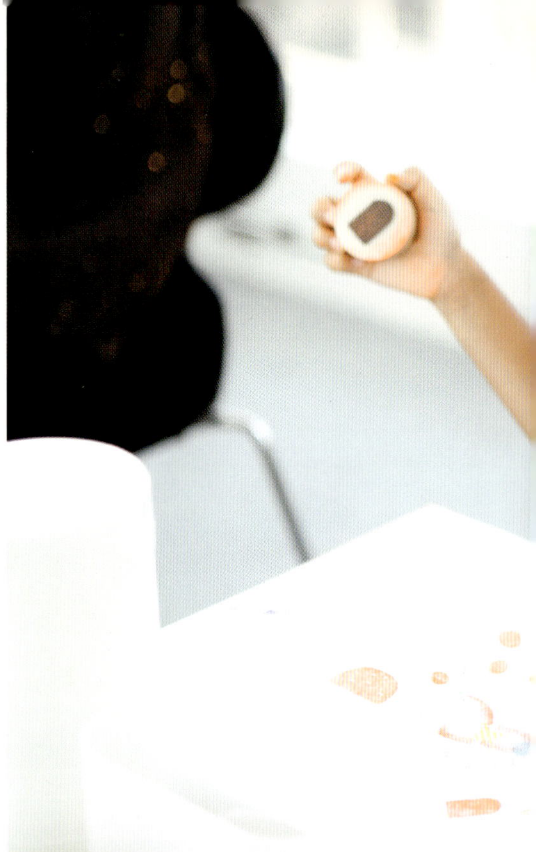
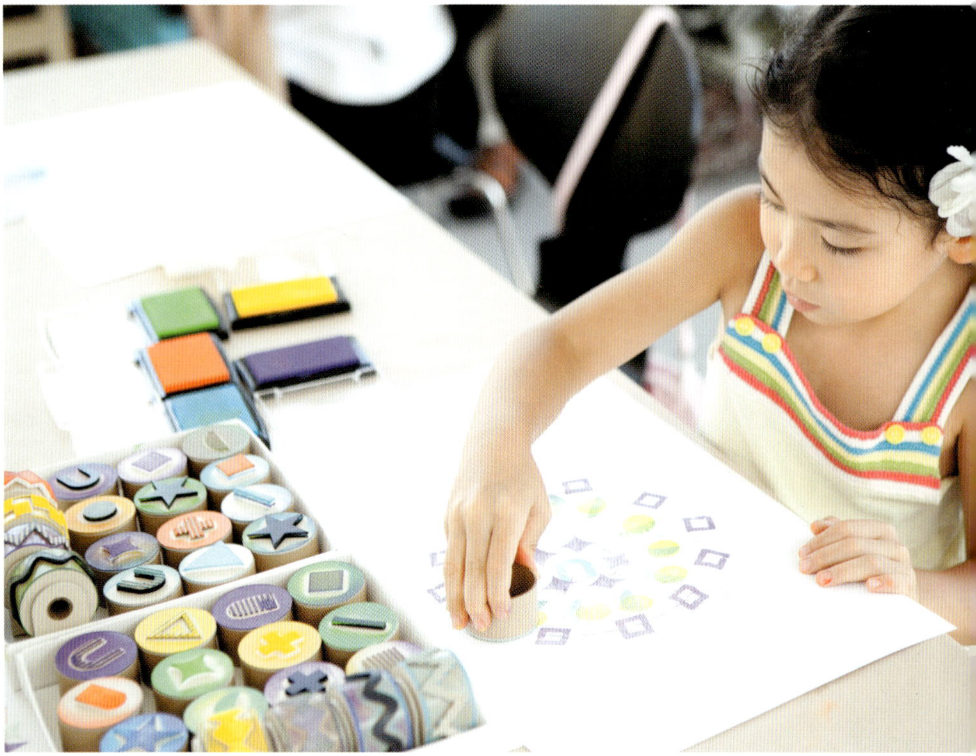

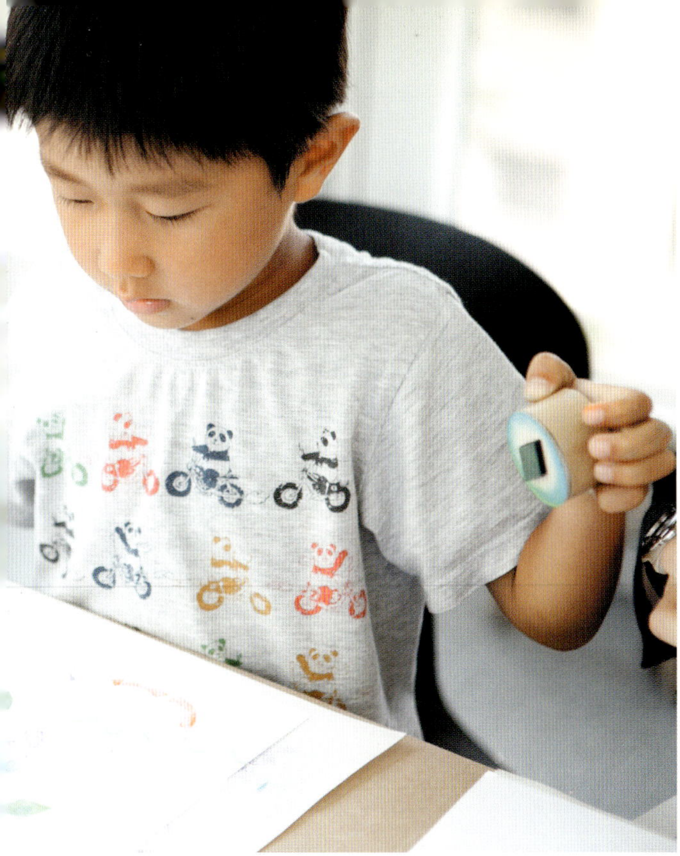

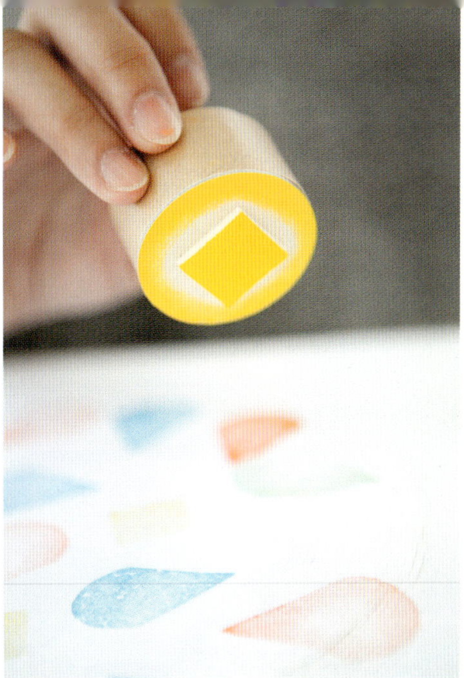

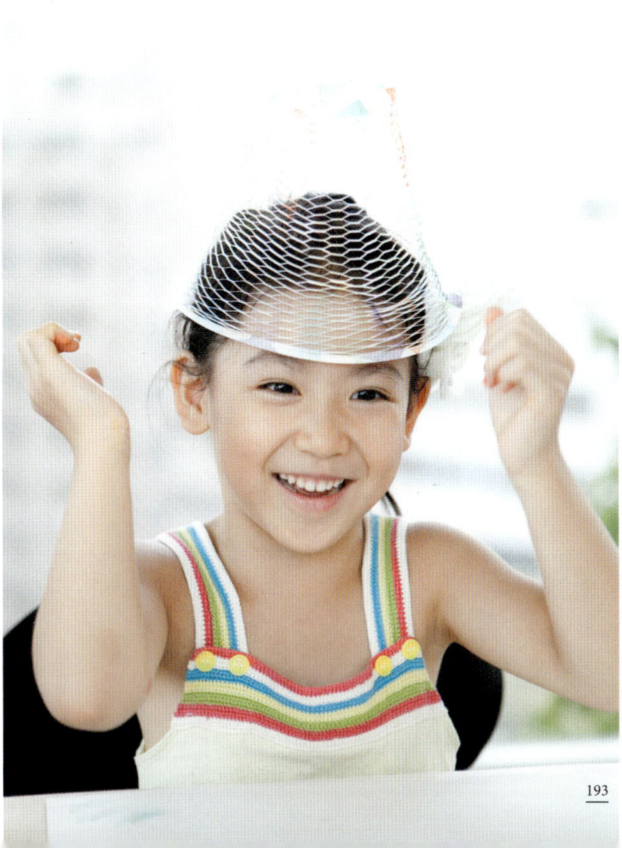

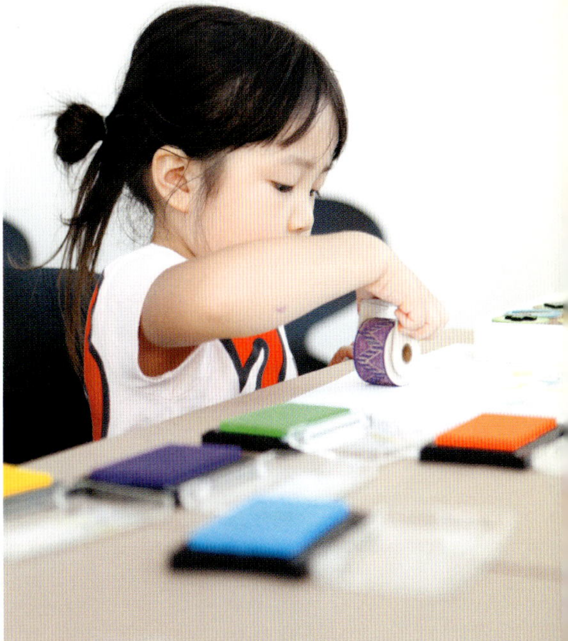

87

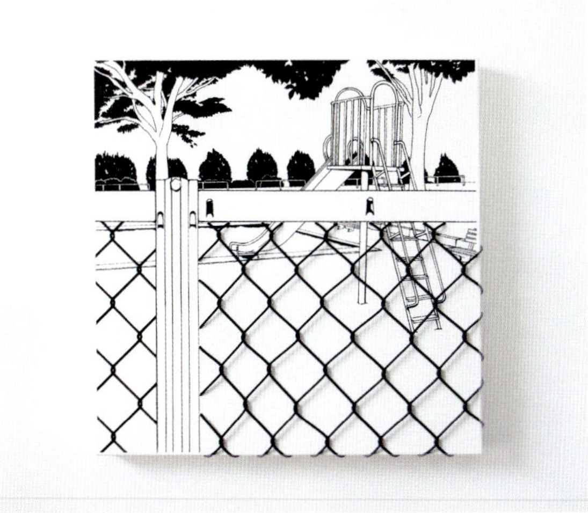

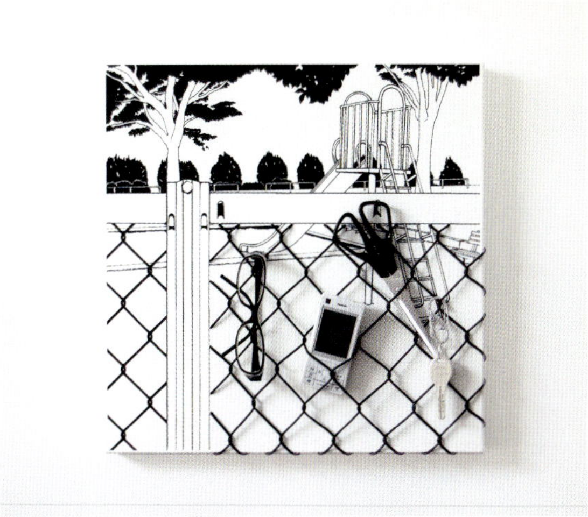

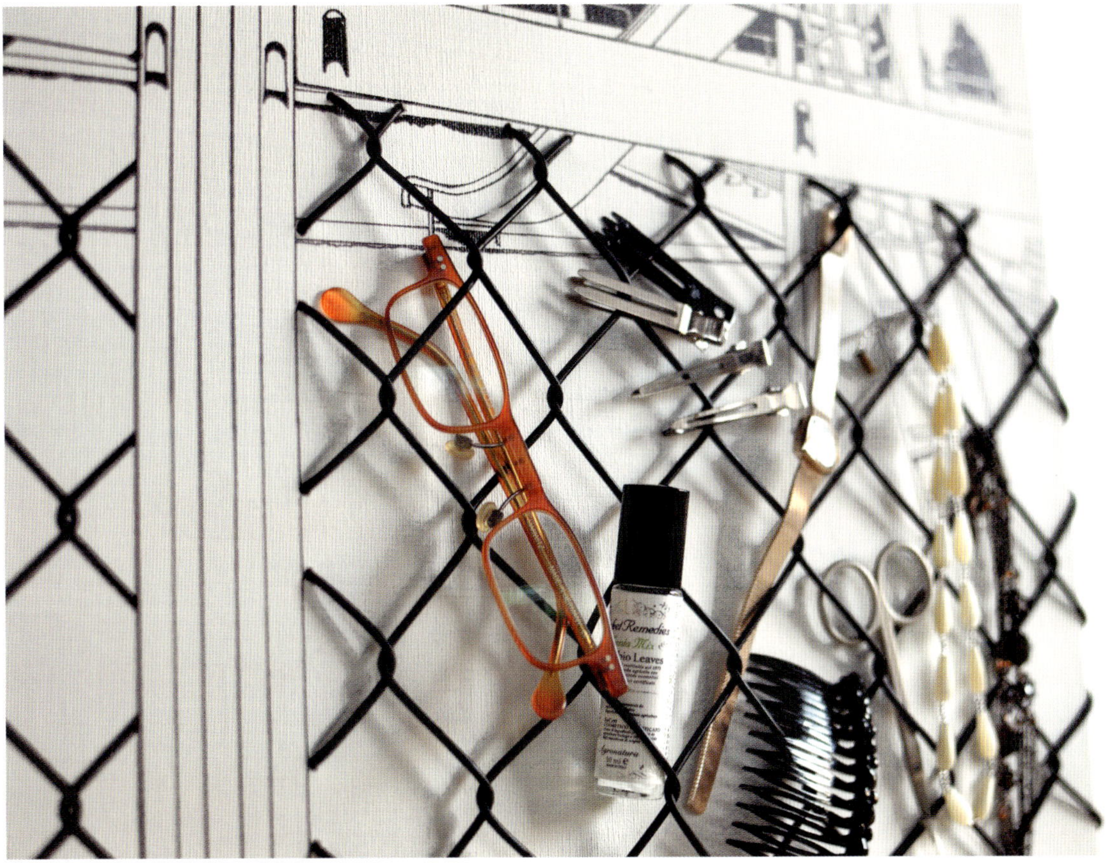

88

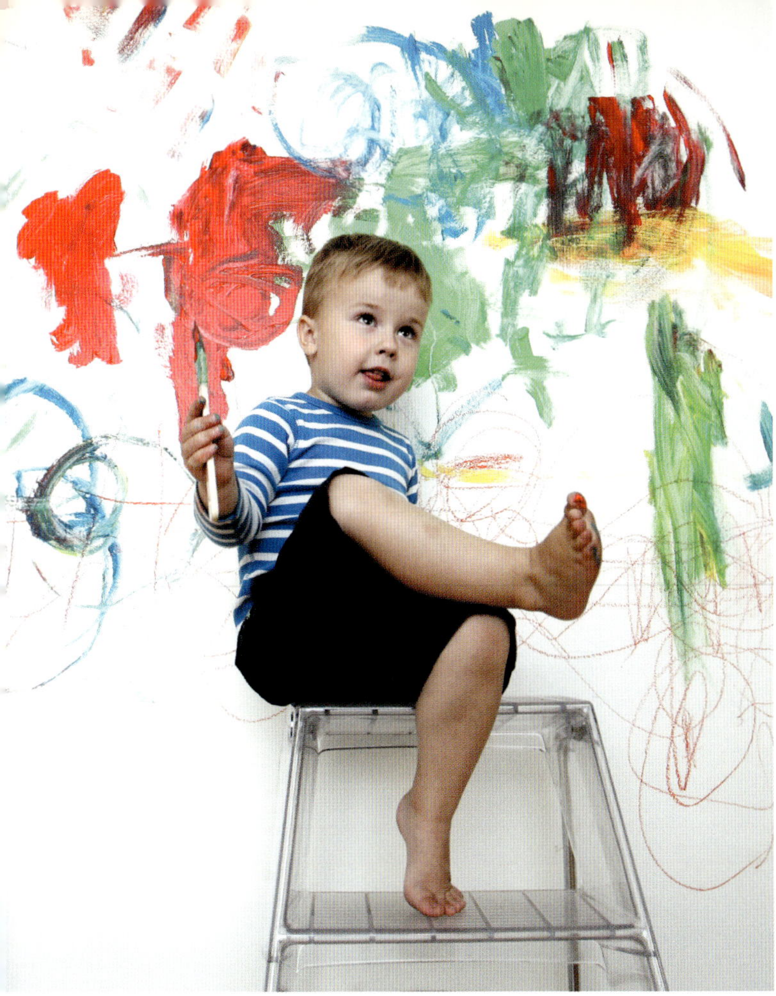

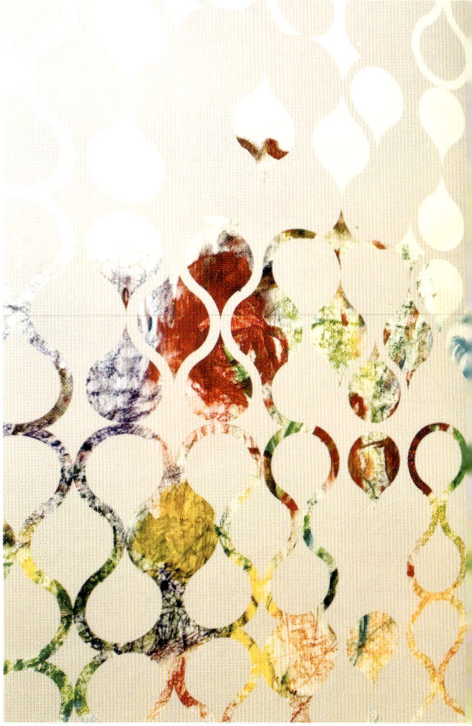

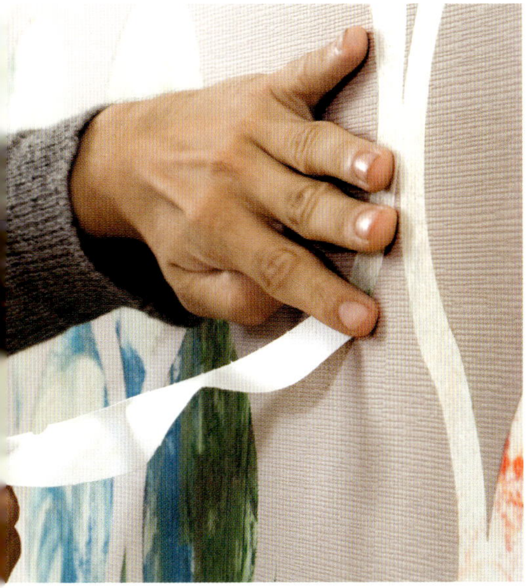

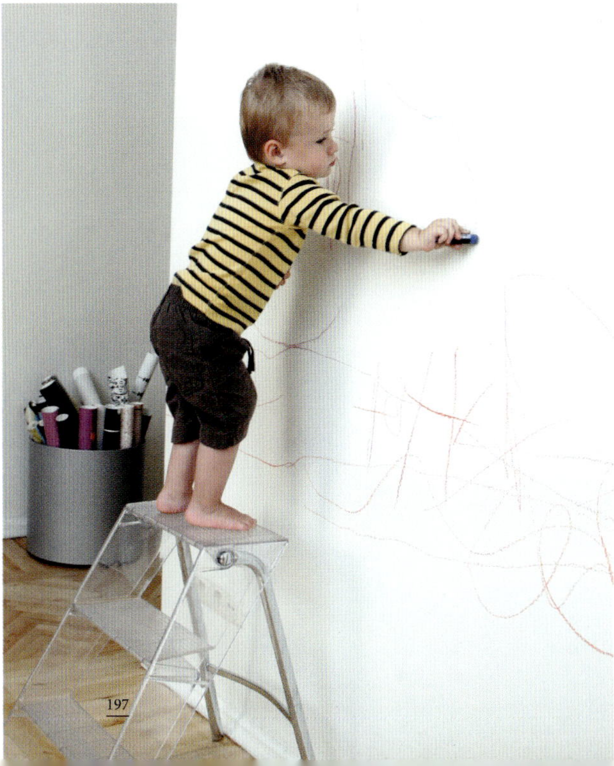

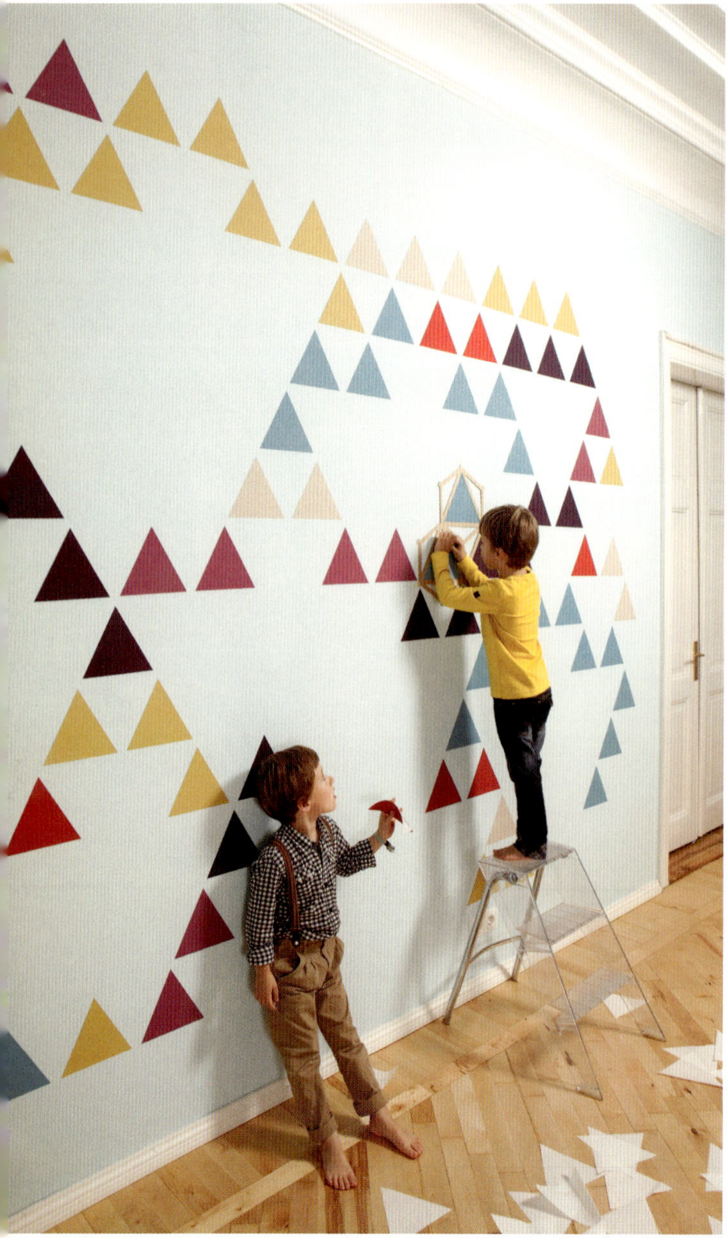

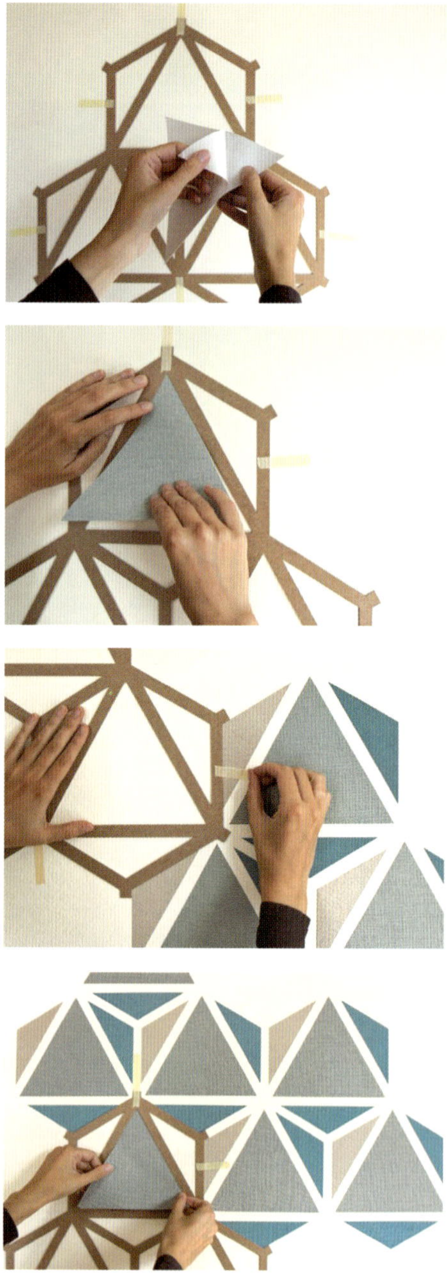

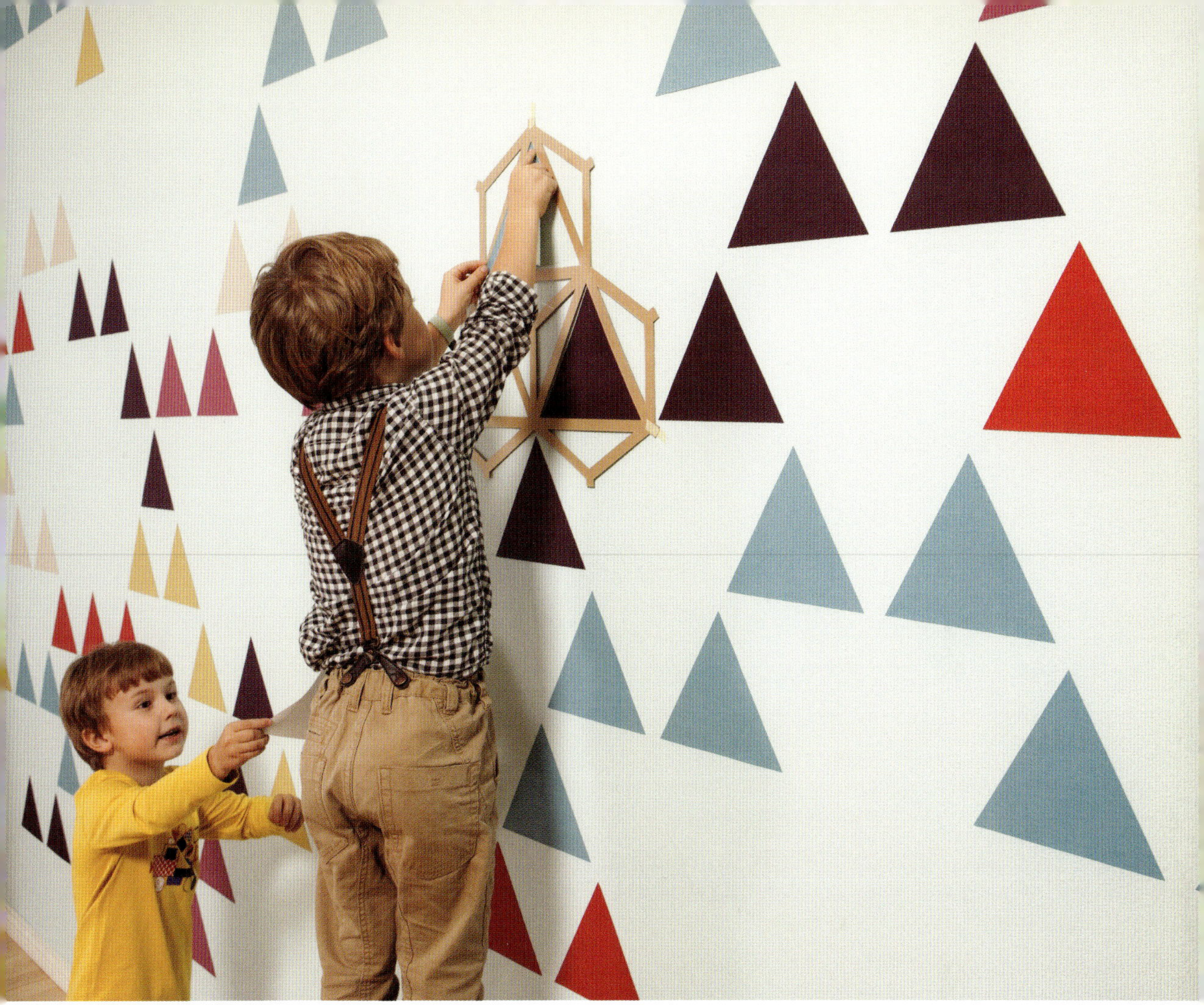

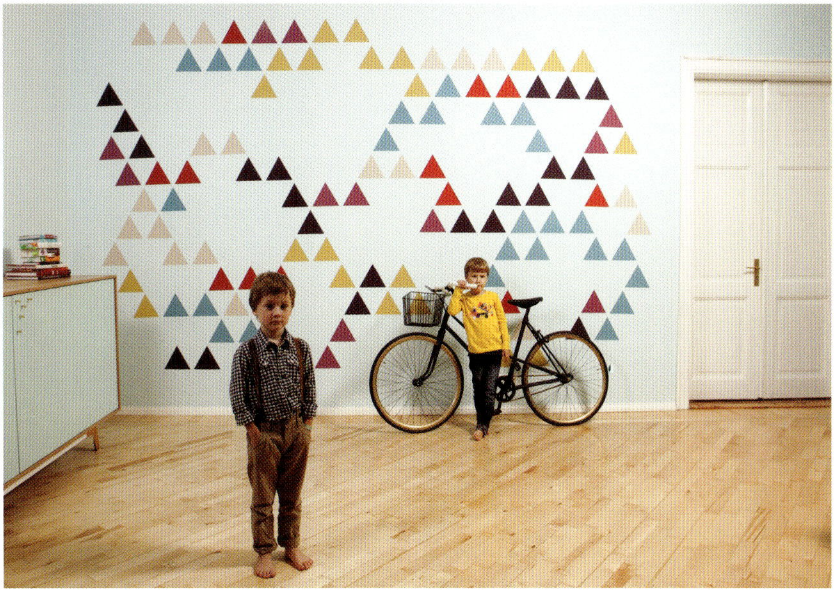

89

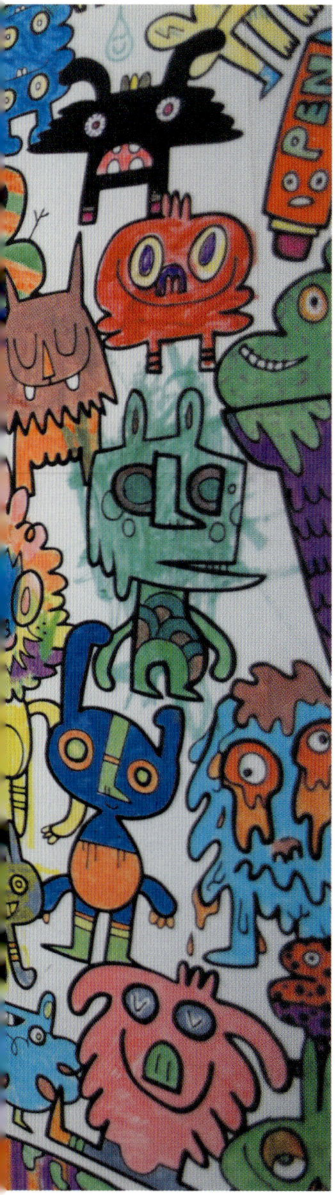

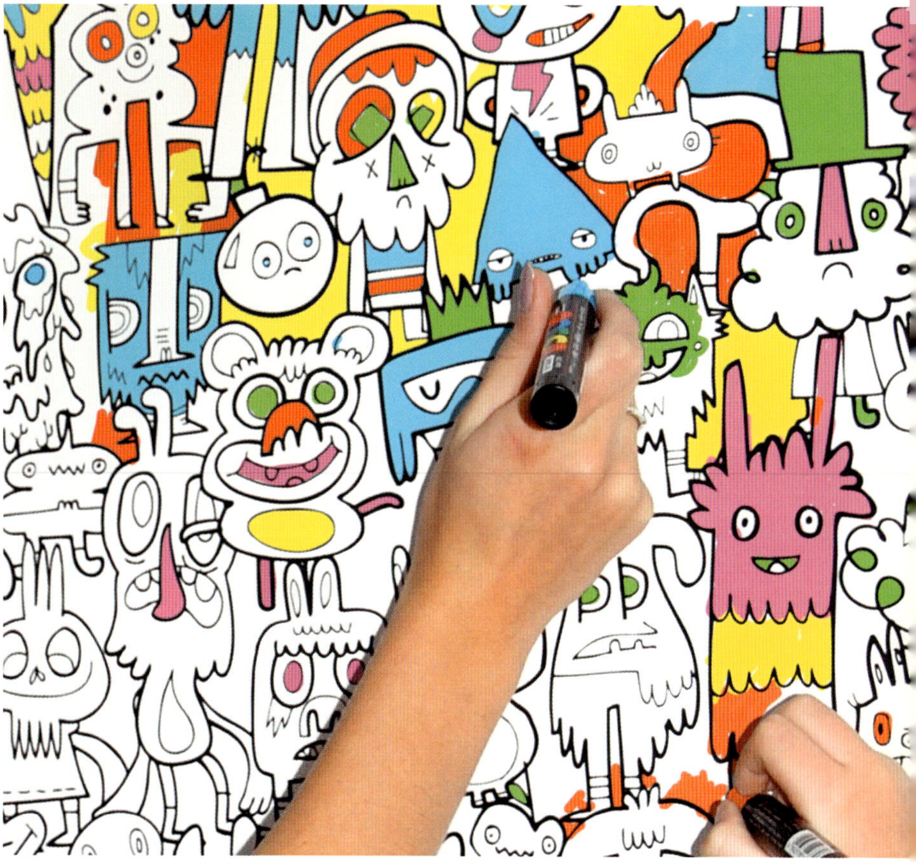

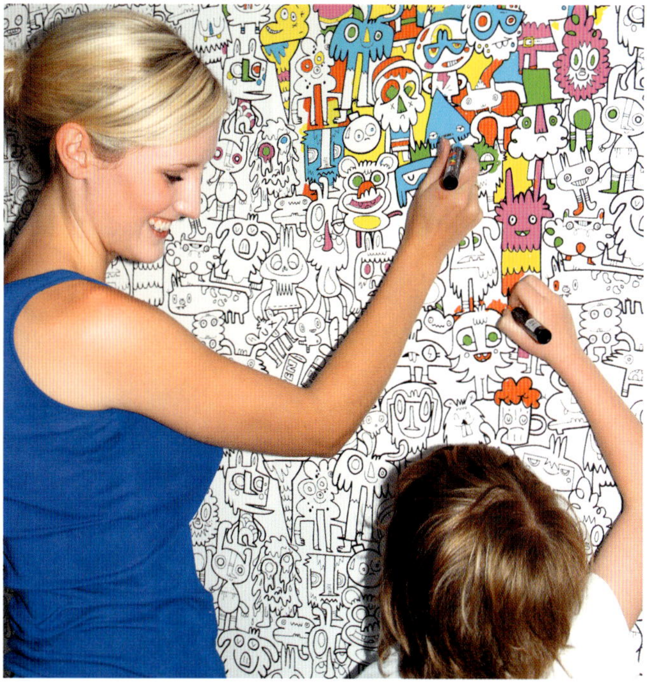

Design
versus
music
Scott
Hansen/
ISO50 &
Heydays

Design
versus
music
Scott
Hansen/
ISO50 &
Heydays

Design
versus
music
Scott
Hansen/
ISO50 &
Heydays
WEEKENDSOCIETY

90

Design
versus
music
Scott
Hansen/
ISO50 &
Heydays
WEEKENDSOCIETY.NO

Design
versus
music
Scott
Hansen/
ISO50 &
Heydays
WEEKENDSOCIETY

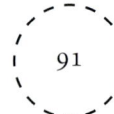

91

SEEING THE UNSEEN.
#0091
#0137
#0088
#0095
#0122
DOES YOUR PAIR OF JEANS REPRESENT YOU WELL?
◊ YES
◊ NO
REASONS:
YES
#0106
#0118
#0142
#0121
#0125
NO
#0066
#0054
#0085
#0025
#0032

#0009
G

YES
NO
SEEING THE UNSEEN.

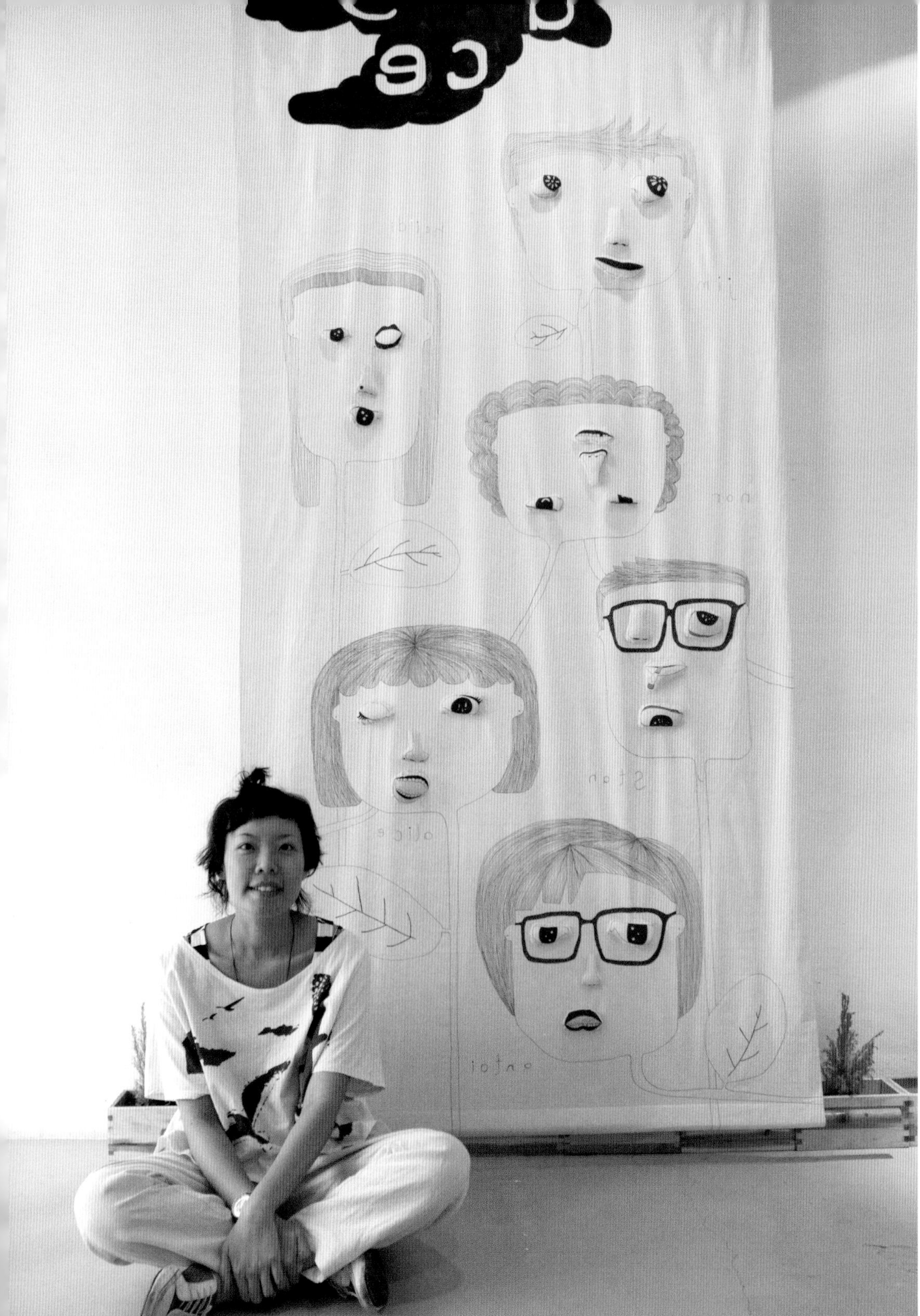

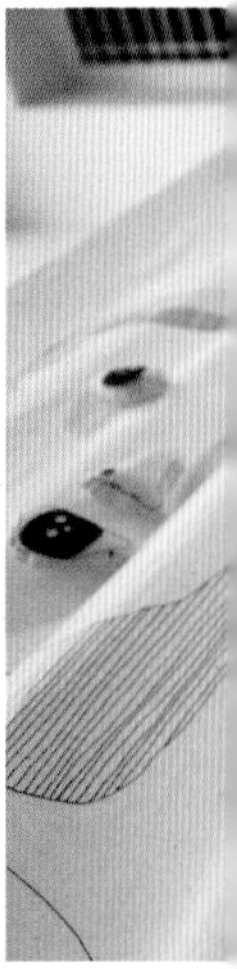

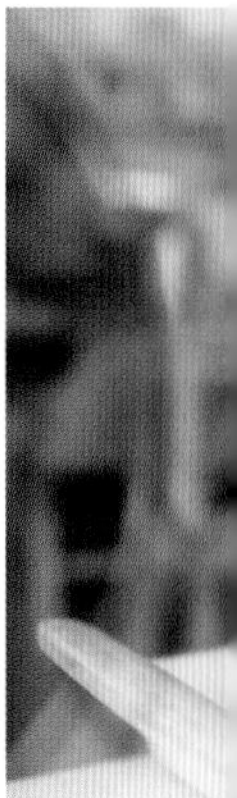

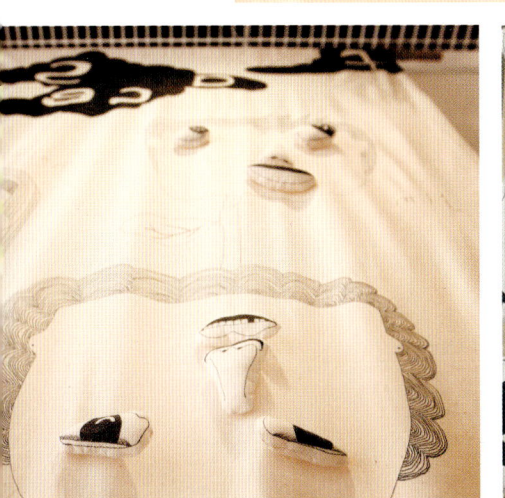

92

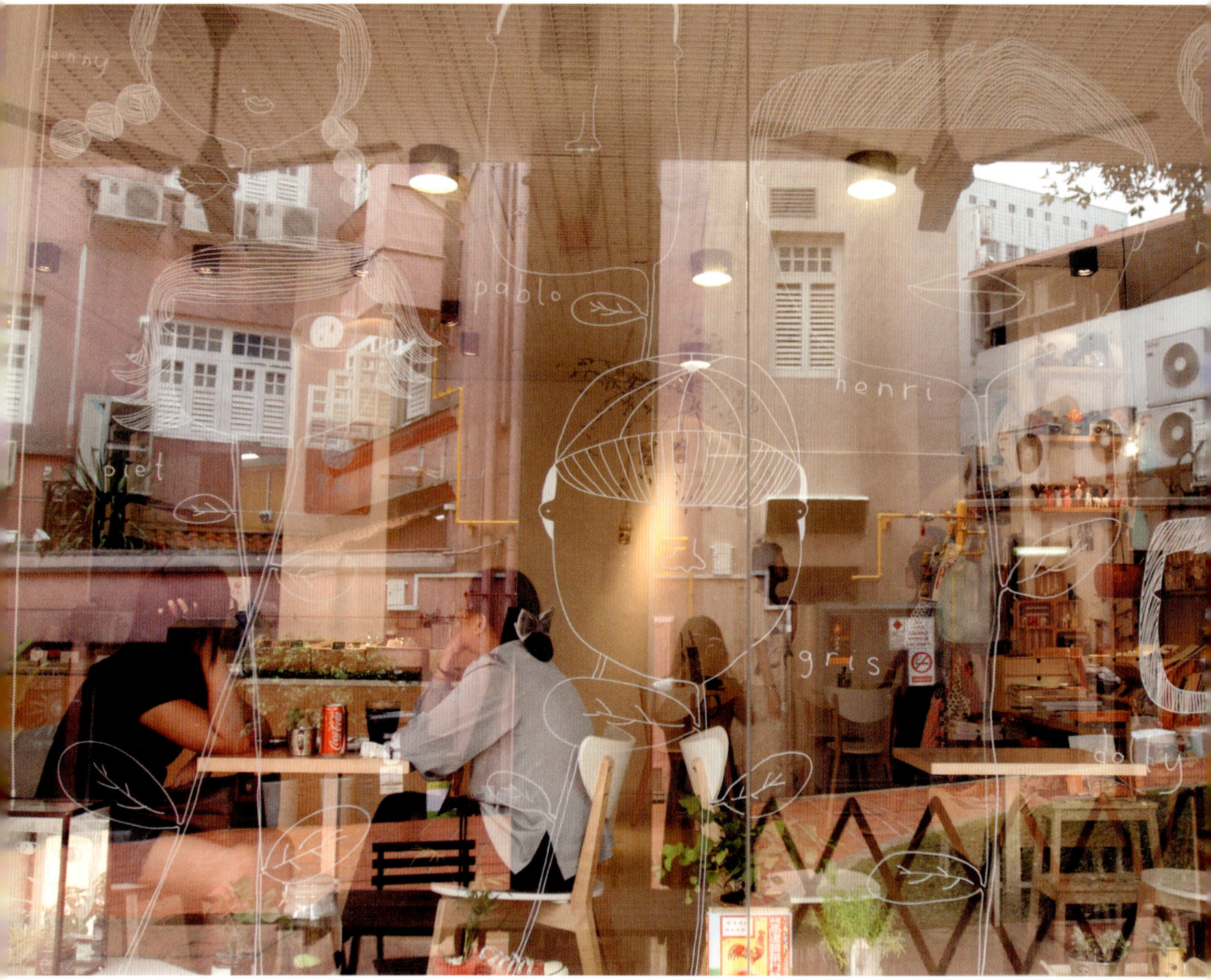
pablo
henri
piet
gris

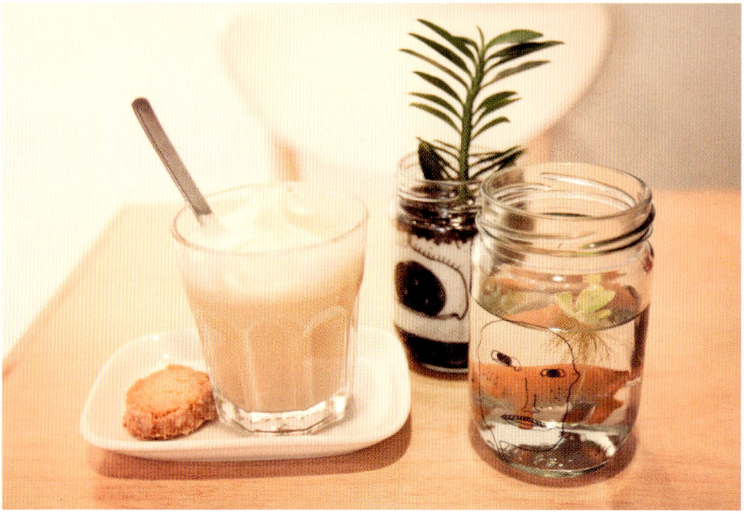

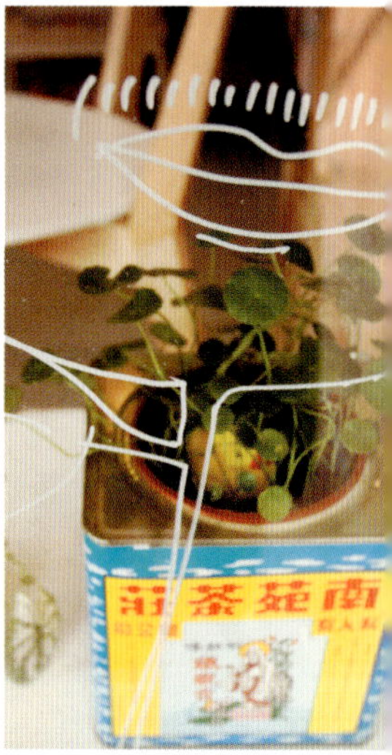

doll

93

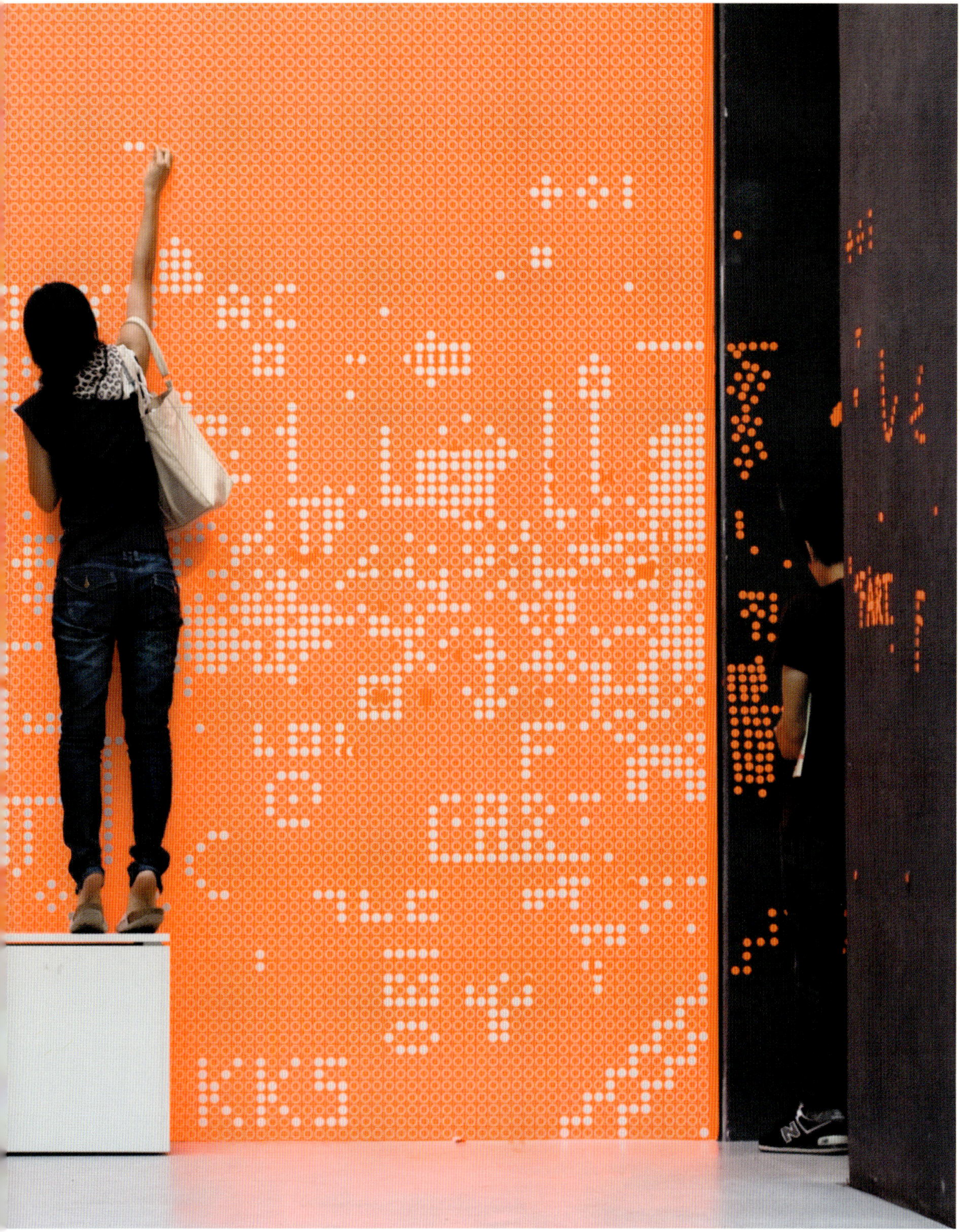

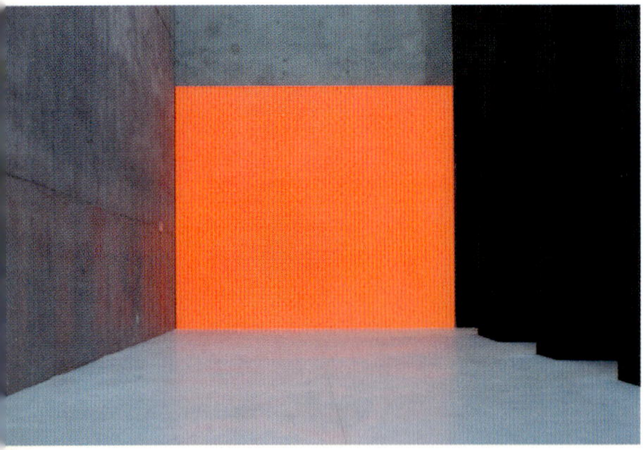
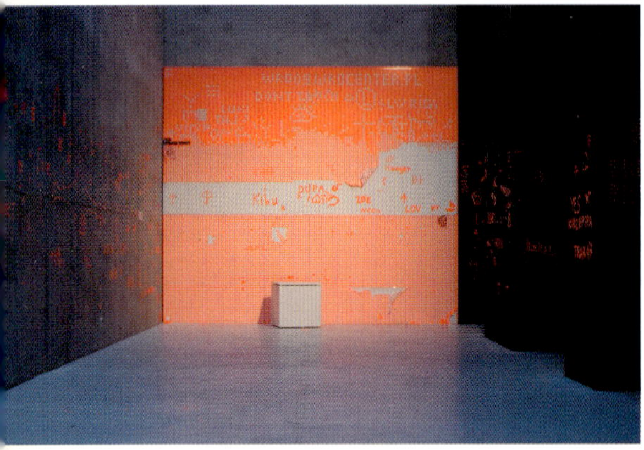
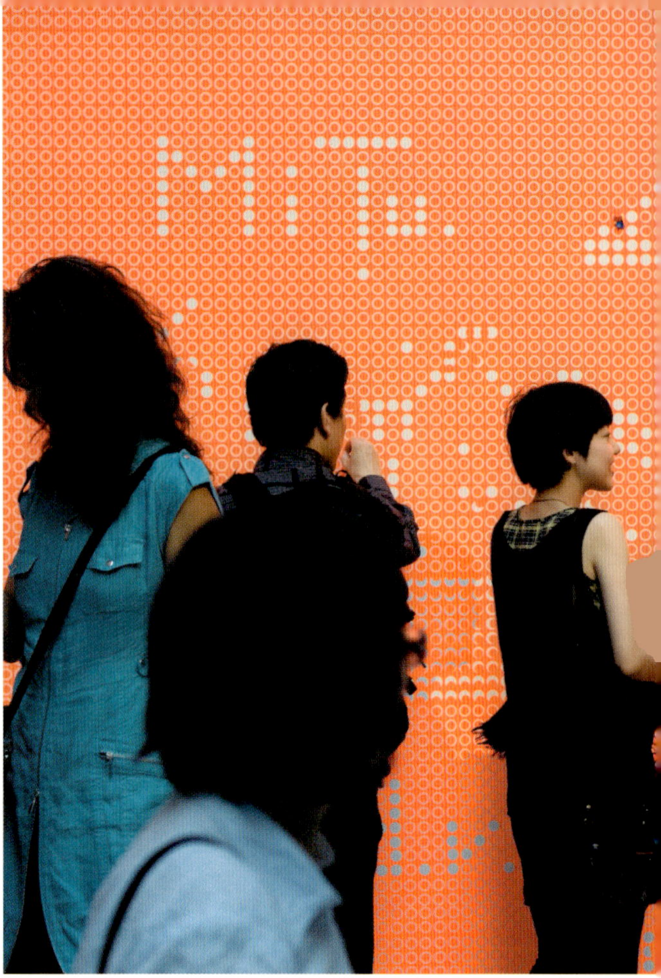
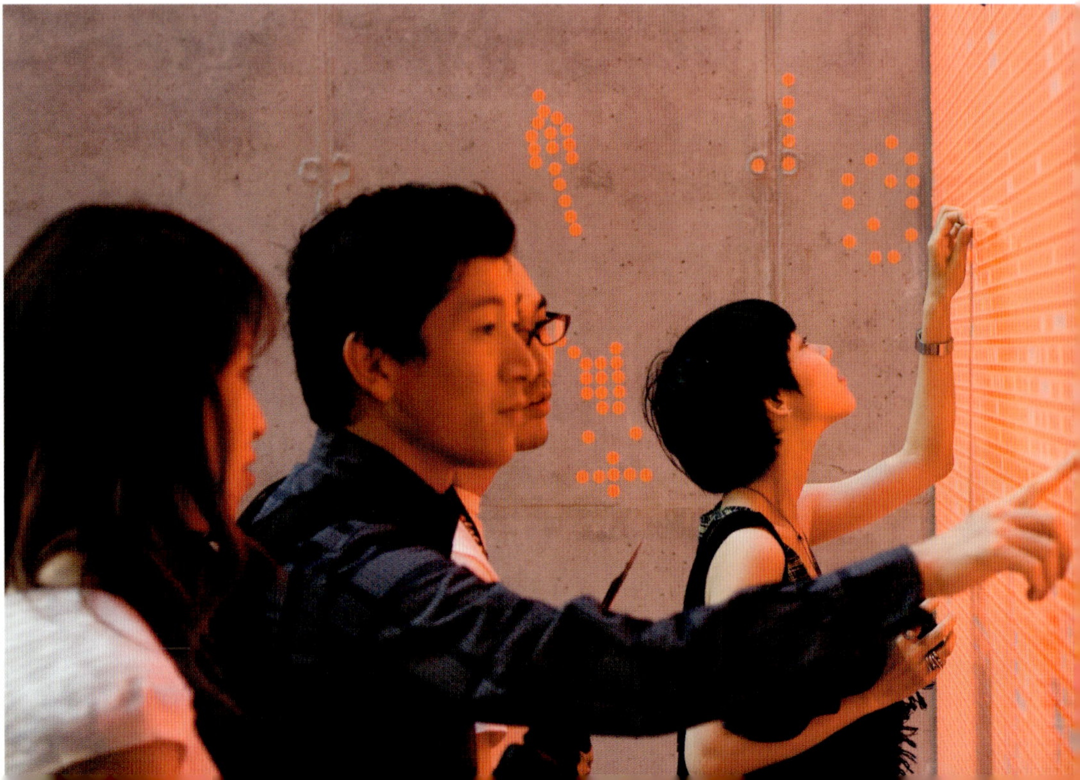

215

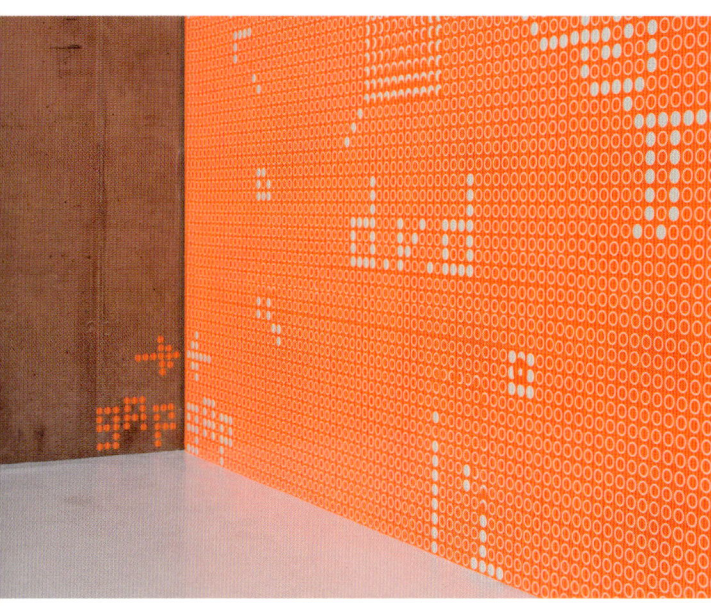

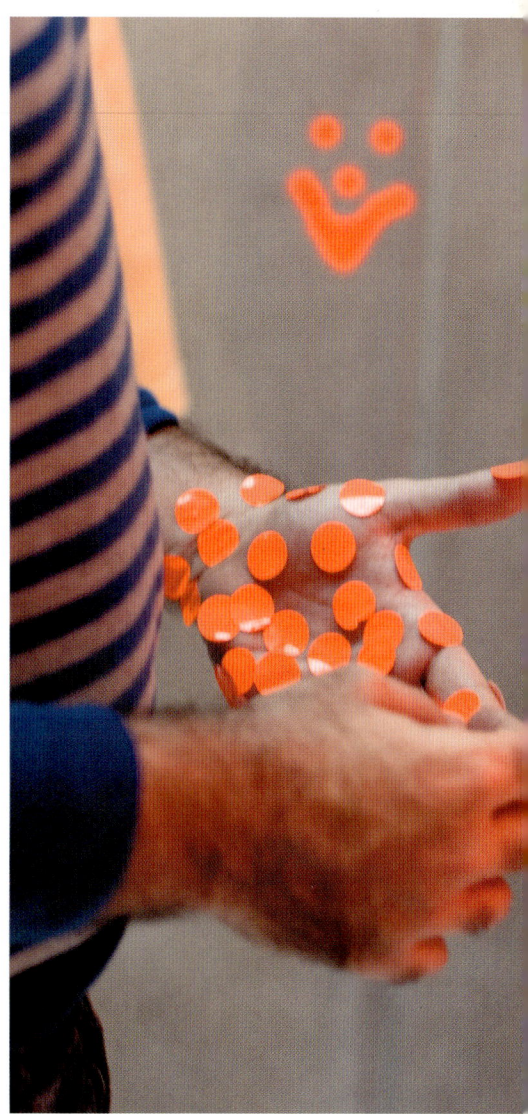

01
THE CONSULT

Bang Your Own Drum
ドラムをたたいてみよう

ベンチャー・ドラムは、聞こえも楽しいブラン ドで定評のあるトレーニング事業者。 有名な広告クライアントさえもステッチ型を 装着するロゴは、こんな会社会から作るいく かがうかがえるロゴです。

Client: Bang Your Own Drum

02
THE HUNGRY WORKSHOP

Into The Rabbit Hole
うさぎ穴の中へ

サラちゃんホールは、アイデアとカフェのエン ターテイメントコーヒー界に携わっている店で、奇抜 印象のメニューからデザインに凝ったもので、切り 取って組み立てられる立体加工のものまで、 うさぎ穴から出た、手にしよう。 創作意欲をくすぐります。

Client: The Rabbit Hole Ideation Café

03
BRAVO COMPANY

Jupiter Futbol
ホペタ・サ・ビッグ

ジュピター・ホペタは、フットボール・クラブ。 ２階級のコーチやトレーナーで、
カード素材をあしらってしゃれた雰囲気の名刺は、 一目で靴の職業が分かるように、 靴店の雑貨フェルトスミューズメント 一括買いたい買いたいアイテム。

Client: Jupiter Futbol

04
SARAH HOLLOWOOD

This Mary, Botanists.
こんばんこたくさん。

電車の画面に、描くシアストの絵を書き込ん だり、相手の人々の軟らかさを考えたりして、 たりは、さんが図工作業で作業を行っている。 簡単に作りより、一年を作成している。 空冊加工を含まれてはアナデアプトはぃはいの ポスターカード。

Special credits: W+K Studio Goodness /
Letterpress: Chelsea Guidry /
Photo: Kyle Perro

05
KELLI ANDERSON

Clairvoyant Fortune Teller
買うぞべちり、買うぞべちり

両面に折り目、チキンのを動かしてかりたら 立てかけ、チキンのを動かしら、そのため、息を吹きたせてから、風に変わる。 目の前にあるようなものを作品として切って、 さかに折り曲げて時間した件から出来るアイデア。
アートシリーの２００９のシリーズは、２０１２年３月
にニューヨークで開催のアートユニニィーテーマ。
サーチも注目え。

Client: 20x200.com

06
PRESENT & CORRECT

Party Egg
パーティー・エッグ

キャットモンモーニングに、小さな穴を取れる した
ペーパーストックな事件を投げ込んで大小頭の 際
お洒落な日の出の手にしらに関連、取り付けのい
中かが飛び出す姿から考えて動さえ溢れそうな
あげましょう。

07
PRESENT & CORRECT

Numbered Stencil Sets.
ナンパリーンのステンシルセット

動物・植物や文具用具、天気、襲雑、たまるるを
エンポリスレに使った２５種のステシルセット。
１から５２までの番号分のも抜けている。
厚加１.５mmの木の板は、重さもだいたい枚もい
ペーアで異のあると腰じ負る。
ペラで探をの具具使った絵と図版などが
描かれています。

08
HIROYUKI MIYAKE DESIGN OFFICE

Measure Your Time
時を測りましょう

聖職で時間を測れるメジャーカレンダー。
一日は８６.４センチメートル単位で示したこのけど、指すが
長さを可視化しています。なんともと普通の
メジャーのように操、延ばしたり
編みなかに重ね置きすることも。

Client: M75 / Production:
Takayuki Matsumoto

09
BLOW

Antalis Calendeck 2012
アンタリス・カレンダック２０１２

『アンタリスデック』はその名の通り、
唐招のようなカレンダー。
それぞれのページにはそのの月に関連した
さりげないメッセージのソフトが。

Client: Antalis (HK) Limited

10
GRAPHIC DESIGN STUDIO
BY YURKO GUTSULYAK

Dragon Card
ドラゴンカード

誰もが楽しみ、エレガントなプリントカード。
薪半のナチュラル色のカード。
ウクライナでも人気の黄東の十二支に因み、
２０１２年の願いる寅、龍に込みあっています。
カードニュの切り返って独特の切り口はある
組み合わさせることで生まれるのはコロ
模様が印象的。

11
LEO BURNETT
DUBAI, UAE

Love Your Flab
ちには贅肉

ベースシーカー、プラムリームのそのレント
受け付けない、こんとうの味も見直させると
さおり。挨拶文、名刺の業もらに可愛いな
人腹にユニションでみませんか。
取らには込みませんか。

Client: Zahra Mouhetta

12
LEO BURNETT
DUBAI, UAE

Twist To Read
ひなってて読んで

ウネウネと曲げやすい子供の本らしさ基本のポイント スト
タシェーに、アラビア語と英語の素材にご選んだ片
のに、そんな自由にならないにに仕事になってしまったら…
不満を見える鏡でよと。カーブで
ひねってみれば、表葉が現る書かれた
情熱がひょこに。

Client: Zahra Mouhetta

01
THE CONSULT
Bang Your Own Drum
ドラムをたたいてみよう

バング・ユア・オウン・ドラムは、明るく楽しいブランディングに定評のあるコピーライティング事務所。名刺に貼られたドラムスキンをスティック型の鉛筆で叩いてみれば、どんな会社かすぐにわかってもらえるはず。

Client: Bang Your Own Drum

02
THE HUNGRY WORKSHOP
Into The Rabbit Hole
うさぎ穴の中へ

ザ・ラビット・ホール・アイデーション・カフェは、クリエイターたちがコーヒー片手に集う物づくりの場。活版印刷のショップカードに隠れているのは、切り取って組み立てられる型抜き加工のうさぎ。ぴょんと飛び出し、手にした人の創作意欲をくすぐります。

Client: The Rabbit Hole Ideation Café

03
BRAVO COMPANY
Junpiter Futbol
オン・ザ・ピッチ

ジュン・タンはジュンピター・フトボルの公認サッカーコーチ。カードの素材を活かしてピッチに見立てた名刺は一目で彼の職業がわかるだけでなく、試合の戦術シミュレーションにも一役買うという賢いアイデア。

Client: Junpiter Futbol

04
SARAH HOLLOWOOD
This Many, Datamath
こんなにたくさん！

電卓の画面に、贈るプレゼントの値段を書き込んだり、相手の年の数だけろうそくの火を塗りつぶしたり。どんなに図画工作が苦手な人でも簡単にオリジナルの一枚を作れてしまう、空押し加工を活かしたアイデアいっぱいのバースデーカード。

Special credits: W+K Studio Goodness / Letterpress: Chelsea Guidry / Photo: Kyle Pero

05
KELLI ANDERSON
Clairvoyant Fortune Teller
買うべきか、買わざるべきか

両面に作り方とテキストが印刷されたシートを組み立てれば、子どもの頃に遊んだ折り紙占いに大変身。目の前にあるアート作品を買うべきか否か、迷えるあなたに代わって判断してくれます。オンラインアートディーラーのためのこのアイテムは、2012年3月にニューヨークで開催のアーモニー・アート・ウィークでお目見え。

Client: 20x200.com

06
PRESENT & CORRECT
Party Egg
パーティ・エッグ

キャンディカラーの丸くて小さな紙切れとバースデーメッセージを包み込んだ卵の殻。お誕生日のあの子に優しく放り投げてもらい、中から飛び出す紙ふぶきでお祝いしてあげましょう。

07
PRESENT & CORRECT
Numbered Stencil Sets
ナンバー入りステンシルセット

動植物や文房具、天気、標識など、さまざまな形やシンボルを象った25種類のステンシルセット。1から25までの番号がくり抜かれた厚さ1.5mmの木の板は、重さも形もスタイルもすべて異なるという凝りよう。ペンや絵の具を使い色んな図柄が描けちゃいます。

08
HIROYUKI MIYAKE DESIGN OFFICE
Measure Your Time
時を測るカレンダー

距離で時間を測るメジャーカレンダー。一日一日をセンチメートル単位で示すことで、時の長さを可視化しています。もちろん普通のメジャーと同じ様に、延ばしたり縮めたりして距離を測ることも。

Client: M75 / Production: Takayuki Matsumoto

09
BLOW
Antalis Calenclock 2012
アンタリス・カレンクロック2012

「カレンクロック」はその名の通り、時計付きの卓上カレンダー。それぞれのページにはその月に関連したさりげないメッセージのプリントが。

Client: Antalis (HK) Limited

10
GRAPHIC DESIGN STUDIO BY YURKO GUTSULYAK
Dragon Card
ドラゴンカード

読んで触れて楽しむ、ユルコー・グツィリャクの新年のグリーティングカード。ウクライナでも人気の東洋の干支に倣い、2012年の願いを黒い龍に込めています。カードを二つに折って紙の切り込みを組み合わせることで生まれるウロコ模様が印象的。

11
LEO BURNETT DUBAI, UAE
Lose Your Flab
さらば贅肉

パーソナルトレーナー、ゾラ・ムヘッタのトレーニングを受ければ、こんなメタボのお腹も見違えるほどスッキリ。彼女の名刺を受け取った人は、お腹についた余分な脂肪を取らずにはいられません。

Client: Zohra Mouhetta

12
LEO BURNETT DUBAI, UAE
Twist To Read
ひねって読んで

ひねりと曲げ伸ばしはヨガの基本。ヨガインストラクターのダニエル・アビサブが名刺の素材に選んだのは、そんな彼女の仕事にぴったりのしなやかで耐久性のある紙でした。カードをひねってみれば、裏表に書かれた情報がひとつに。

Client: Zohra Mouhetta

13
CHEZ VALOIS
BRANDING & DESIGN
Results Matter
結果がすべて

社長さんは、会社の成長グラフを見るのが大好き。そんな企業の重役たちをターゲットにコーチングを行うキャロライン・ブワヴェールの名刺がこれ。打ち抜き加工の窓付きケースに入ったカードを引っ張ると、階段状になった3つの棒グラフが急上昇。即効で業績アップをお約束します。

Client: Caroline Boisvert

14
TT:NT
All Year Rings
バースデーリング

オール・イヤー・リングは、組み立て式の紙の指輪。200g/㎡の質感のある白い紙をレーザーカットして作られています。それぞれが一年の月を象徴した花のデザインで、12通りの美しいバースデーリングに。

Photo: Suratchai C.

15
TRAPPED IN SUBURBIA
Play More
オフィスにもっと遊びを

いいアイデアは職場での遊びの時間から生まれるのでは? そんな思いから誕生したのがこのノートパッド。罫線が引かれたページの裏には色々なボールの模様。くしゃくしゃに丸めてボールを作れば、オフィスがたちまち楽しい遊び場に!

16
ZEBRA CROSS
MEDIA AGENCY
Instant Christmas Tree Ball
即席ツリーデコレーション

自分の贈ったクリスマスカードをその場でしわくちゃにされて嬉しいわけない。けれど、この場合は違います。カードをもらったら、ためらわずに丸めてしまいましょう。付属のフックを取り付ければ、あっと言う間にツリーの飾りの出来上がり。

17
OSKAR
Minute Papillon
小さな蝶

マイニュート・パピヨンはそれぞれ1分間の「小さな曲」を60曲収めたコンピレーションアルバム。曲のタイトルやクレジットを何ページにもわたって紹介する代わりに、すべての情報を2.5ptという極小のサイズで印字。パッケージからCDを取り出すと現れるテキストを、これまた小さな付属の虫眼鏡を使って読んでみて下さい。

*Client: Second Language Music /
Cover art & Photo: Eva Rothschild*

18
SAWDUST
Mvsica
スクラッチCD

限定盤のCDジャケットに施された金のスクラッチラベル。パッケージについてくるプラスチック製のチップで削ると、隠されていたタイトルや曲名が判明します。あえて削らないでおきたいという方はもちろんお好きにどうぞ。

Client: Fine Art Recordings

19
LA CAJA DE TIPOS
Fer + Nora's Wedding Invite
フェールとノラのウェディング招待状

家族や友人にも一緒になって結婚式を楽しんでほしいという思いから、フェールとノラはこんな招待状を作りました。碁盤の目状に並んだ円を好きな形に指で押し出して穴を開けていくと、ウェディングを連想する絵柄が登場。切り取った円は捨てずにおいて、当日の紙ふぶきとして使います。

Client: Fer Ansola, Nora Formariz

20
C PLUS C WORKSHOP
50 x 50
50人と50人が

香港のカルチャーシーンを紹介するカード型の実験的なガイドブック。地元で活躍する50人のデザイナーや建築家、俳優によるデザインと、50人のライターが語る香港の今。感熱性のケースをこすると色が変わり中のカードを覗くことができるという楽しみも。

Client: Hong Kong Ambassadors

21
FABIO MILITO,
FRANCESCA GUIDOTTI
Universal Wrapping Paper
ワードパズル包装紙

ユニバーサル・ラッピング・ペーパーは多目的に、何度でも使えるエコな包装紙。ユニークなのは、縦横にぎっしりと並んだアルファベットの中に隠されたメッセージを探し出し、丸で囲んで相手に贈るというところ。ただし、必要なメッセージが見つからなくても心配ご無用。答えは裏側に書いてあるのです。

Client: WORDLESS®

22
IAN WALSH
A Very Typographic Christmas
活字的クリスマス

伝統的なアドベントカレンダーに倣って作られたイアン・ウォルシュのカレンダー。すべての窓を開けていくと、クリスマスの定番ソング『It's Beginning to Look a Lot Like Christmas』のタイトルが、それぞれの窓の裏に書かれたユーモアたっぷりの言葉や心に響く格言が、お祭り気分を盛り上げてくれます。

23
MUTE
2010 New Year Card
2010年の年賀状

みなぎる生命力を意味する赤い円の下に記された漢字の「十」の字は、2010年の「十」。何だそれだけか、と思ったあなた。それだけではありません。文字の部分を優しく押してみればあら不思議、「寅」という字に大変身。

24
FABIO MILITO DESIGN
Musical Comb
ミュージカル・コーム

ローマのヘアサロン、モッドヘアの「ビジネス・コーム」は、櫛の形をしたユニークな名刺。長さの異なる櫛歯の先っぽを指で弾くと奏でられるはロックの名曲。伝統的なイタリアの美容技術とロックンロールを融合させたアーティスティックなお店のキャラクターをよく表しています。

Client: MODhair salons / Copywriting: Martha Ter Horst

13
CHEZ VALOIS BRANDING & DESIGN
Results Matter
結果がすべて

社長自ら顧客成果のグラフを見るのが大好き。そんな企業の重役さんを喜ばせるアイコニックなこれ。行うサービスはアウトプットに影響される、と言う加工を施したメニューはフォームの向上、操業状況によって3つの棒グラフが点灯し、即効の業績をアップする。お約束します。

Client: Caroline Boisvert

14
TNT
All Year Rings
バースデーリング

ネームイヤーリングは、縦に立てた光の輪の指輪。200gのEDが意匠のあるあり嵌まりますのデザイン。それぞれ、一年の指輪を掲載、年齢のデザインして、12通りの美しいバースデーリング。

Photo: Suratchai C.

15
TRAPPED IN SUBURBIA
Play More
オフィスにもっと遊びを

いいアイデアは楽しい職場から生まれる。遊び心を生まれるよ、そんな思いから誕生したこのハードカバー。隅にしない色々なページに、オフィスの机の横を、ぐしゃっと丸めて放り出せば、オフィスの景気はだんだん楽しい雰囲気に!

16
ZEBRA CROSS MEDIA AGENCY
Instant Christmas Tree Ball
即席ツリーボール

自分へのプレゼントのを気のベストフレンド達に撮った!ださい小さにして贈っていただければ、この集合は邊いますのカラーをちらちらたちする位に丸めていましょう。付属のリップを取り出せば、付属の二両に開くやツリーの姿の出来上がり!

17
OSKAR
Minute Papillon
小さな蝶

おセンテニエンのCDの名を連れた1時間の中小の一曲。1.60曲収録されたコレクション。のサイトトルリリストを同時にたちて紹介する
の作になった一作へ情報を2.5ptした。小さい文字はポケットポーターのカードCD収容のすは月間なタスト、これなかな付属なる屋中のを発見に使うて調べ入りテエト!

Client: Second Language Music / Cover Art & Photo: Eva Rothschild

18
SAWDUST
Musica
スクラッチCD

限定版CDのジャケットに施しの金色のパターンは、スクラッチして削って削るのが好きにさせるたらテットで、曲名をタイトルにします。
あそこ開きな方もだ、ない方は もちろん好きなだけどうぞ。

Client: Fine Art Recordings

19
LA CAJA DE TIPOS
Fer + Nora's Wedding Suite
フェールとノラのウェディングご招待状

家族や友人たちに一緒に結婚を楽しく祝ってもらいたい、という思いから、フェールとノラは結婚招待状を作りました。基盤の目状に並ぶ4色の招待状は、中央で穴を開けてつなげて、ウェディングを連想する6線を登場。切り取った円は、招きする「ふむ」に、当日の様子を楽しく撮ります。

Client: Fer Ansola, Nora Formariz

20
C PLUS C WORKSHOP
50 x 50
50人50が

香港の著名デザイナーを紹介するが実の、要格的なカイドブック。地元の活躍する50人のデザナー達音楽、漫画評によるサイクス、50人の音楽家、漫画評によるサイクス、「歌楽界のスターなと50人に各愛好なたらの一丁を歌てくれた、でもる愛！楽しもう。

Client: Hong Kong Ambassadors

21
FABIO MILITO, FRANCESCA GUIDOTTI
Universal Wrapping Paper
ユニバーサル包装紙

ユニバーサルラッピングペーパーは見た目には、何度も使えてエコなユニバーサル包装紙。にぎやかに並んだメッセージの中に目指す相手もが出し、丸で囲んで相手に渡しという仕組ので、必要な変もキレイに見える上、決められなんのメッセージ以外の、つい他でもんに配った無用の、気分が上がってあるのです。

Client: WORDLESS.

22
IAN WALSH
A Very Typographic Christmas
活字的なクリスマス

伝統的なアルファベットだけで作ったクリスマスの、アン・ウォルシュとしたスーパニーの密さ開いてピッター"プリスマスの定番"It's Beginning to Look a Lot Like Christmas"のタイトルから、それぞれの窓の裏に書けられた、そーてアンプが点る先つ外小さ響く、言葉が、お祭り気分を盛り上げてくれます。

23
MUTE
2010 New Year Card
2010年の年賀状

ある高生命力を意味する漢字に、〒の下にカード。五葉の干すのに一つ、2010年の千!干し何だかということが、思っつけないあるいの味と。文字を部分を変しく{新しい}かと感すれとあら不思議、見つけらない字に大変身。

24
FABIO MILITO DESIGN
Musical Comb
ミューカジル・コーム

ローマのヘアサロン、チィエのオグとすのようンキは、朝一に加工したユーニクな電影、長年の長の興菓鑑が描き署ろすく奏でる1の名曲を、洗練髪の立てられた7個の美容数技を学ロリー一色の曲分に合わせたテクノロリーをくく音させます。店のキャラクターをよく伝えしてくれます。

Client: MODHair salons / Copywriting: Martha Ter Horst

25
KATHARINA HÖLZL

Ritornell for Musicbox

オルゴールのためのリトーネル

オーストリアのエニスにある、リーゼル劇場の観客が参照し、オーケストラの演奏会と、一緒に音楽会を作り上げる参加型のコンサートを行っています。このフライヤーには、曲を作ったものの、名前も職業も異なるユーザーが参加できる上演演奏会の詳細、ホールの座席配置、手作りオルゴールによって異なる音楽を演奏するしくみ。

Client: Ritornell

26
KELLI ANDERSON

Paper Record Player

音楽を奏でる招待状

二人の音楽への愛に満ちあふれた、クラシック音楽と植物をモチーフにした招待状。それに、くるくると回る仕掛けの音楽盤。会場で演奏される二人のためだけに書き下ろされた曲を自作のレコードプレーヤーで聴けるとともに、二人の周りに集まる植物への道のりを語るようなストーリーを盛り込んでいます。

Client: Mike Tarantino,
Karen Sandler

27
LINNA XU

Ilford Film

懐かしのフィルムアルバム

35mm用フィルムがパッケージにF135とか、F120といった、多くのコンパクトカメラ用のパッケージにとてもレトロでクールなデザインで再登場して、「懐かしいパッケージ」で生まれました。もちろん、箱自体もシンプルな仕上がりで、使用することもあります。部屋の装飾品にも同棚さん、組み立ても簡単。

28
IAN COLLINS,
CHRISTINE SRIVONGSE

Join Us in the Woods

森で会いましょう

森の中で結婚式を挙げるカップルのウェディング・インビテーション。招待状には、そうぞうの種が仕込まれている。一日だけでもふたりと夫婦、愛がふたりましょう。表紙は「Join Us in the Woods（森で会いましょう）」というメッセージ共に木に手がラリ、ウッドランドのアドベンチャー。さらに招待状には地図、ガイドッブックも。

29
MATJAZ CUK

Matjaz Cuk Visual Identity

印象用ビジュアルアイデンティティ

独特な地味質に囲った、シックでリッチなデザインのステーショナリーは、9種類のアイテムよる1枚のオーラルに印刷されたもの。必要に応じて切り取って使えるお得感と、アイデンティティの視点とも盛り上げる。はさみでカットするだけでシンプルに。簡単に自分だけのオリジナルに。

Printing: R-risk

30
MASASHI KAWAMURA

Rainbow in your Yard

手のひらに虹を

ページがふくらむよで描かれたかたちを、あれこれ動かしていたら、見えるものは立体の絵画。一元のカラーページは、ソフトレンジな72ページの冊子を素早く、手元の小さな空間で完成。音色も上がります。

31
KYOUEI DESIGN

Cube Letter Set

キューブレターセット

日本の最風景をモチーフにデザインした立方体のレターセット。種類のサイズの立方体の便せんと、はんなりと落ち着いた風合いのある2色の封筒がセットになっています。穴から空気を吹き込んで膨らませ、そのままま立たせて置くこともと可能。

32
DARIO MONETINI

My Personal Business Card

僕だけの名刺

プラスチック製面加工によって遊べるようなカード、書簡のはがサインや手相手にちょっと楽しいデザインと、落ち手紙の感覚で意に遊ぶがかに届けます、いわばインパクトある名刺遊びに。思いがけない広がりも

Photo post-production: Giada Rizzi

33
RESEARCH
AND DEVELOPMENT

Bella

私の名前はベラです。

スカンディナビアのスタイルのインスピレーションに思いがけけないスピリッと、日本の繊細さがとても独特な文化とコミュニケーションを混ぜ込みました。多くのユニークな雰囲気が味わえる名刺的なもの。文字とがキラキラに何対する面を制作。しくさねえる。

Client: Bella Rune

34
KIGI CO., LTD.
RYOSUKE UEHARA

Well 12

めくって留めるカレンダー

めくれば裏面の美しさを知ることができるというページ数の日付けられる面も印刷しました。月ごとのカレンダーの間に記念日や記号を書き込む。めくったそれぞれの作品。紙ごと留めた活版や箔押しなどで、4色のベルベットフィルムも表紙の加工面も変化するファッションに。印刷用タグキサイズも鑑賞できます。

Client: D-BROS

35
ARIANE SPANIER

The Big Draw Berlin

みんなで絵を描こう

サオンチャーロッテンのべルリーン地区で参加型の町中で一緒に絵を描く催しのテーマに至る。市民が協力し合ってアートを描くことで、生まれる一体感。一未完成ながらも100個以上のある点数番隊に話した自由に描きに書けた。みんなが、とても思い人が、まるで1人2つのかきら風景そのような風合いにも見えるでしょう。

Client: Kulturlabor e.V.
Berlin

36
MIND DESIGN

Playlab Identity

プレイ・ギャラッてなんだろう？

様々なバックグラウンドを持つメンバーが集まる、プレイラボ会社に集まった人たちとれぞれのイメージをイメージ光のた印刷され文字もカラフル個性のデザインと、今までなかった連想される実験具をゆらきまさにさまざまなイメージを一目瞭然。

Client: Playlab

25
KATHARINA HÖLZL
Ritornell for Musicbox
オルゴールのためのリトーネル

オーストリアのユニット、リトーネルは観客が持参したオルゴールを演奏し、一緒に音楽を作り上げる参加型のコンサートを行っています。このプロジェクトにちなんで作られたのが、名前と連絡先をレーザーパンチ加工で記した蛇腹状の名刺。穴には9通りの形があり、手回しオルゴールに通すと異なる音楽が流れるという仕組み。

Client: Ritornell

26
KELLI ANDERSON
Paper Record Player
音楽を奏でる招待状

二人の音楽への愛に満ちあふれた、タランティーノ夫妻の結婚式の招待状。それは、くるくると手で回して自分だけの曲を演奏できるレコードプレーヤーに。おまけに二人の馴れ初めから結婚への道のりを語るストーリーを吹き込んだレコードまで、ついてきちゃいます。

Client: Mike Tarantino, Karen Sandler

27
LINNA XU
Ilford Film
懐かしのアナログフィルム

35mm用フィルム「イルフォード135」の登場で人気が衰えつつあるブローニー用「イルフォード120」。そんなアナログフィルムの良さを再び世にアピールするべく、新しいパッケージが生まれました。なんとこれ、箱自体がピンホールカメラとして使用できるというもの。部品や説明書も同梱され、組み立ても簡単。

28
IAN COLLINS,
CHRISTINE SRIVONGSE
Join Us in the Woods
森で会いましょう

森の中で結婚式を挙げたイアン・コリンズとクリスティン・スリボンズ。彼らの招待状には、そんな式の趣旨が一目でわかるような工夫が凝らされていました。まずは「Join Us in the Woods（森で会いましょう）」というメッセージと共に木々がデザインされたポップアップカード。さらには返信用封筒と森の地図、ガイドブックがセットに。

29
MATJAZ CUK
Matjaz Cuk Visual Identity
お徳用ビジュアルアイデンティティセット

お財布と地球に優しくをモットーにデザインされたマティアス・クックのステーショナリーセット。9種類のアイテムが1枚のボール紙に印刷され、必要に応じて切り取って使える優れもの。ファイルはのりを使わず組み立てられ、はがせるタイプのステッカーにロゴやアドレスを印字すれば、簡単に自分だけのオリジナルに。

Printing: R-tisk

30
MASASHI KAWAMURA
Rainbow in your Hand
手のひらに虹を

ページを次々めくるとそこに描かれた絵があたかも動いているかのように見えるのがぱらぱら漫画。一方このレインボー・イン・ユア・ハンドでは、72ページの冊子を素早くめくると、手元の小さな空間に虹が浮かび上がります。

31
KYOUEI DESIGN
Cube Letter Set
キューブレターセット

日本の紙風船をヒントにデザインされたレターセット。2種類のサイズの立方体の便せんが、パッケージに畳まれた状態で入っています。穴から空気を吹き込んで膨らませ、そのまま立たせて置くことが可能。

32
DARIO MONETINI
My Personal Business Card
僕だけの名刺

アナログな顔面加工ツールとして遊べるダリオ・モネティーニの名刺。ひげやファンキーなサングラスが描かれた透明のカードを相手の顔の前に重ね合わせてみよう。きっとデザイナーの遊び心に思わずにんまりしてしまうはず。

Photo post-production: Giada Rizzi

33
RESEARCH
AND DEVELOPMENT
Bella
私の名前はベラです。

スウェーデン人アーティストのベラ・ルネが東京滞在の際に思いついたアイデアがこれ。日本独特の名刺文化をヒントに、紙の端に指紋をプリントしています。こんなユニークないたずらが、ドキドキの初対面の場を和やかにしてくれるかも。

Client: Bella Rune

34
KIGI CO., LTD.,
RYOSUKE UEHARA
Roll 12
めくって留めるカレンダー

めくれた紙の美しさを知っていますか？ ページの裏側に日付を逆さまに印刷した、カレンダーの概念をくつがえすこの作品。紙をめくって留めた時にできるロール状のフォルムが光の加減で変わる陰影を生み出し、立体的な壁掛けデコレーションに。印刷やデザインも凝ってます。

Client: D-BROS

35
ARIANE SPANIER
The Big Draw Berlin
みんなで絵を描こう

ザ・ビッグ・ドロー・ベルリンは参加型のアートイベント。街中の人に一緒に絵を描いてもらおうと市内の至る所に貼られたのがこのポスター。一見未完成ながら、100個以上ある点を番号順に結ぶと余白に隠されたデザインが明らかに。もし急いでいたら、とりあえず2つだけ線でつなぎ、後でどんな風になっているか見てみましょう。

*Client: Kulturlabor e.V.
Berlin*

36
MIND DESIGN
Playlab Identity
プレイ・ラボってどんなところ？

様々なワークショップを行うプレイ・ラボは、ストレス社会を生きる大人たちのための遊び場。パントンの蛍光色で印刷された彼らのプロモピースにはラボという名前から連想される実験器具や、わくわくするようなイメージが散りばめられ、そのコンセプトが一目瞭然。

Client: Playlab

37
BOMO GRAFISTAS
Érase/Erase
今日の日にさようなら

未来への希望を込めて、去りゆく今日に別れを告げよう。一日が終わる度、日付をひとつひとつ消していく。その日の記憶を心に刻みながら、やがて訪れる新しい日々に想いを馳せて…。余談ですが、付属の指形ピックもなかなかにくいです。

38
POPULÄRE PRODUKTE
Populäre Kalendar
気が利くカレンダー

スケジュールの変更で予定表がぐちゃぐちゃになるのが嫌だという完璧主義のあなた。このカレンダーなら心配いりません。穴の開いたポストイットにその日の用事を書き込むようデザインされているので、予定が変わった時は貼り替えればいいだけ。表記は片面が英語、もう一方はドイツ語という親切設計。

39
PRESENT & CORRECT
Stamp Wall Planner
切手とめぐる一年

日付入りの切手シートでできたカレンダー。毎日1枚ずつミシン目に沿って切り取っていくので、過ぎゆく時の流れが目に見えて実感できるはず。いずれも予定を書き込むのに十分な余白がある一方で、8月の砂のお城や10月のカボチャのおばけなどその月を象徴するイラストが描かれた切手も。

40
ADONIAN CHAN
Heart Journey Mood Calendar
今日の気分

人が一日のうちに心に抱くであろうさまざまな感情を凝縮し新たに作り上げた40種類の漢字。その日の気分にぴったりな字を選び、カレンダーに貼付けていきましょう。さらにその感情の強さをグラフで段階的に示すことで、一年間のアナタの心の動きが面白いほどわかるようになります。

41
TERADA MOKEI
1/100 Architectural Model Coaster
100分の1の世界

クリスマスの夜や街角のワンシーン、湖畔の風景、そしてアフリカの大草原。コースターの端についた100分の1の模型を折り曲げ立たせてみれば、そこに小さな世界が広がります。

Photo: Kenji Masunaga

42
THE CREATIVE METHOD
T. C. M. Letterhead
面白レターヘッド

ザ・クリエイティブ・メソッドはオーストラリアのブランドデザイン事務所。赤ちゃんから大人に変身するスタッフの顔をデザインした名刺から生まれたのは、新しい遊びの形を提案するレターヘッド。しっかりと折り目のつく紙が、たくさんの笑顔を支えます。

43
GRAPHIC DESIGN STUDIO BY YURKO GUTSULYAK
Trash Calendar
ゴミ箱？それともカレンダー？

これほど機能的なカレンダーが今かつてあったでしょうか。プロモーションギフトとして作られた、ユルコー・グツリャクのトラッシュ・カレンダー。毎日替えるゴミ袋の一枚一枚に日付が印字され、月ごとにロール状にまとめた斬新なアイデア。

44
YUNA KIM
If you can't read it, it doesn't exist
読めないものは存在しないも同じこと

目に見えなくて読めなくても、そこに存在すると言えますか？ 展覧会タイトルを表す文字がページごとにランダムに印字されたこの冊子。ばらばらとめくっていくと、そこに意図されたフレーズが完成します。もっと見たい人は、ニューヨークのガゴシアン・ギャラリーへGO!

Special credits: John Fulbrook, Luke Hayman (School of Visual Arts)

45
ELIS KADIĆ
eCard
消されないEカード

せっかく送ったEカードも、読んだらすぐにゴミ箱行きなんてちょっとさみしい。そこでエリス・カディックが思いついたのが、事務所のロゴをデザインしたPDFを通常のグリーティングカードと一緒に添付するというアイデア。受け取ったデータをプリントして折り紙のように折れば、デスクに飾れるツリーの出来上がり。

Client: Emigma

46
KAZUNORI SADAHIRO
Mummy
黄泉の国からこんにちは

白い包帯にぐるぐる巻きにされたミイラは、福永紙工がデザイナーと一緒に立ち上げたかみの工作所のための作品。台紙に貼られた紙のテープを端からほどいていくと中から姿を現す素敵なデザイン。ミイラからのメッセージはHello! いたってシンプルでした。

Client: Fukunaga Print Co., Ltd. / Manufacture: Kamino Kousakujo

47
THE BEST PART
Day and Night
デイ&ナイト

あなたの街の真夜中の顔、見たことがありますか？ 発光塗料の性質を活かしたこのカードは、昼と夜で異なる街の光景を一枚で表現。日中は美しく平穏な街も、夜の帳が降りる頃にはその姿を変え、欲望に満ちた人々の営みがあらわに!

Printing: Chad's Screen Printing

48
FANAKALO
Mooi Besoedeling
メッキが剥がれる時

アフリカのバンド名「Zinkplaat」は、「トタン」の意。そんな名前に込められた意味を表現するため、アルバム「Mooi Besoedeling (美しき公害)」のジャケットにはメッキを思わせる不透明顔料のコーティング。彼らの音楽スタイルをイメージした付属のピックで削り出すと、その下に隠されたデザインが明らかに。

Client: Zinkplaat

37
BOMO GRAFISTAS

Ezazi Eraze

今日のこちもち

未来への希望を込めて、power(今日)に開かれる告白。一日一枚作られる、日付をひとつひとつ刷って いく、その日の最も印象に残るものから、生まれて 初めて新しい日々を想い出させて...。会員でなら、付属の指形にもなる なかなかいいセンスです。

38
POPULÄRE PRODUKTE

Populäre Kalender

気が利いたカレンダー

スケジュールの変更予定も直感的でないから、これには宗教主義からでも、ちょっと酒落てもいます。ハコ状に開いている今日の用事を書き込むポケットになっている。予定の変更があった時は切り替えれば いいだけ。表記は片面が英語、もう一方はドイツ語という 洒落た 刷物。

39
PRESENT & CORRECT

Stamp Wall Planner

切手でめくる一年

日付入りの切手シートが束になっていて、毎日1枚ずつミシン目に沿って取っていく、通常の暦よりも引いて実感できるのが、いずれかを手帳や宛名書きなどに貼るもあり。一方で、8月の暦が6月10日のあたりにあるとデザイン的なこだわりも印象を感じさせるよう、ユーモア溢れる小さな打ち手。

40
ADONIAN CHAN

Heart Journey Mood Calendar

今日の気分

人々の一日のうちにあるさまざまな感情を繰り編んた上代を作り、16種類の色紙と漢字と似合 のデザインを選び、カレンダーに仕立てようというもの。その日の感情の強さでカラーページで発展的に使うことで、一年間のアップ&ダウンが面白く浮かび上がったりするようになります。

41
TERADA MOKEI

1/100 Architectural Model Coaster

100分の1の世界

テラダモケイの寄り添う商品のひとつ。調節な風景、そしてアクアや水草 など、ユニークな情景がバリエーションに100分の1の模型と出会うと、 曲げ立てることで、そこにとある世界が広がります。

Photo: Kenji Masunaga

42
THE CREATIVE METHOD

J. F. M. Letterhead

面白いレーベット

サザリアのクリエイティブ・エージェンシーであるザ・クリエイティブ・メソッドが手がけた、赤ちゃんの人として大人に変身するスタジオのデザイナー、ケイレブさんの発生を伝えた。
「新しい年月日のご提案する」と続く、しかもカウントダウン日めくりに 大人の笑顔を返える。

43
GRAPHIC DESIGN STUDIO
BY YURKO GUTSULYAK

Peach Calendar

三次減ブされたカレンダー?

これはあ普通的価格というカレンダーであって、プロモーションとしてもぜひ作したい ウクライナ・アバルティのチェリー・カレンダー。 毎日替える度に集一枚一枚ちぎり取り 芽たちん、月ごとにローロル状になってたて、 個性的なアイディア。

44
YUNA KIM

If you can't read it, it doesn't exist

読めないものは存在しないと同じこと

目に見えなく認識できるというこれにも、何かを伝えるひとつ といえる。ある展覧会のためにこのカレンダーが、ニューヨークのグリッド状に意図されたフレーズのGO!
ステップキックアップ!
Special credits: John Fulbrook, Luke Hayman
(School of Visual Arts)

45
ELIS KADIC

eCard

消えかたいEカード

サステナブルでエシカル、循環、人にやさしいなど、行き場のないモノたちのリストアップ。そこでも、事務所のカラーのだが、PDFを通常のグリーティングカードの一枚と一緒に感じつく、やしてあげましょう。受け取ったらたに、デスクトップに開きやすいようになる。
繰り返えるを出来上がり。
Client: Enigma

46
KAZUNORI SADAHIRO

Mummy

黄泉の国のこんにちは

白い包帯が巻かれることになっている黄水塊。工芸作家サーラーと一緒に立ち上げた工作 発光の作品。日付が切れるそれを集めたテーマを 描きと、変いくりさだらくから変異な樂感を デキトゥとするのが6ちゃちやキャラは Hello!
いわってくれる。
Client: Fukunaga Print Co., Ltd. / Manufacture: Kamino Kousakujo

47
THE BEST PART

Day and Night

デイ&ナイト

あなたの街の青春の真の顔、見たことがありますか?
蛍光塗料を使い、昼夜で異なる街の光景を一枚で表現。日中は美しく穏やかで、夜の騒めきが隠れる街には
その街の営み、希望に満ちた
人々の姿もみえる。
Printing: Chad's Screen Printing

48
FANAKALO

Mooi Besoedeling

メッキが剥がれる時

アフリカーンス語の「Zinkplaat」は、「ゴミの山」の意。そんな名前にちなみ、意図的に錆を発生させるという、「Mooi Besoedeling(美しい公害)」の コンセプトはとても考えさせる問題提起のひとつ。 トタンの音楽までもが、遊園地のメロディーを
付け替えたポップな頭に出すと、その下に隠された
さんざアフリカの状況が開くように。
Client: Zinkplaat

49
KAROLIN SCHNOOR
Make an Animal
動物への愛を共有したい人ならいいと思う。彼はイギリスのフォークフロアの詰まったアルバムで、愛らしい動物たち、取り扱って組み立てられるペーパークラフトつき。作りやすく綴じ方にも凝って作り、こうして生まれるものを手にできる。

Printing: Dstudio Essex

50
MORITZ ESSER,
SILKE JASPERS
Encoded Wall Calendar 2012
暗号を壁掛けカレンダー

透明な黒の上に無数のドットが不規則に並べられた、謎解き型のカレンダー。一ヶ月を回して置いたドットの強をつなげると、月を表す数字や曜日となるよう仕掛け、真ん中にはその月が属する季節が表示される。

51
BAS KOOPMANS
Fraku
寝室のラッパー

オランダ人ラッパー、フレクの入ったアルバム。で、大人の階段を上がる様な心情をもつ曲全体に通じるテーマであるという「影」をイメージし、ジャケット全面には黒板塗料。好きなように落書きできるよう、チョークをつけている。

Client: TopNotch Records

52
AUTOBAHN
The Hidden Treasure of Utrecht
ユトレヒトの秘宝

ユトレヒト現地のデザイン大学系であるオートバーンが、都市に貴重書籍造形であるセントラル博物館これもの展覧会ポスターやチラシに同時に使った上冊の芸術的に綴じた書籍を制作。実は「人々」には、ページのスクラッチ印刷で「貸借」の意、という5冊に、表紙の手元には貸借を知るためのオフィスの古いヘルメットも付いています。

Client: Urban Pilots

53
ODDFISCHLEIN
Killing Something That Is Already Dead
音楽を表現するラベイジ

反復的なストラクチャーを積み重ね、温もり濃くも明るいメロディ、テーマを交えながら、しかし重さや色や感めるとつもる聴覚をも生み出します。普神的な7つの有機的な音楽の情感を持っ力、暗くるれない暗くもない、不安定を与える効果が。

Client: Machine, Dear

54
JOHN BARTON
Catastrophic World
破滅の音

サウンドスターマーサー音楽集の組み合わせにより、破滅の世界の心をイメージを表現したアルバム。穴の開いたジャケットをくり抜いて差し出し、人それぞれ、フォルムの多いタイトルもられる。

Client: JumpShipRat

55
ODDFISCHLEIN
Eyes on, Hands on
見てみよう、触ってみよう

このポスターは、ナーサリーのステーションでの作品を読む新旧キーワードは「フィクション」。異なる枚数のための千を何度も重ねることで、目で見ても触って楽しむ視覚果を表現します。押しして子どにはまたに同じ？意表探す装画を画面そのままに、ページを早く（めくり）、ジッツ目を動かに取り取りして読みしましょう。

Client: Jette Gejl Kristensen

56
MATTER STRATEGIC
DESIGN
2012 New Year Package
ニューイヤーパッケージ2012

真っ白なケースに、3人分のアイディアが、3冊目のブックレートとえば「2012」と文字や数字にこにちなんだ、「12」ごと、そして12ヶ月ごとのものを美しくサイズそろえた2冊のノート。心のこもったメッセージと、1冊にはあなたが。食に、もう1冊は大切な人へ。

57
SARAH KREMER,
EMMANUEL MARTINET
Quia de Passage
お便りはホテルで

オイガ・マリーナ・リルケ『若きletters to a Young Poet』
新しい味わいで。それは相手紙のやり取りを重ね
ることに、静かな綴る会話と推移が重なる書簡。
硬質な10枚の手紙をファイルにまとめてう
いくし、1冊の本のよう。完成します。

58
SAY WHAT STUDIO
Pica-
グラフィックアート・アワード

ピカは、グラフィックデザインのアワードのテーマにLa ZINE（ジン）。「ロのこと」を綴った謎しい神秘的なイメージを表現する6冊を不思議で5で詰せん。メインを付にもちっとりを開たもけに、印刷取る企画に分かれ、暗皮のかがやくサイス、精長きの人のキョロキョロキャラクターのイラストレーションも使われる。そして物語は広がりしていきます。

Photo: François Chastanet,
Howard Gribble

59
TWOPOINTS.NET
Get Involved
インタラクティブ・ポスター

多くの伝統とされた、「アクティブ」と言葉に注目したスター。エポレだ、こぼし、会議的なラッテ的な情感が隠かたえるそのイベントのカンファが次の情報が点つなげられていた。ちゃぺでって情報が、得らることがどうらうか。文字を使えは「involve」ずっこはい人られません。

Client: Gavin Lucas

60
OUTOFSTOCK
Brand New Bag
ブランド・ニュー・バッグ

元イギリスで、付属の帽子かぶんグベンのフクトに題名前で飾られ、毎日通うブランドに化する飯肉がたもうマフィアが、今週の第2弾には印象ー国立博物館の収蔵作品たちが隠されているではます。

49
KAROLIN SCHNOOR
Make an Animal
アニマルクラフト

物づくりの楽しさを共有してほしいという想いが詰まったカード。フォークロア調の愛らしい動物たちは、切り取って組み立てればペーパーデコレーションに。お祝いが終わった後もこうして生きながらえてゆきます。

Printing: Dstudio Essex

50
MORITZ ESSER, SILKE JASPERS
Encoded Wall Calendar 2012
暗号式壁掛けカレンダー

透明な円の上に無数のドットが不規則に並べられた、羅針盤のようなカレンダー。円盤を回してこの謎めいたドットの塊をてっぺんに合わせると、月を表す数字が解読できるという仕掛け。真ん中にはその月が属する季節が表示される。

51
BAS KOOPMANS
Fresku
教室のラッパー

オランダ人ラッパー、フレスクのデビューアルバムは、大人の階段かけ上る彼の心情を歌ったもの。曲全体に通じるテーマである「学校」をイメージし、ジャケットの全面には黒板塗料。好きなように落書きできるよう、チョークまでついてくる。

Client: TopNotch Records

52
AUTOBAHN
The Hidden Treasure of Utrecht
ユトレヒトの秘宝

ユトレヒトのムント地区の二大名所であるムント閘門と、かつて貨幣鋳造所であったムント博物館。これらを紹介するパンフレット第1号の表紙には銀のスクラッチ印刷。実は「ムント」はオランダ語で「貨幣」の意。という訳でこの冊子には銀を削るための古いコインのおまけがついています。

Client: Urban Pilots

53
ODDFISCHLEIN
Killing Something That Is Already Dead
音楽を表現するデザイン

反復的なストライプ模様のジャケットと、塩ビ製の透明なレコードスリーブ。ケースを少し動かしただけで柄が変わって見えるという錯覚を生み出します。機械的かつ有機的な音楽の特徴を表す一方、観る者に言いようのない不安を与える効果が。

Client: Machine, Dear

54
JOHN BARTON
Catastrophic World
破壊の音

サウンドスケープと環境音の融合により、破滅の世界のイメージを音で表現したアルバム。穴の開いたケースからレコードのスリーブを出し入れすると、アルバムのタイトルがちらほら。

Client: JumpShipRat

55
ODDFISCHLEIN
Eyes on, Hand on
見てみよう、触ってみよう

このイェッテ・ゲール・クリステンセンの作品を知るキーワードは「アクション」。異なるサイズの冊子を何層にも重ねることで、目で見て触れられる仮想世界を表現しています。果たしてそこには何が？ 感熱性塗料の表面をこすったり、ページを素早くめくったり、ミシン目を切り取ったりして探してみましょう。

Client: Jette Gejl Kristensen

56
MATTER STRATEGIC DESIGN
2012 New Year Package
ニューイヤーパック2012

真っ白なケースに入った、マッター作のアイデア帳。ミシン目のジッパーを開けると「12」の文字が真っ二つに分かれ、「1」と「2」に。そして中から出てくるのは美しくデザインされた2冊のノートと心のこもったメッセージ。1冊はあなた自身に、もう1冊は大切な人へ。

57
SARAH KREMER, EMMANUEL MARTINET
Avis de Passage
お便りはポエムで

ライナー・マリア・リルケの詩『Letters to a Young Poet』の新しい味わい方。それは相手とのやりとりを重ねるごとに、詩の続きが読める往復書簡。郵便で届く10枚の手紙をファイルにまとめていくと、1冊の本が完成します。

58
SAY WHAT STUDIO
Pixo-
グラフィティ・アートのひみつ

ピクソは、グラフィティの2つのスタイルをテーマにした「ZINE（ジン）」。そのどこか謎めいて神秘的なイメージを表現するため冊子は完全に密封され、ミシン目に沿って開ける作りに。切り取ると2冊に分かれ、幅広のがピシャサオン、細いのがチョロ・ライティングというスタイルをそれぞれ紹介しています。

Photo: François Chastanet, Howard Gribble

59
TWOPOINTS.NET
Get Involved
インタラクティブ・ポスター

今や伝説となったクラブイベントの詳細を記したポスター。ただしこれ、会場となるクラブの名前が隠されたワードパズルとそのイベント名がわかる点つなぎパズルを解いてみて初めて情報が得られるというもの。文字通り、観た人は"involve"せずにはいられません。

Client: Gavin Lucas

60
OUTOFSTOCK
Brand New Bag
ブランド・ニュー・バッグ

元ネタは、付属の消せるペンでアルファベットに隠れた名前を丸で囲むと、毎回違うブランド名がつけられるというバッグ。そのコンセプトは物質文化を皮肉ったものでしたが、今回の第2弾にはシンガポール国立博物館の収蔵作品名が隠されています。

61
COLUMN FIVE MEDIA
In Caffeine We Trust
珈琲日誌

1カ月のカフェイン消費量をグラフにできるカレンダー。その日に飲んだコーヒーの豆の種類から、ミルクやクリームといったトッピングまでを記録に残していくと、あなたのコーヒーを飲む時の傾向や好みが明らかに。色づけには、カップに残ったコーヒーを使ってみても。

62
SILNT
What noise do you wanna make?
BUZZを起こせ！

若いクリエイターたちを刺激し課題を意識してもらおうとノイズ・シンガポールが企画したDIY式のスタイルブック。ワードパズルや書体、ピクセルアートを完成させ、冊子の表紙に至るまで自らデザインすることで、自分のプロジェクトを立ち上げるきっかけにしてもらえればという意図が。

Client: National Arts Council, Singapore

63
MR. & MR.
Bella Maniera
美しき作法

レオナルド・ダ・ヴィンチの『最後の晩餐』をモチーフにした、テーブルクロスとランナー。家族や友人との食卓を、陽気に楽しく、そしてセンス良く彩ります。それぞれに異なるポーズをした手の写真がプリントされて、席に座った人が真似して遊べるデザイン。

Lighting supply: SAMMODE / Production & Distribution: Grain De Couleur Creation

64
ROCKET & WINK
Stöver. Get Naked.
裸になれ

ゲット・ネイキッドは、フォトグラファー事務所ビルギット・ストーバーのプロモキャンペーン。パンツ一枚で頭に紙袋をかぶった男がハンブルグ中のクリエイティブ系オフィスに乱入し、ポートフォリオの入った紙袋を配り歩くというパフォーマンス。袋を広げて穴を開ければ、あなたも彼と同じように覆面ストリーキングができる。

Client: Birgit Stöver

65
KELLI ANDERSON
Girl Walk, All Day
踊ってみよう

『ガールウォーク、オールデイ』はニューヨークの街で踊る3人のダンサーを追った長編映画。ポスターには映画に登場する様々なダンスの動きを切り抜き加工でデザイン。見ているうちに自分もこんな風に踊ってみたくなるかも。

Client: Girl Walk, All Day (film)

66
SERVICEPLAN CAMPAIGN
The Solar Annual Report
ソーラーレポート

オーストリア・ソーラーは、その名の通り太陽光発電を行う会社。年次報告書の印刷に使用した特殊な太陽光反応型インクは、陽の光に当たっている時だけ文字や図柄が現れるというもの。レポートのテーマは「太陽がもたらす力」。なるほど、説得力あります。

Client: Austria Solar / Printing: mory & meier GmbH

67
SAWDUST
mediaPro
メディアの総合力

メディア・プロはロンドンで開催される総合マーケティングやメディアコミュニケーションのイベント。それぞれ別のページに印刷された線や図形のデザインを重ね合わせると、「integration」や「digital」という文字が完成。

Client: CloserStill, Yum Yum, mediaPro

68
JOHN BARTON, SEAN THOMAS
We Collaborate
1人もいいけど

デザイナーのジョン・バートンとショーン・トーマスが作った、2人のコラボレーション事例を紹介するための2冊の本。それぞれ別々に読むこともできますが、つなげて読むとより一層面白みが増します。

69
DORIAN
Pèpè
ペペのパズル

イタリアの靴メーカー、ペペの2010年春夏カタログは、ミシン目をデザインに活かした折りたたみポスター。それぞれのページが簡単に切り離せてちょっとしたパズルゲームになるという、ブランド設立50周年を記念したプロモピースでもあります。

Client: Lila & Tom

70
VICTION:WORKSHOP LTD.
Graphics Alive 2
生きたグラフィック

巷にあふれる日用品やサービスに命を吹き込む。言葉の壁を越え、視覚的に訴えかける。そんなグラフィックアートやイラストレーションの力を余すところなく紹介しているのがこの本。手に取ったらまず表紙の男に話しかけてみたら。レンチキュラー印刷の効果で、本を傾けるとまぶたを綴じて頷いてくれる。

Client: viction:ary

71
VARINA VOLK LÉONOVITCH
Anatomic Pop-up
飛び出せ内臓

昔ながらの紙工作の技を使ったポップアップカードは人体の不思議を楽しく知るためのツール。神経や骨や臓器って一体どんな風になっているんだろう？ 円盤を回したり、帯を引っ張ったり、扉を開けたりして、身体の中を覗いてみましょう。

72
MURMURE
Nördik Impakt
パーティはこれから！

13年間フランスで開催されてきたエレクトロ系イベント、ノルディック・インパクト2011。「パラレルシティ」と題したリニューアル記念プロジェクト用に作られたのがこのメタリックな招待状や型抜き加工のサングラス。日が沈み辺りが暗闇に包まれると光を放ち始め、ここからが本当のパーティの幕開け！

Client: Arts Attack!

61
COLUMN FIVE MEDIA
In Caffeine We Trust
珈琲日誌

1ヶ月分のカフェイン消費量をグラフにする ポスター。その他にも人気のコーヒー豆の種類 から、スターバックスやダンキンドーナツを愛飲 し続けている人など、あらゆるコーヒーに関する 嗜好傾向が分かる。朝何にも増してまず第一に カフェイン源のコーヒーを摂っているひとりとし ては。

62
SILNT
What noise do you wanna make?
BUZZを起こす!!

若いクリエイターたちを啓発する講座を意識して もらおうと声をかけたポスター。動画やDIY光の オブジェ、デジタルアート、ペーパー造形、ビデオアートを 完成させ、目下の課題に至るまで自分たちもアート をもって、自分のプロジェクトを立ち上げようか という内にもあるような意図が。

Client: National Arts Council, Singapore

63
MR. & MR.
Bella Marine
美しき作法

レストラン、サイケルギ「最初の映画」はモチー フに、テーブルクロスやメニュー、家族、友人と 食卓を囲む、雰囲気も楽しく、そしてもちろん(笑)か それぞれに異なるような仕手上げた写真が プリントされて、面白くなった人々が 真似してみたくなるデザイン。

Lighting supply: SAMMODE | Production & Distribution: Grain De Couleur Creation

64
ROCKET & WINK
Steven, get naked.
裸になさい

アヴァル、キッカーは、フォルクスワーゲン事業面にとっキッ ドストッパーのプロモーションキャンペーン一枚の 順に服装を脱がせるような見開きページのワザが次ギアシ スト系ネオニストに親しんだ人に、ホーリィオートの人々から 被写体と撮った「ヘルシー・ヘルスビスクオーバー」発表にお けるため撮影をすべては、あなたを自由に使いようと ちに撮ってストッキーのちがもある。

Client: Birgit Stöver

65
KELLI ANDERSON
Girl Walk, All Day
踊ってみよう

「ガール・ウォーク」はニューヨーカー三人の 街を舞台3人のダンサーを追いかけた長編映画。 ポスターには映画に登場するような人々の 動きを切り抜いてエンゲージメント。 見ているうちに自分も こんな風に踊ってみたくなるかも。

Client: Girl Walk, All Day (film)

66
SERVICEPLAN CAMPAIGN
The Solar Annual Report
ソーラーレポート

オーストリア・ソーラーは、その名の通り太陽光発電 を行う会社。半年報告書の印刷に使用されたのは 太陽光反応型インキで、闇の中では光に当たらない 時だけ文字や図柄が現れるというもの。 レポートのテーマは「太陽があればこその力」 そのもの、に説得力があります。

Client: Austria Solar | Printing: mory & meier GmbH

67
SAWDUST
mediaPro
メディアの総合力

メディア・プロのコンセプトは開催されている総合テーマ・ メタイアメデイアプロカンファレンスエキシビションへの ポスター、それぞれのページの印刷の加工され各々の図形の デザインを重ねあわせることで、「integration」や 「digital」という文字を形成。

Client: ClosserStill, Yum Yum, mediaPro

68
JOHN BARTON, SEAN THOMAS
We Collaborate
1人もいいけど

デザイナージェン・バートンとショーン・トーマスによる作 品で、2人のそれぞれのキャリアや事例を紹介するような 2冊の本。それぞれ別刷りに対してこともできる また、つけて読むことにより一層 面白みも増します。

69
DORIAN
Papá
ペペのパズル

イタリアのおもちゃメーカー、ペペは2010年春から ロゴマネジメント自体にデザインを刷新した上に、ポ スターも、それぞれの製品のページを簡単に切り離せて そのまま合体させればパズルにもなる。プラス 創立50周年を記念した プロモーションでもあります。

Client: Lila & Tom

70
VICTION:WORKSHOP LTD.
Graphic Alive 2
生き生きとしたグラフィック

港にあふれる日用品等々にある生命を吹き込む。 言葉の豊饒を超え、視覚的な面白さがあると そこにアプローチしているデザインやアートが纏っている本。手に取ったときに 書き換えの別に詰まったものたちの上でも ラー印刷の効果も、本能的にうまれると からに繰り返して眺めていたい。

Client: viction:ary

71
VARINA VOLK LÉONOVITCH
Anatomie Pop-up
飛び出す内臓

昔ながらの繊細工作の技法を使ったフランスのペーパーアー ト。人体の不思議を楽しく「開けてみよう」ページ。 神経や骨や臓器などが一体どんな風につないで いるのだろう、円盤を回したり、身体の中を覗 いてみましょう。

72
MURMURE
Nordik Impakt
パーティーなこだわり。

13年間フランスで開催されてきたエレクトロのイベ ント、ノルディックインパクトの2011年「ブラウンライト」 に関したプロモーション制作プリント用紙には、この のこぎりみたいなジグザグに裁断や紙加工の面白さ などが、目立ちはしあるが、控えめに仕込まれていたり、 光を放し合ったり、ここならば の本当のペーパーの力強さが。

Client: Arts Attack

73
ANDREW SHRUBSOLE, RAHUL RAMANUJ

Typographic Waste

燃えカスでしるすムダイア

燃焼直後即放射性物質を帯びた紙のポスターは、
廃棄物の処理能力を持たせることを目的にする
アイデアを実現したもの。
燃え落ちた穴になる直前に、炎の中に
文字が浮かびあがる。

74
CHRIZANNE VAN BREDA, MARIZE ENGELBRECHT

National Geographic Calendar

絶滅危惧動物図鑑

アフリカに生息する特定の絶滅危惧種動植物を取り上げ、観を紹介しているグラフィカルでシンプルな
カレンダー。前年度末のデータを元にデザインしており、個体数減少を追っていくため、状況を把握
するのに活躍してもらえるアイデア。

Client: National Geographic Magazine /
Copywriting: Shannon Devy

75
BRIGADA CREATIVA

Life Calendar

カレンダーで見るあなたの幸せ

毎日の様々な感情をこまやかに
丸の中にそのみの気分を表す顔を描き込んだり、
色々と塗って楽しむのもいい、シンプルに
その日の愛を満たえる度合を示した
ポスターの一番上に上向いた方が、
一目でわかる機能る。

76
LUNDGREN+LINDQVIST

Creative Collective Effect

一緒にきえてみよう

エコなファクターを提案するプロジェクトの
一翼を再利用用紙に活版印刷と凹凹印で
限りなく手仕事にこだわった。参加者
のエッセイをイラストに込めて作ってポスター
を切り抜いて、ハガキにしたりまた直行
ほぼほほそでオンのスペースにも発掘します。

Client: Creative Collective / Photo: Carl Hillebrand /
Printing: Göteborgstryckeriet

77
ALONGLONGTIME, THINGSIDID

Madult

仲良しツン

マチスイジックがデザインを始めて4年。
2人の友事「4人」と「ツン」を重ね合い印刷した
2枚紙のペーパーナイフ、夜8時のフレームワーク
を使っます。ポスト青の
左右の目に当てれば体に
3Dイメージにて登場する2名両氏、二人
で変身するかのうち。

Client: Madult

78
SO-AND-SO

eBoy - issue 01

著せ替えポスター

ペーパーゲーム、ブーガー、ステッカーなど人気
のイラスト・ユニット、eBoyによる
ロンドンをテーマにした作った人形の写真を
色々な角度から撮影し、レトロな絵本のような一冊に
仕上げた。開部分は縦とじに加工してあり、1ページずつ
体を切り離して組み合わせれば、100通り以上の
ポーズが生まれます。

Artwork: eBoy / Letterpress:
SWAYSPACE

79
PATTERN MATTERS

Annual Structures

輝るを立たカレンダー

紙を切り取り、円筒を組み立てるだけで、毎月楽
しかったテザインのカレンダーが作れるカレンダー。
円筒の型雕を仕上げてテーマカラーも様々で
自己に異色があるので、装飾的
にもなる機能的。

Special credits: LASALLE College of
the Arts

80
DORIAN

Finca de la Rica

ワインと過ごす楽しい時間

「エネルギー」「スタイル」「アウトドア」は上質な
ワインを生み出す要因を影響ので書象する
「フィンカ・デ・ラ・リカ」のワイン。新しいロゴのアイ
デンティティがよりスタイリッシュな気分になり
くれる旬を時間をつくる提供してくれる。

Client: Finca de la Rica

81
THE CREATIVE METHOD

Build Your Own

さらに変わったBYOワイン

いっも通りたおいしい人も、楽しい、季節の贈り
もの用に気に入った1本を思った人のためにこのワイン。
ジンフィンテルなどの有名なワインと組み合わせて、
好きな願いの味ページと組み合わせ
提供、ボトルに加加工。
表情ある生まれます。

82
BENDITA GLORIA

Casa Mariol Collection 10

お手頃ワイン

新しい年の始まりに新しい人々と一緒に味わいたい。
カーサ・マリオルの「2010」。
プリアのメーカーからお届けの品ぞろえ品ぞろえをくずさずに、
銘酒平等な研究顧客にアピールする意識も高めて
値段でおさえた日常体にスタイル。
扱っております。

Client: Casa Mariol

83
SAGMEISTER INC.

Darwin Chair

ダーウィン・チェア

著大なるイギリスの自然科学者とテーマに名を記
した椅子。動植物の進化に至った革新にまて至る
まで、地球上で起こった連続的な経緯を描いた
200ページ（各ページが一枚一枚
きちんとしたイラスト）します。最上面
もちろん裏にあるクッション。

Photo: Johannes van Assem for
Droog

84
RYAN HARC STUDIO

4 Seasons

季節はたんたん

日本独島の伝統からインスパイアされた風景をいっもの
ととで、のえれている「美」スタイル。薄く葉、黄
もしで使って楽めるように、薄色的なイラスト
毎日一枚ずつ、部屋に実り切り取って頂いて
こここで、季節の移らいを共に
吸込繊維の経過を
表現していきます。

73
ANDREW SHRUBSOLE,
RAHUL RAMANUJ
Typographic Waste
燃えカスというメディア

燃焼遅延剤を部分的に塗布したこのポスターは、
廃棄物に機能性を持たせようという
アイデアを実践したもの。
燃え尽きて灰になる直前に、炎の中に
文字が浮かび上がる。

74
CHRIZANNE VAN BREDA,
MARIZE ENGELBRECHT
National Geographic Calendar
絶滅危惧動物図鑑

アフリカに生息する特定の絶滅危惧品種を取り上げ、数を数えていくナショナル・ジオグラフィックのカレンダー。前年度末のデータを元にどれくらいのスピードと確率で危機が迫っているか、状況をビジュアル的に認識してもらおうというアイデア。

Client: National Geographic Magazine /
Copywriting: Shannon Devy

75
BRIGADA CREATIVA
Life Calendars
カレンダーで見るあなたの幸せ

毎日のさまざまな感情を形にするカレンダー。
丸の中にその日の気分を表す顔を描き込んだり、
ハートを赤いペンで塗りつぶしていくことで
その日の愛の満たされ度を示したり。
ポスターの一番下には使い方が
一目でわかる解説つき。

76
LUNDGREN+LINDQVIST
Creative Collective Effect
一緒に考えてみよう

エコなファッションを提案するこのプロジェクトのテーマは「再利用」「協同」「参画」「創造性」。ショーのポスターにもゲストの参加を促す工夫が。衣服の縫い目をイメージしたミシン目に沿ってポスターを切り離し、パズルのように組み立て直すと、ばらばらになっていたロゴが完成します。

Client: Creative Collective / Photo: Cora Hillebrand /
Printing: Göteborgstryckeriet

77
ALONGLONGTIME,
THINGSIDID
Madult
仲良しコンビ

マダルトはジェフリー・タムとケビン・ンのデザインデュオ。二人の名前「タム」と「ケビン」を重ねて印字した名刺やレターヘッドは、彼らのチームワークの良さを感じさせます。赤と青の2つをそれぞれ左右の目に当てた時だけ3Dメガネとして機能する名刺も、二人を象徴するかのよう。

Client: Madult

78
SO-AND-SO
eBoy - issue 01
着せ替えボブ

ソー・アンド・ソーとイー・ボーイがお送りする人気キャラ、ブロックボブのリミックス版。ピクセルアートのブロックボブとそっくりのブロック人形の写真が交互に印刷された、しかけ絵本のような一冊。頭と身体が切り離せるように上下に分かれたページを好きに組み合わせれば、100通り以上のボブが生まれます。

Artwork: eBoy / Letterpress:
SWAYSPACE

79
PATTERN MATTERS
Annual Structures
組み立て式カレンダー

紙切れを引っ張り、円盤を回してみよう。毎月個性的なデザインの円盤を飾って作るこのカレンダー。日付の配置の仕方もテーマカラーも模様も月ごとに異なるので、装飾的でありながらも機能的。

Special credits: LASALLE College of
the Arts

80
DORIAN
Finca de la Rica
ワインと過ごす楽しい時間

「シーカー」、「ガイド」、「ワンダラー」は上質なワインが生み出す安らぎのひと時を提案する「フィンカ・デ・ラ・リカ」のワイン。箱やボトルのラベルにデザインされたパズルゲームが気軽に楽しめる遊びの時間を提供してくれる。

Client: Finca de la Rica

81
THE CREATIVE METHOD
Build Your Own
ちょっと変わったBYOワイン

いつもお世話になっている人へ、楽しい季節の贈り物はいかが？ 受け取った人が自分だけのオリジナルラベルを作ることができるこのワイン。お好みの顔のパーツを組み合わせて貼れば、ボトルに愉快な表情が生まれます。

82
BENDITA GLORIA
Casa Mariol Collection '10
お年賀ワイン

新しい年の始まりに親しい人と一緒に味わいたいカーサ・マリヨルの「2010」。
シリアルナンバー入り限定ボトルの包み紙には、明るい新年を祈願するメッセージ入り。
飲み終わった後はポスターとして飾っておきましょう。

Client: Casa Mariol

83
SAGMEISTER INC.
Darwin Chair
ダーウィン・チェア

偉大なるイギリスの自然科学者ダーウィンの名を冠した椅子。動植物の誕生からデジタル革命に至るまで、地球上で起こった進化の過程を描いた200ページの図鑑になっています。一枚一枚ちぎっていくと残ったページの根本がちょうど良いヘッドレストに。

Photo: Johannes vam Assem for
Droog

84
RYAN HARC STUDIO
4 Seasons
季節はだんだんと

時は移りゆくもの。だけど過去の風景がいつまでもそこにあるのがこのカレンダー。黄色から緑、そして赤へと染まっていく葉っぱのイラスト。毎月一枚ずつ、部分的に残して切り取っていくことで、季節の移ろいと共に流れる時間の経過を表現しています。

85
FABIO ONGARATO DESIGN
Country Road Kids 10-Year Campaign
レッツ・パーティ

キッズウェアブランド、カントリーロードの10周年記念キャンペーンのテーマは「パーティ」。春夏コレクションをまとった子どもたちのパーティ風景を撮ったショートムービー、パーティ用のトンガリ帽やケーキの作り方を紹介するデジタルキットは親子揃って楽しめます。

Client: Country Road / Photo: Prue Ruscoe

86
TORAFU ARCHITECTS
Paper Stamp Kit
紙のスタンプキット

トラフの「空気の器」用に作られたスタンプキット。35種類の絵柄から好きな柄を選んで自分だけのスタンプを作り、自分だけの器をデザインすることが可能。紙でできた器を引っ張って形を作ると、伸びたりゆがんだりして模様が変わります。

Manufacture: KAMI NO KOUSAKUJO / Packaging graphics: TAKAIYAMA inc. / Photo: Fuminari Yoshitsugu, Motoyuki Kihara

87
NOTO FUSAI
Canvas Works
機能するキャンバス

タイトルからお察し頂ける通り、風景の一部がちゃんと機能している風景画。フェンスを描いた絵は網の部分がゴムになっていて、物を引っ掛けて置くことが可能。郵便受けの絵は実際に手紙を挿し込めるスリット入り。

88
ZNAK
Mosaic / Tear Off
貼って剥がす壁紙

粘着式のシリコンペーパーを壁に貼付けて、ミシン目の入った部分を自分の好きなように剥がしていくだけで、オリジナル模様の壁紙が完成。洗練された柄や色を組み合わせて、自宅の壁を素敵にカスタマイズできる。

Special credits: Aldo Kroese, Studio Hausen, Martins Ratniks

89
JON BURGERMAN
Colour In Burger
バーガーマンの塗り絵

子どもたちの夢を叶える壁紙。そこにはイギリスの若手アーティスト、ジョン・バーガーマンが描く大人気のキャラクターが大集合! ベッドルームの壁に貼れば、ペンや絵の具を使って思う存分塗り絵が楽しめます。

Client: Burger

90
HEYDAYS
Design Versus Music
デザインVSミュージック

ノルウェーのトロムソで開かれるイベントのポスター。スイスのグラフィックデザイナー、ゴットリーブ・ソランドとヨゼフ・ミューラー=ブロックマンに影響を受けたデザイン。真ん中には白いレコードスリーブを思わせる丸い穴が。街中にある音楽イベントのポスターの上から貼れば、まるで中にレコードが入っているみたい。

Client: Tank Tromsø

91
GARDENS&CO.
Seeing the Unseen
今まで気にかけていなかったこと

ファッションブランド、ミスシックスティの香港旗艦店のオープニングキャンペーンは、木製の大きな投票箱を使ったインスタレーション。来店者に「巷にあふれるジーンズで個性を表現できるか?」という問いを投げかけ、イエス・ノーで答えてもらう。

Client: Miss Sixty / Carpentry: Li Kam Tong / Copywriting: Twiggy Mo

92
NOREEN LOH HUI MIUN
faces
あなただけの顔

たとえ双子でも、世の中には自分と全く同じ顔のパーツを持つ人はいないのだとか。そんな人々の「顔」をテーマに、50人の顔から選んだ目、鼻、口をデザインしたミウンの福笑いプロジェクト。参加者に自分の好きなパーツを選んで貼付け、顔を作ってもらいます。

Photo: cyanwater

93
THEGREENEYL
Appeel
はがす楽しさ

2007年DMYベルリン・デザイン・フェスティバルの大きな壁を使ったインスタレーション。観客は碁盤の目状に貼られた丸いシールを剥がし、絵柄やメッセージを表現することができる。剥がしたシールも好きな場所に貼ってOK。

85
FABIO ONGARATO DESIGN
Country Road Kids 10-Year Campaign
レッツ・パーティー

キッズウェアブランド、カントリーロードの10周年記念キャンペーン。テーマは「パーティー」。春夏シーズンの装いをまとったモデルたちが、ペーパー風景を舞台にホームパーティーを繰り広げる。ペーパー用のふんわりした質感とテーマの作り方を紹介するフレッシュなタッチが親子で楽しめます。

Client: Country Road / Photo: Prue Roscoe

86
TORAFU ARCHITECTS
Paper Stamp Kit
紙のスタンプキット

ラフの「空気の器」用に作られたスタンプキット。35種類の絵柄から好きな柄を選んで自分だけのスタンプを作り、自分だけの器をデザインすることが可能。紙でできる器を切って広げることも、伸びやかなデザインで表情を変えられます。

Manufacture: KAMI NO KOUSAKUJO / Packaging graphics: TAKAIYAMA inc. / Photo: Fuminari Yoshitsugu, Motoyuki Kihara

87
NOTO FUSAI
Canvas Works
機能するキャンバス

タイトルから察し頂ける通り、風景の一部が絵としての機能している風景画。フェンスに描かれたこの絵は額分ろしいのか、綱を引くかけてしまうことが可能。鑑賞を行うときは実際にキャンバスを挿し込むあのリアルさ。

88
ZNAK
Mosaic/Tear Off
貼って剥がせる壁紙

接着剤をベニヤに塗ったウォールペーパーに貼り付けて、何度も場所を入れ替えたりできるように扱えしている。ベタリのように、模様を変えたりを、完成されたモザイクから組み合わせて、自分の壁紙を素敵にカスタマイズできる。

Special credits: Aldo Kroese, Studio Hansen, Martins Ratniks

89
JON BURGERMAN
Colour In Burger
ハーガーパーの塗り絵

子供たちも夢中で色を塗れる塗り絵。ここにはイギリスの若手アーティスト、ジョン・バーガーマンが描いた人気キャラクターが大集合。ベンやブルーで色を塗れば、ペンタ絵の具を使って子供の思う存分絵を塗って楽しめます。

Client: Burger

90
HEYDAYS
Design Versus Music
デザインVSミュージック

ノルウェーのクロニカユリで開催される音楽フェス、ヴェスティア・ブランチャーのイメージ。フランス・ジェンガーマーと音楽フェスが影響を受けた作品。真ん中には白いスリットを思わせる穴から、街中にある音楽イベントのポスターの上に貼れば、まるで中にいてコーヒーを入っているみたい。

Client: Tank Tromsø

91
GARDENS&CO.
Seeing the Unseen
今まで気づかなかったこと

フランクなフラッシュ、ミス・シックスティの香港旗艦店。オープニングキャンペーンは、木曜の夜の大型店舗登場を感じるイメージで来店者に届けた。ショーウィンドウには新聞を表現する特別なディスプレイ問い合わせ設けることで、イエス、ノーで答えるもの。

Client: Miss Sixty / Carpentry: Li Kam Tong / Copywriting: Twiggy Mo

92
NOREEN LOH HUI MIUN
Faces
あなただけの顔

たとえ双子でも、世の中に自分と全く同じ顔を持つ人はいない。そんな人々の「顔」をテーマに、50人の顔と目、鼻、口をテザインしたイラストのブロジェクト。昔自分のお好きな顔のページを貼り付け、顔を作ってもらえる。

Photo: cvanwater

93
THEGREENEYL
Appeal
はがす楽しみ

2007年DMYベルリン・デザインフェスティバルの大きな変わったアイスタレーション。観客は音楽を目的に出されたポスターに、順次、剥がしたステッカーを持ち帰ることができる。剥がしたレイヤーから現れる風景面に貼ってOK。

BIOGRAPHY

Alonglongtime

Believing one should fight for anything that is worth to stay longer, Alonglongtime is a Hong Kong based multidisciplinary design house founded by Jeffrey Tam, dedicated to brand identity, printed matters and packaging design. Their clients come from different sectors, including corporates, leisure brands and cultural institutions.

P. 172-173

Anderson, Kelli

Kelli Anderson is an artist, designer and tinker who always experiments with new means of image-making and experiences. Approaching each project with an awareness of viewer's expectations, Anderson believes things can either be made to confirm expectations of reality, or innovate surreal, absurd experiences that refuse to behave in the expected way. To that end, she has made interactive paper projects, layered, experimental websites and fake newspaper.

P. 018-019, 058-059, 142-143

Autobahn

Founded by Jeroen Breen (b. 1981), Maarten Dullemeijer (b. 1982) and Bob Stolte (b. 1981), all graduated from the Utrecht School of the Arts (HKU), Autobahn is a typography-driven agency located in Utrecht. The Dutch team designs special graphic projects, often with an illustrative and typographical angle. Autobahn is characterised by an analytical approach in the beginning and a strong sense of form at the end of the process, combined with passion and ambition. To them, good design tells a story, conveys forms derived from the content and are choices never at the expense of readability and communication.

P. 118-119

Barton, John

John Barton is a UK-based graphic designer.

P. 121, 148-149

Bendita Gloria

Bendita Gloria is a design studio run by graphic designers and graphic arts specialists, Alba Rosell and Santi Fuster. The studio was founded in 2007 and based in Barcelona with focus in print design.

P. 185

Blow

BLOW is a Hong Kong based design studio founded by Ken Lo in 2010. Specialising in branding, identities, packaging, environmental graphics, print, publications and website design, they provide clients with mind-blowing design plans in a simple yet bold approach. Their goal is to help their clients and brands stand out in the crowd.

P. 026-027

Bomo Grafistas

Specialising in visual communication, corporate identity and editorial design, Bomo Grafistas is a Spanish studio founded by graphic designers Patricia Bolinches and Beatriz Montañana. In the past 10 years, they have received numbers of awards to prove their aptness in corporate identity design, e.g. the silver awards of Laus Graphic Design and Visual Communications Awards 2009 and 2010.

P. 084-085

Bravo Company

Bravo Company is a creatively-led design studio based in Singapore. Specialising in identity, brand development, printed communications and art direction, the independent workshop works with a variety of individuals and organisations to deliver thoughtful and engaging design.

P. 014-015

Breda, Chrizanne van & Engelbrecht, Marize

Based in Cape Town, South Africa, graphic designers Chrizanne van Breda and Marize Engelbrecht were both graduated from AAA School of Advertising in Cape Town, 2010.

P. 166-167

Brigada Creativa

Brigada Creativa is a young and creative design studio founded by designer Raquel Catalan with her sister Anabel based in Barcelona, Spain.

They design a wide range of graphic works and they are recognised internationally for their original and fresh products.

P. 168-169

Burgerman, Jon

Born in the UK, Jon Burgerman has risen to be one of the prominent artists in the recent boom of modern day practitioners who effortlessly traverses the disciplines of urban art, design, illustration and entrepreneurism. His award-winning work can be seen globally from galleries and bedroom walls to cinema and iPhone screens.

P. 200-201

Chan, Adonian

Graduating from Hong Kong Polytechnic University, Visual Communications in 2009, Adonian Chan is a designer and co-founder of Hong Kong-based design studio Trilingua Design. Since the founding of Trilingua Design, Chan has been in quest of the identity of Hong Kong design and the possibilities of new Chinese typographic design.

P. 092-093

Chez Valois Branding & Design

Chez Valois Branding & Design is a Montreal-based agency that designs premium brands with a real commercial edge. The award-winning team offers expertise in brand strategy, brand identity and visual/structural packaging design, while ensuring the cohesion and success of your brand throughout any form of communications, including website, advertising campaigns and marketing initiatives.

P. 032-033

BIOGRAPHY

Collins, Ian & Srivongse, Christine

Ian Collins and Christine Srivongse were married on September 10th, 2011 in a backyard wedding venue of their own design studio built by the couple and their families. They continue to design and craft together, and produce goods for other weddings in their new home of Portland, Oregon.

P. 064-065

Column Five Media

Column Five Media is a creative marketing agency in Newport Beach, California, specialising in infographics, data visualisation, social media strategy and content strategy. They are experienced in handling a wide range of information design projects, from utilising infographics as part of a long-term content/social media strategy to visualising data for internal reports, presentations and visual press release.

P. 134-135

c plus c workshop

c plus c workshop combines 'creativity' and 'communication'. Based in Hong Kong, the young design trio focuses highly on the interaction between and visual communication. Their expertise encompasses a broad scope of areas from graphic design, and advertising, to branding, corporate communication and identity. Although the three designers pursue their developments in different fields, they share the same belief - a good piece of creation should demonstrate sensitivity and win admiration above its visual impacts.

P. 046-047

Cuk, Matjaz

Matjaz Cuk is a creative director, graphic and infographic designer based in Ljubljana, Slovenia. He has worked for clients from different fields and backgrounds, most notable for designing visual identities, corporate communications, books, periodicals as well as online presentations for cultural and social organisations. He graduated from the Academy of Fine Arts and Design of the University of Ljubljana and acquired an MA in Information Design from the University of Reading, the UK.

P. 066-069

Dorian

Founded by Gaëlle Alemany and Gabriel Morales in 2009, Dorian is a design and visual communication studio located in the city of Barcelona. Specialising in corporate identity, packaging, editorial design and a flexible structure that allows you to collaborate with professionals in other disciplines, they carefully develop each project, from idea to production.

P. 150-151, 182-183

Esser, Moritz & Jaspers, Silke

Moritz Esser and Silke Jaspers are two independent designers that share a former plumber's factory as their studio in South Germany. Esser was graduated in graphic design from Freie Hochschule für Grafik Design und Bildende Kunst, Freiburg, Germany; Jaspers studied communication design at University of Applied Sciences, Trier, Germany and graphic arts at the Academy of Fine Arts, Cracow, Poland. They work on their individual design practice as well as collaborative projects. They are also sharing a screen printing workshop for hand-printed clothing and paper products.

P. 114-115

Fabio Milito Design

Graduated in Master degree of Visual Design from Scuola Politecnica di Design in Milan, Italian/ French designer Fabio Milito specialising in art direction, experiential design, brand identity, packaging design, typography and interactive design. His insightful ideas and simple execution have been attracted a list of international brands, design studios and global advertising agencies.

P. 053

Fabio Ongarato Design

Founded in 1992 by partners Fabio Ongarato and Ronnen Goren, based in Melbourne, Fabio Ongarato Design is renowned for the diversity of its work. The studio takes an open approach to graphic design, operating across a variety of graphic disciplines, from print to exhibitions to advertising. FOD's approach to design reflects their passion for architecture, photography and contemporary art. They work across a variety of fields such as fashion, corporate, arts and architecture deliberately crossing the boundaries between them.

P. 188-189

Fanakalo

Fanakalo is a small design studio in South Africa that specialises in design, illustration and packaging, and usually 'braai' (barbecue) on Fridays.

P. 108-109

gardens&co.

gardens&co. is a small independent graphic and web design house. Every project they undertake is crafted with passion, as they partner with their clients to understand their challenges before applying their design thinking to develop thought-provoking solutions that address commercial needs. The team provides one-stop service from enhancing corporate brand image to customers' experience.

P. 206-207

Graphic design studio by Yurko Gutsulyak

Established by Yurko Gutsulyak in 2005, Graphic design studio by Yurko Gutsulyak is an award-winning design studio based in Kiev, Ukraine. Specialising in graphic design, branding and art direction, they are the first Ukrainian gold winner of one of the most prestigious advertising festivals - Epica Awards, France. Their work has exhibited around the world from France, Poland, Mexico to China.

P. 028-029, 100-101

BIOGRAPHY

Heydays

Heydays is an Oslo-based design studio that creates strong visual concepts that trigger curiosity, create excitement and show ambition. They listen, research and challenge; remove noise to add value.

P. 202-205

Hiroyuki Miyake Design Office

Born in Ise, Mie prefecture in 1975, Hiroyuki Miyake graduated from the Department of Interior Design at Osaka University of Arts. After several years of working in Takara Space Design Corp., he went to England for further study in 2003. When he returned to Japan in 2005, he established his own design office in Nagoya. Recently, he has started to create the design product line M75.

P. 024-025

Hollowood, Sarah

Graphic designer Sarah Hollowood works for the acclaimed advertising agency Wieden+Kennedy at their headquarter in Portland, Oregon.

P. 016-017

Hölzl, Katharina

Katharina Hölzl is an independent graphic designer based in Vienna, Austria. She mainly works in the field of printed matter, while finding inspiration in music. She very much enjoys simple, rhythmically beautiful solutions for type, editorial design as well as the possibility of reaching out to people with surprise and interdisciplinary approaches. In the past few years, she had worked with section.a art. design. consulting., Vienna, Moodley brand identity, Vienna, Nanospore, Los Angeles, Modepalast, brand new expo and Ritornell.

P. 054-057

Kadić, Elis

Currently residing in Izola, Slovenia, graphic designer Elis Kadić graduated with honours in painting from the Academy of Fine Arts in Venice in February 2008. She believes graphic design can give her the chance to work on different projects, develop concepts and the willingness to do the best. As a painter and artist, she tries to merge these strength into her work, which gives her the creative bursts and directs her to find her personal way of expression.

P. 103

Kawamura, Masashi

Born in Tokyo and raised in San Francisco. Kawamura is the founder and creative director of the Creative Lab 'PARTY' in Tokyo and New York. Previously he worked as a creative director at Wieden+Kennedy New York, and in various international agencies such as BBH London and 180 Amsterdam.

Outside advertising, he has been exploring on the possibilities of designing interaction on personal projects including music videos, books, games and TV shows. He was recently selected as Creativity magazine's 2011 Creative 50.

P. 070-071

Kigi co., ltd.

Established by art directors Ryosuke Uehara and Yoshie Watanabe in 2011, KIGI is a new design unit which focuses on art direction, branding, graphic design and product design. Both Uehara and Watanabe work for Japanese design label, DRAFT, besides their product line, D-BROS, set up in 1995. In recent years, they have received several international design awards, e.g. the NY Art Directors Club Annual Awards, the Warsaw International Poster Biennale, the D&AD Awards and the One Show prize.

P. 076-077

Kim, Yuna

Yuna Kim was born and raised in Korea. She moved to New York to study graphic design at School of Visual Arts. Currently Kim is working at HUGE inc.

P. 102

Koopmans, Bas

Bas Koopmans aka Baster, is trained as a graphic designer at the Utrecht School for the Arts. He has been slowly building his studio in Amsterdam, which mainly works for the music industry and creative sector. In the last couple of years, Baster has worked for the likes of Universal Music, MTV Networks, Wieden+Kennedy, Mojo/Livenation and Heineken among others, also with and for artists like Boris Tellegen and Scheltens & Abbenes.

P. 116-117

Kremer, Sarah

Sarah Kremer is a French graphic designer, who specialises in infographics, typography and book design.

P. 126-127

Kyouei design

Born 1970 in Shizuoka City, Japan. Kouichi Okamoto is a sound producer and product designer. He has been releasing his sound creations on the Dutch techno label "X-Trax" since 1997. He founded Kyouei design in 2006. Since then he works as a designer whose practice integrates his other activities as an artist and musician. He had been voted as one of the artists of the project called "100 artists of contemporary culture NOVA" held in Brazil 2010-2011.

P. 072-073

La caja de tipos

La caja de tipos is a Spanish graphic design studio formed by María Sáez and Ander Sánchez in 2008. They work on varies of projects including branding, poster, invitation, and editorial design. They believe the smart use of coiours, typograhy and graphics are the most powerful tool to convey the concept in the projects.

P. 044-045

BIOGRAPHY

Leo Burnett Dubai, UAE

Leo Burnett, the most acclaimed international marketing communications company since 1935. They are a huge collective intelligence of a global network of 96 offices in 84 countries. With a list of celebrated clients, the team of specialists provides top class service with a creative and strategic approach in order to generate big ideas. Their Middle Eastern operations spans 9 offices across the MENA region.

Kapil Bhimekar is one of the experienced art directors at Leo Burnett, Dubai. His work has been recognised at several award shows including Cannes lions, One Show, New York festivals, London International awards, Adfest Asia Pacific, Dubai Lynx, etc.

P. 030-031

Léonovitch, Varina Volk

Varina Volk Léonovitch is a French freelance graphic designer. She had just graduated from ESAD (École Supérieure des arts décoratifs de Strasbourg) Strasbourg in 2011.

P. 154-157

Loh, Noreen Hui-Miun

Noreen Loh Hui Miun is an artist who expresses the norm in her own language. Her unpretentious works speak of metaphoric imagery and unorthodox identity. By using flowers as her favourite medium, she has gained recognition with her participation in the international annual of floral art 2010/2011 publication. Currently based in Singapore, she enjoys living in the cosmopolitan city which inspires a new way of introspection into our modern world.

P. 208-211

Lundgren+Lindqvist

Based in Sweden, Lundgren+Lindqvist is a design and development bureau offering services within branding, design for print and digital, illustration and Art Direction. They have a wide base of national and international clients that include a variety of corporations, media and cultural institutions. They work across many disciplines including identity design, web design and development, art direction and print design.

P. 170-171

Matter Strategic Design

Matter is an award-winng strategic design firm. They help individuals, organisations and causes matter to those who matter most to them. They are specialised in graphic design, branding, marketing, advertising, and communications.

P. 124-125

Milito, Fabio & Guidotti, Francesca

Italian/French designers Fabio Milito and Francesca Guidotti working closely since 2004, when they were studying at the Scuola Politecnica di Design. They collaborate with different brands, design studios and international advertising agencies. In 2011, they started up the Wordless® project to create playful product selling online.

P. 048-049

Mind Design

Mind Design is a London-based independent graphic design studio founded by Holger Jacobs in 1999 after he graduated from the Royal College of Art. The studio specialises in the development of visual identities and has worked for a wide range of clients in different sectors.

P. 080-083

Monetini, Dario

Based in Milan, Dario Monetini is a freelance graphic designer. He is passionate in design and communicatioin psycholohy. He always look for tasteful, funny and original solution in his projects to make the users envolved with every senses.

P. 074

Mr. & Mr.

Mr. & Mr. is a French design studio founded by Alexis Lautier and Pierre Talagrand. Their work is highly related to architecture, art and design, beyond common paths, and outside of closed domains. They aim to provoke the new ways to generate sharing, dialogue and history.

P. 138-139

Murmure

Established in 2009, Murmure is a creative communication agency which overturned the limits between art, graphic design and communication. Awakening of the senses, poetry, and elegance of textures are the fundamental principles of the agency, in order to create an original and efficient communication. Whilst working on technological and conceptual innovation, typographic elegance, the sensuality which emanates from paper supports and textures, the agency reveals what creative and contemporary graphic design can make possible.

P. 158-161

mute

mute was founded in 2008 by two designers, Kenji Ito and Takahiro Umino, both graduated from Kuwasawa Design School. Through a wide range of projects, mute is aiming for something calm with solid existence in our daily life.

P. 052

Noto Fusai

Noto Fusai is a design duo formed by Japanese designers Mr. Noto Hirotsugu and Mrs. Noto Miyo. The couple is eager to explore the possibility of pushing forward civilisation that gives value to "design" or the making of things in general.

P. 194-195

OddFischlein

Founded in 2005 by Klaus Mattiesen and Gudjon Oddsson, OddFischlein is a strategic design agency that primarily works with visual identities and concept based (holistic) solutions. They believe that the visual communication should be showed, told and experienced. The company is located in Aarhus, Denmark.

P. 120, 122-123

Oskar

Oskar is a multidisciplinary design agency based in London, the UK.

P. 040-041

BIOGRAPHY

Outofstock

Formed by Gabriel Tan and Wendy Chua from Singapore, Gustavo Maggio from Argentina and Sebastián Alberdi from Spain, Outofstock has started out as a creative experiment, before growing into an integrated studio offering furniture, lighting, interior design and art direction. Operating from Singapore with a branch office in Barcelona, Outofstock works with a variety of international clients such as Ligne Roset (France), Saazs (France), Bolia (Denmark) and Environment (USA), designing furniture and lightings for their collections.

P. 132-133

Pattern Matters

Lim Siang Ching is a Singapore-based graphic designer/illustrator. She graduated from Nanyang Academy of Fine Arts with a Diploma in Visual Communication, and a First Class Honors Bachelors in Design Communication from LASALLE College of the Arts. She is the founder of Pattern Matters who finds joy in patterns and everything handmade.

P. 178-181

Populäre Produkte

Populäre Produkte is affiliated to DiG Plus, a German design-oriented agency founded 2003 in Berlin. The agency produces art books and campaigns with their own publishing house, diamondpaper and other products under the name, populärpapier.

P. 086-089

Present & Correct

Present & Correct (P&C) opened its virtual doors in 2008. Aiming to share the long-term obsession with stationery, paper and office objects inspired by homework, post offices and schools, the company offers an online shopping wonderland for original design products by P&C and other international designers, alongside vintage items collected from Europe.

P. 020-023, 090-091

Research and Development

Research and Development is formed by the Swedish art director duo Daniel Olsson and Jonas Topooco. They collaborate closely with artists, architects, curators, critics, collectors, directors, museums and cultural institutions. They design books, catalogues, posters, exhibition graphics, identity programs and other kinds of printed matter. Occasionally they also arrange film screenings and produce or participate in exhibitions.

P. 075

Rocket & Wink

Led by Gerald Rocketson and P. Amund Wink, Rocket & Wink is a creative team from Hamburg, Germany. They offer illustration, design, product design, think tank, concepts and art.

P. 140-141

Ryan Harc Studio

Founded by Ryan Yoon and Harc Lee in 2009, RYAN HARC studio is a design nomad seeking new cultural experiences. They work on projects ranging from tableware to furniture, lighting and electronic design.

P. 187

Sadahiro, Kazunori

Born in 1969 in Yamaguchi, Japan, Kazunori Sadahiro is an award-winning illustrator and artist. After he graduated from the Musashino Art University Junior College of Art and Design, he has started working on various design areas including illustrations, posters, corporate logos, and display design.

P. 104-105

Sagmeister Inc.

Founded by renowned Austrian designer Stefan Sagmeister in 1993, Sagmeister Inc. is a celebrated award-winning design firm based in New York City. They design for clients as diverse as the Rolling Stones, HBO, and the Guggenheim Museum.

P. 186

Sawdust

Sawdust is the award-winning creative partnership of Rob Gonzalez and Jonathan Quainton. They are an independent graphic design duo based in London. Their disciplines include art direction, image-making and typography across music, art, culture, fashion corporate and advertising sectors.

Sawdust's approach has earned them a worldwide reputation for creating visually striking work that is thoughtful, innovative and meticulously crafted. Their work has been featured in internationally recognised publications including D&AD, Novum Lürzer's Archive, IdN, Gallery, Computer Arts, Print and Los Logos: Compass.

P. 042-043, 146-147

Say What Studio

Say What is a graphic design studio based in Paris, run by Benoit Berger and Nathalie Kapagiannidi, who graduated from the ECV school in Paris. The pair specialises in editorial design, where they apply graphic aesthetics they consider their own.

P. 128-129

Schnoor, Karolin

Originally from Berlin, Karolin Schnoor has been working as a freelance illustrator and designer since she graduated from the illustration course at the London College of Communications. She mainly works on web designs, identities and books. As an illustrator, she enjoys creating drawings for magazines, stationery and clothing or designing patterns for textiles. Currently she is based in London.

P. 110-113

serviceplan campaign

Founded in 1970 as a straightforward advertising agency, serviceplan has evolved into an agency group unique in combining all modern communication disciplines under one roof. They are formed by brand strategists, creative professionals, media specialists, dialogue or CRM experts, online experts, market researchers, web designers, PR consultants and brand marketing specialists.

P. 144-145

BIOGRAPHY

Shrubsole, Andrew & Ramanuj, Rahul

Andrew Shrubsole and Rahul Ramanuj are recent graduates of Kingston University London. They are now producing a broad spectrum of work ranging from print to film.

P. 162-165

Silnt

SILNT is a design practice based in Singapore. Established in 2005, the studio is made up of two partners, Felix Ng and Germaine Chong.

P. 136-137

So-And-So

SO-AND-SO is an independent artistic and editorial project for a collector's limited edition, monographic and periodical artist's publication launched by Nello Russo and Anna Follo in New York, 2009. Each issue is handcraft produced in limited edition of 100 numbered and signed copies with a contribution of one selected artist as editor annually.

P. 174-177

Spanier, Ariane

Born 1978 in Weimar, Germany, Ariane Spanier is a graphic designer who currently based in Berlin. After she graduated in Visual Communication from the School of Art and Design Berlin Weißensee, she worked at the renowned Sagmeister.Inc in New York. Then she returned to Berlin in 2005 and set up her design studio. Spanier works with clients from a cultural background, such as galleries, artists, publishers and architects. She creates the design of all sorts of printed matters, especially for books, catalogues, posters. She also works on the design of corporate identities, logos, animations and websites.

P. 078-079

Terada Mokei

Apart from Terada Design, Terada Mokei is a side project founded by architect, designer, modeler, culinary specialist Naoki Terada in 2011. It was established with a vision to explore the potential for modeling, created by scaling things down and giving them detail, through models.

P. 094-097

The Best Part

The Best Part is an online boutique for well crafted and limited edition printed goods. It was set up by the Orlando-based designer Jason Dean. He wants to create art work with modern aesthetic as well as sustainable concern. Thus he often collaborates with local partners, uses natural inks and handmade processes to maintain the sense of human touch to his creation.

P.•106-107

The Consult

Founded in 2002 by Alex Atkinson and Rebecca Keast, The Consult is a UK-based brand design agency, producing carefully crafted work that is creative and, above all, effective. They deliver considered communications in a range of disciplines including brand identity, design strategy, events & exhibition, and online.

P. 010-011

The Creative Method

The Creative Method is a small, flexible but highly creative multidisciplinary design agency led by Tony Ibbotson, established in 2005. They deliver unique and successful design solutions without the layers of bureaucracy or watering down of ideas and messages.

P. 098-099, 184

The Hungry Workshop

The Hungry Workshop is a contemporary letterpress printmaking and graphic design studio. They create unique printed works by exploring every aspect of the letterpress process - from graphic design to paper stocks, ink and plate surface. As a craft based design studio, they provide design and letterpress services to the creative industries and their modern letterpress printing techniques to other graphic designers as well as experimental studio projects.

P. 012-013

TheGreenEyl

TheGreenEyl is a multidisciplinary design practice investigating the aesthetic potential of technology. Its five partners Willy Sengewald, Dominik Schumacher, Frédéric Eyl, Richard The and Gunnar Green divide their time between self-initiated projects and commissions, as well as consultancy and teaching. They are based in Berlin and New York.

P. 212-215

Thingsidid

Founded by Kevin Ng, THINGSIDID is a unit who creates as to record and share the products of art, culture and design. THINGSIDID does not work alone. They collaborate with other creatives on projects and designs.

P. 172-173

Torafu Architects

Founded in 2004 by Koichi Suzuno and Shinya Kamuro. The duo works for a diverse range of projects, from atchitectural design to interior design for shops and exhibitions, prodcut design, spatial installations and filmmaking. They have received numerous prizes including the Design for Asia (DFA) Grand Award in 2005 and the Grand Prize of the Elita Design Awards 2011.

P. 190-193

BIOGRAPHY

Trapped in Suburbia

Founded by graphic designers Cuby Gerards and Karin Langeveld, Trapped in Suburbia is an award-winning design agency which creates and develops strong visual communications and creative concepts. They expertise in creating conceptually and strategically strong projects with clear, clever designs and solutions. Other than the design business, they also run an art gallery named Ship of Fools that focuses on contemporary graphic urban arts.

P. 036-037

TT:NT

Established by Tithi Kutchamuch and Nutre Arayavanish, TT:NT is a collaborative project, which aimed to create the product that response to both design and craft needs, good concept and fine quality along with their uniqueness and of course, happiness.

P. 034-035

TwoPoints.Net

Lupi Asensio (Zaragoza, Spain) and Martin Lorenz (Hannover, Germany) are the founders of TwoPoints.Net. With offices in Barcelona and Berlin, the bureau is specialised in the creations of visual systems for flexible visual identities, in the developing of exclusive typefaces and in the edition and design of books. Asensio and Lorenz has also written numbers of books about typography and graphic design.

P. 130-131

viction:workshop ltd.

Founded by Victor Cheung in 2001, viction:workshop is a multidisciplinary design house focusing on graphic and visual arts. Its publishing arm viction:ary has developed an international reputation for its distinctively-designed books with cutting-edge content on graphic design, illustration, typography and packaging revealing the emerging trends and talents in the creative scene. Available worldwide through an international network of distributors, viction:ary books have proved to be highly-collectable, sought-after and have frequently been on the bestseller lists in mainstream bookstores.

P. 152-153

Walsh, Ian

Ireland-based freelance graphic designer Ian Walsh, is a recent graduate of Limerick School of Art & Design. His work specialises in the innovative use of both detail and illustrative typography but also explores photography, collage and image making. Currently he is in the process of opening his own studio.

P. 050-051

Xu, Linna

Motivated, passionate, curious, obsessive (in the good way), and drawn to the imperfect, freelance graphic designer and photographer Linna Xu believes that good ideas come out of play and that it's worthwhile to turn off her Macbook for a day or two. Alongside with design, she fiddles with photography, plays the piccolo, dances ballet, and occasionally craves algebra.

P. 060-063

Zebra cross media agency

ZEBRA is a creative agency based in Turin, working since 2003. They believe in the importance of cross media projects, or projects encompassing different meanings of communication: printing media, internet, video, static and dynamic 3D, corporate identity.

The concept of cross media publishing best represents their work approach: to cross, signifying to entwine but also and mostly, to cross over.

P. 038-039

Znak

Wallpaper production and design company ZNAK is based in Riga, Latvia and has quite extensive experience and portfolio of innovative wall design materials. The best and most interesting contemporary artists and designers of the Baltic region as wall as designers from Germany and the Netherlands are also contributing to ZNAK.

P. 196-199

Acknowledgements

We would like to thank all the designers and companies who have involved in the production of this book. This project would not have been accomplished without their significant contribution to the compilation of this book. We would also like to express our gratitude to all the producers for their invaluable opinions and assistance throughout this entire project. The successful completion also owes a great deal to many professionals in the creative industry who have given us precious insights and comments. And to the many others whose names are not credited but have made specific input in this book, we thank you for your continuous support the whole time.

Future Editions

If you wish to participate in viction:ary's future projects and publications, please send your website or portfolio to submit@victionary.com

---

紙あそびのデザイン
― DMからパッケージ、プロモーションツールまで ―
2012年6月25日　初版第1刷発行

編　者：	ヴィクショナリー（viction:ary）
発行者：	久世利郎
発行所：	株式会社 グラフィック社
	〒102-0073 東京都千代田区九段北1-14-17
	Phone: 03-3263-4318　Fax: 03-3263-5297
	http://www.graphicsha.co.jp
	振替：00130-6-114345

乱丁・落丁はお取り替えいたします。
本書掲載の図版・文章の無断掲載・借用・複写を禁じます。
本書のコピー、スキャン、デジタル化等の無断複製は著作権法上の例外を除き禁じられています。
本書を代行業者等の第三者に依頼してスキャンやデジタル化することは、たとえ個人や家庭内であっても著作権法上認められておりません。

ISBN 978-4-7661-2365-4 C3070
Printed and bound in China

日本語版制作スタッフ
翻訳：　　　中村亜希子（The Word Works）
組版：　　　石岡真一
制作・進行：坂本久美子（グラフィック社）